U0743753

马季生前与身后

张伯苓◎著

天津出版传媒集团

天津人民出版社

图书在版编目(CIP)数据

马季生前与身后 / 张伯苓著. —— 天津：天津人民
出版社, 2017.3
ISBN 978-7-201-11555-9

Ⅰ.①马… Ⅱ.①张… Ⅲ.①马季(1934—2006)-
传记 Ⅳ.①K825.78

中国版本图书馆 CIP 数据核字(2017)第 049452 号

马季生前与身后

MAJISHENGQIANYUSHENHOU

张伯苓 著

出　　版	天津人民出版社	
出 版 人	黄　沛	
地　　址	天津市和平区西康路 35 号康岳大厦	
邮政编码	300051	
邮购电话	(022)23332469	
网　　址	http://www.tjrmcbs.com	
电子信箱	tjrmcbs@126.com	

责任编辑　张素梅
装帧设计　明轩文化·王烨
TEL:23674746

印　　刷　高教社(天津)印务有限公司
经　　销　新华书店
开　　本　787×1092 毫米　1/16
印　　张　17.25
字　　数　210 千字
版次印次　2017 年 3 月第 1 版　2017 年 3 月第 1 次印刷
定　　价　49.80 元

版权所有　侵权必究
图书如出现印装质量问题,请致电联系调换 (022-23332469)

序

　　我和伯苓同志在宝坻区政协组织的一次活动中相识，相识年头虽然不长，但却结下了深厚的友谊。他办事认真执着，为人实在真诚，在政协也负责文史工作，因此，平时我们接触多了，就成为好朋友，常来常往，我的从艺五十年纪念活动，还专门邀他参加。通过交往，我了解到他对宝坻的文史工作非常用心，对宝坻的文化名人也很关注。他早就说过，想从故乡这个角度给马季先生写一本书，我是非常支持的。我说："你写吧，需要我干什么就来找我。"在这之前，我们还在宝坻为纪念马先生搞了一次演出。他的处女作《马季生前与身后》完稿后，来北京找我征求意见，并请我为本书作序，我非常高兴，因为由他执笔写马季我是有言在先大力支持，同时，我和马先生有深厚的感情，他是我尊敬的良师益友，伟大的艺术家，我们曲艺界的顶尖人物，相声界的大师。马季先生为人正直，敢说真话，名利地位无一所求，这一辈子就是为相声而来的。这样一位伟大的艺术家出在宝坻，为他著书立说，这是一件大好事，也是宝坻的重要文化遗产，怎么做都不为过，我答应在前边说几句话，表达我的一些心意。

　　这本书我是认真地阅读了，总体印象不错，很有特点。这本书语言比较朴实，作者非常巧妙地将采访笔录原汁原味地用第一人称呈现，使人看了如同身临其境，感觉非常真实。本书的立意也挺好。写马季的生前，从马家历史渊源的脉络切入，不仅详细描写马家的历史，而且浓墨重彩叙述马季先生两次回家乡、老家人与他的深厚情谊，使其与故乡融为一体，特别是采访了马家那么多老人，通过对亲闻亲历的口述，真真切切还原了历史、追述了历史，托起马季先生成长的厚重文化背景。这是独特的资源，宝坻的东西，让人看后耳目一新。而马季的身后，又着重从继承的角度去连接具体的人物和事件，意义深远。"笑在家乡""马东寻根""徒弟眼中的师傅""创建马季艺术研究会"等章节，都从不同角度介绍了马季的人品、风格、创作、艺术，这是很有新意的。尤其是他的几位弟子，从灵魂深处讲马季，从灵魂深处讲继承，怀念之情溢于言表，有感而发、落地有声，"我们要沿着师父开辟的道路走下去，完成他未竟的事业，多写新段子，多创新节目，多演新相声，把笑声送给观众！"

出书就是为了更好地传承历史，丰富我们的民族文化，满足读者的需要，我作为曲艺战线的一名老兵，在继承传统民族曲艺文化上有义不容辞的责任。看了《马季生前与身后》我很高兴，这本书在这个方面起到了填补空白的作用，它是一本好书，一本新书，如今又再版，融进许多鲜为人知的故事，希望大家都抽出点儿空儿，来看看这本书。

刘兰芳

原中国文联副主席、中国曲艺家协会名誉主席他是伟大的艺术家，他一生中创作出三百多个相声段子，带出了一批声名远播的亲传弟子，形成享誉海内外的"马家军"相声群体，是传播中国相声艺术、促进其繁荣与发展的中坚力量；

他是相声界的领军人物，开歌颂型相声的先河，创造了艺术的辉煌亮点，在将民间艺术上升到主流艺术的过程中做出了卓越的贡献；

他是宝坻的骄子，故乡人的骄傲。在他的成长过程中，家乡的水土、家乡人的性格、家乡文化的熏陶以及马家"扶风春境"传承下来的家风，这种血脉和渊源起到了至关重要的作用，家乡更是他魂牵梦绕的地方，故土情深已经融化在他的血液里，故乡也早已留下了他深深的足迹。他的去世，已成为家乡人民永远抹不去的思念……

他，就是相声大师马季。

本书将着重从故乡这个视角，介绍马季鲜为人知的故事，让更多怀念、想念、热爱他的人们了解他的生前与身后。

目录

第一章
祖籍宝坻

第一节　黄庄"大户"

马季祖籍天津市宝坻区黄庄,他的老家离宝坻城区有 80 华里。为了探清马季家史,2008 年 4 月 2 日,踏着春色,我们驱车来到了黄庄。这里地处大洼深处,是宝坻区乃至天津市的重要农业生态区,道路两旁水田如织,林木荫荫,水丰草美,生态景色十分宜人。黄庄西傍潮白河,东临蓟运河,偌大的村庄就镶嵌在这两条河流之间。当你置身这片土地时,一种灵气便扑面而来。

黄庄全貌

黄庄在历史上就是名村重镇，虽然九桥十八庙的遗迹已不复存在，但《宝坻县志》中的文字记载却足以说明她深厚的文化底蕴和历史渊源。据《宝坻县志》记载："相传明朝永乐年间，由山东过来部分移民在此落户，建成东里子沽、辛庄子、霍家台子、北侯台子等几个小村，后来发展连成一片。明朝正德年间，朝廷宦官刘瑾，在此监修'普照寺'，并把此村封为'皇庄'，直接为朝廷交粮纳税，故得名皇庄，后改黄庄，沿用至今。"

上午9点，我们来到了乡政府。听说我们来了解马季的家史，时任乡党委书记张来、乡长康德宏早早把黄庄马姓家族的老人召集到乡里的会议室，等待着和我们见面。76岁的马庸、77岁的马树林、79岁的王哲、81岁的马永林和黄庄村时任党支部书记吴奎全都来了。我和区政协负责文史工作的顾胜利赶紧落座与大家交谈起来。

马永林老人快言快语："我和马季是同辈，他是我弟弟。我们马家在黄庄是大户。马家的来历我知道的也不多。"

潮白河一景

"相传我们马家是从陕西扶风县搬来的。那时朱元璋临死的时候按说应把皇位给他的大儿子朱棣，结果他把皇位给了他的孙子朱允炆，后来朱棣和他的侄子争位，把他的侄子赶跑了。朱棣后来迁都到北京，可咱们这是退海之地，人太少呀！所以他要移民，陕西、山西各县都要迁民，说是在洪洞县的大槐树底下集合，人都是故土难舍谁也不愿走，可那是国家需要呀！还得有带队的,带队的把人们的手都绑上,绑得都不太紧。要是方便时,就报告,带队的人把绑着的手解开,这样才能方便,方便完了再给你绑上。'解手'一词儿就这样传下来了,一直到现在。"

向黄庄乡领导、黄庄马姓村民了解马季家史

"当时这个地方都是荒地,迁到这就分地。对我们老马家说法不一,大多数的说法是,我们是从陕西扶风郡来的。"马庸插话:"是从凤县来的。"马永林说:"你说的准,还是你说吧。"马庸说:"你就说吧。"

马永林讲述马家历史

马永林接着说:"我们老马家,传说先是从陕西到了山东,又由山东来到河北邢家坨,就到宁河县了。在宁河东棘坨小流庄,我们马家坟有四百多亩地,还修有家庙,每到清明,老马家都要到那儿上坟。后来从宁河邢家坨来到了咱们宝坻黄庄。我们马家又分三门,马季跟我们是第三门。东头是长门,西头马广厚他们是二门。马季跟我们这辈是太字辈,我们俩是近门的本家兄弟。"笔者插话说:"咱们马家从宁河邢家坨搬到黄庄有多少代人了?"马庸接过话茬说:"这个我有记载,我们是由宁河后辛庄搬来的,在邢家坨立祖的是马卓。明朝永乐二年等咱们搬到黄庄是马廷熙,立祖是康熙十一年。20世纪70年代修扬水站,我看见那个碑还立着呢,压在扬水站底下了。马廷熙哥儿仁,还有个叫马廷俭,那个我就不知道了。从马卓立祖,到我们这一代大体是第二十三代,我和马季不是同辈是爷们,但以后记得有点乱。在黄庄马季是第二十三代。"

马永林说:"我们老马家排辈分有28个字:赵、后、树、永、元、洪、太、敏、勉、功、宽、信、正、祥……别的我就记不清了。马季的爷爷是元字辈,名字我记不清了,我见过马季的爷爷奶奶,两个老人在20世纪30年代才去世。马家在黄庄可是大户,过去有大石街小石街,都有我们姓马的。20世纪30年代闹饥荒发大水,好多人都走了,大部分闯关东到了东北。我们马家有个标记,不管你走到哪儿,只要门口贴着'扶风春境',都是姓马。还有个说法,我们马家和马家见面不能说是当家子,说当家子他不理你,要说我们是一家子才行。我们马家和马家过去不能结婚,这都是老皇历了。我们马家还有两句话:'扶风衍派,春日载阳。'扶风是我们的根,我们马家一代一代繁衍生生不息,人丁兴旺,春日载阳蒸蒸日上。我们马家人走到哪都要遵循马家的家风——'扶风春境',纯朴、善良。在黄庄的马家人都非常本分,从黄庄出去的马家人,不论是经商的还是干其他的,都没有出过什么事。"

笔者说:"现在马家的家史我们基本说出了个轮廓。你们在座的大体上全是马家第二十三代,你们讲的这些最有权威性,别人无法考证。但是要作为史料,还要严谨些。"马庸说:"我们老马家有三部家谱,早先我看过,'文革'时弄没了,大唐庄镇大张庄马景兴他们那儿还有一个家谱,尔王庄乡李家河有个马家家谱,是线装本,比较全面,但不好找了。大张庄马景兴那儿的家谱原来我看过,也找过他。"

在交谈中,马庸老人讲了很多史料,他曾亲自到陕西扶风等地考察过马家的历史沿革,记忆力非常好,也是黄庄的秀才。马庸说:"我们马家绝对与皇族有关。"为了把马家的家史搞得更准确,我们建议,由马庸老人详细地写一写,在座的都非常同意:"对,让马庸写写,他比我们都强。"马庸接受了我们的请求,利用三个多月的时间,写出了《马家姓氏渊源》。我们也按照马庸提供的线索,从大唐庄镇小马庄村找到了一个马家的家谱,虽然不够全面,但也能说明,马季在黄庄是马家的二十三代孙。马庸书写的翔实资料证明,马姓确实与皇室有着联系。

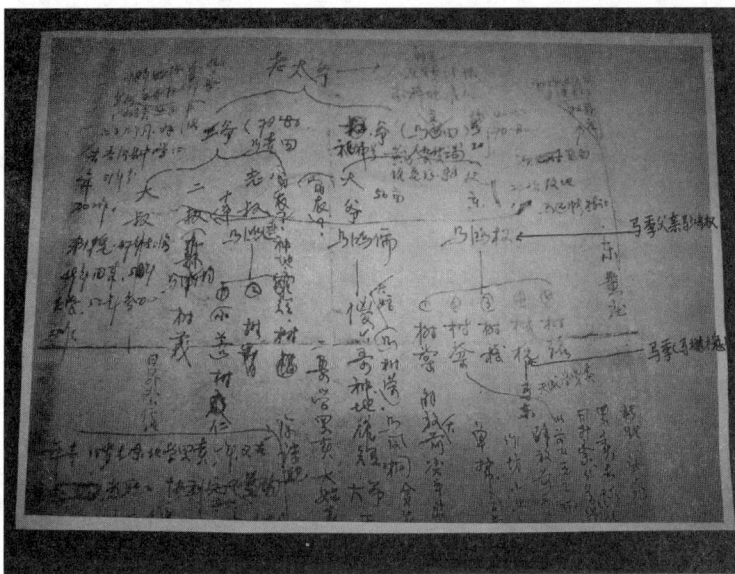

马家家谱(来自马季家)

马家姓氏渊源

黄庄乡黄庄村　马　庸

马姓源于赵姓,赵氏之祖与秦同源,均为帝颛顼的苗裔,虞舜时赐姓嬴。商朝纣王时,嬴姓后代蜚廉有一个儿子叫恶来,父子具仕纣王,武王伐纣时恶来被杀,其后人非子,因给周孝王养马有功被封于秦,后为秦的祖先,但依然姓嬴。蜚廉另一个儿子叫季胜,其后人造父曾帮助周缪王平定叛乱有功,被封于赵城,便是后来的赵氏,仍以嬴为姓。

周幽王时,赵氏后裔叔带投靠了晋文侯,其后人赵衰仕晋文公成就霸业,赵这个姓是从赵衰这里开始的。后来赵衰生赵盾,盾生赵朔,屠岸贾当权时,把桃园事件旧事重提,族灭了赵家,其中有赵同、赵括、赵婴齐(这里说明一下,这里的赵括和赵奢的儿子赵括是同名)。孤儿赵武中兴,传了几代到了赵鞅(赵简子),赵鞅之子襄子(母恤),在公元前454年和韩、魏、知伯瓜分了晋国,赵襄子以晋阳(山西太原)为根据地,到了敬侯元年(公元前386年)开始迁都邯郸。

惠文王时,以赵奢为将,因与秦国作战有功,封马服君,"马服君"这个词是当时各国通用的一个号,如平原君、孟尝君、信陵君等。

孝成王七年,以赵括为将,拒秦于长平。白起打败赵括,赵括阵亡,军队投降,白起坑赵卒45万。在赵王以赵括为将时,括母曾劝赵王说:"括不会用兵,不要叫他统帅军队",赵王不听。括母又说:"如兵败不要将我连坐。"从这里可以看出,在当时的制度下兵败后是要连带家庭的,也就是灭族之祸。

从孝成王七年(公元前259年)至赵国灭亡(公元前222年),时隔37年。赵奢另一个儿子赵牧,当时也为赵将,不知什么原因,赵牧没有被灭族。可是赵牧的儿子被秦迁徙到咸阳后,封为武安侯就叫马兴了。由这里可以发现,赵括兵败后,赵牧怕连坐改姓的赵奢赐号马服君而姓马,也未可知了。

马兴迁徙咸阳后移居扶风茂陵,以后马姓又扩散到凤翔。马兴有三子,马圭、马琛、马嵩。嵩子马述,述子马权。权有三子,马何罗、马通、马伦。汉武帝刘彻时三人谋反遭诛戮。

马通为汉伏波将军马援曾祖父,马援有三个哥哥:马况、马余、马员,文学家马融为马援侄子将作大匠马严的儿子(将作大匠好像理解为皇帝设计修盖宫殿的工程师)。

两汉南北朝时马家已经遍布全国各地。但马家由赵奢孙马兴迁徙咸阳时,已经有马姓迁去另外的地方,马家迁出不止马兴一家而已。马家人丁兴旺,现在全国姓氏人口排列第十九位。

历代马姓人才辈出,除汉朝马援、马融、马宫、马武、马腾等名人外,唐朝有马周、马燧、马植,高僧马祖;宋朝马扩,画家马远,全国针灸家马丹阳、史学家马端；元朝散曲家马致远，文学家马祖长，明朝航海家马欢，画家马湘兰；清初史学家马骕、语言学家马建忠，近代有马寅初、马叙伦，细胞组织学家马文昭，戏剧家马连良，作曲家马可等名人。

马庸在撰写马家历史渊源

明朝永乐二年，曾跟随朱棣清君侧的将军马铎，原籍是陕西省扶风郡凤翔府枣林村人，朱棣定都北京后，马铎全家迁至现天津市宁河区俵口乡邢家坨(原兴家坨)定居。相传，皇帝允许当时有点军功的可以跑马占圈一块土地做落户的地方。

马铎妻周氏生有三个儿子，即后来的三个门。因为我们老祖是二门，所以只记二代祖马普全，马普全长子叫马德成，为三代祖，四代祖马敬，五代祖马春，六代祖马严(小马庄家谱写马彦明)，七代祖马钊，八代祖马章。据说八代以前都居住在邢家坨，另外马普全的"普"字均写"莆"，大张庄则写"普"。马章有三子，长子马廷辉、次子马廷熙、三子马廷崍，小马庄家谱则写马廷铼。我小的时候听大伯说，我们是由后辛庄搬过来的，并提到过马廷辉和马廷崍，在我十一二岁清明扫墓时首次看到了马廷熙的碑，但始终没有在黄庄发现过马廷辉和马廷崍的碑或记载，在大马庄、小马庄、大张庄、李家河家谱上没有从后辛庄搬来之说，只有黄庄家谱上标出马廷熙由后辛庄迁来。

马庸讲述马家历史

　　马铎长子和三子的名字都没有记载。其三子却有三种不同的传说，第一，老三在小的时候不知什么原因丢失了，当时马铎母尚在，想得每日啼哭乃至失明，家人就给找了一个讨饭的小孩冒充老三；第二，马铎当将军时有一个马童姓李，很受喜欢并认为义子，后改姓马；第三，马铎小妾红杏出墙，生子后马铎不认而经官，县官也姓马，为了保存脸面，经劝说其默认。综合分析，还是以第一条可靠。

　　据传马廷辉和马廷柬都来到黄庄，马廷辉去了大唐庄乡的大马庄，马廷柬则去了小马庄。马洪仓大马庄人，说小马庄有三门人，那是误解，大小马庄都是二门人，到了马廷辉的时候分为三支，也可以说是新三门。大马庄是二门一支，黄庄是二门二支，小马庄是二门三支，这样就可以分清了，大张庄和李家河由黄庄搬去的，他们也属二门二支，门户之间就这样分出眉目，如有新的说法和有力证据再重新论证。

　　关于二门人的延续问题，当然由二代马莆全算起至马章为八代，马廷辉为九代，十代马性良，十一代马司中，十二代马守道，十三代马佩瑜，十四代马圻，十五代马润，十六代马莆，十七代马万仓和马万良，十八代马永伶，十九代马珍连，二十代马歧，二十一代马云恩和马云会、马云生，以上这只是马廷辉和马廷柬后代族谱排列法，并不代表二门二支。在大张庄马景兴的家谱中只记录到马守道以下就没有明确的记载了。另外小马庄马洪林之子马绍录所记族谱中出现了马万仓和马万良哥俩。

黄庄从马廷熙往下就断系了。原因是家谱和墓主都毁于"文革"中，可以说无证可查。

关于现有辈分的调查，我1985年在尔王庄水库时，有一个职工叫李益元，他的对象叫马景芬，他们都是邢家坨人，马景芬自称是一门人第二十二代，在黄庄景字和洪字是同辈，而大马庄也有景字和洪字，小马庄有洪字，大张庄有章字。从时间上推算，明永乐二年马铎只是在邢家坨立足，并不见得是他死亡时间，因传说马铎活了84岁。明永乐二年(公元1405年)至马廷熙在黄庄立祖时为康熙十一年(公元1673年)，中间相隔268年，以25年一代计算也就是九至十代，再从康熙十一年(公元1673年)至(公元2008年)，中间相隔是325年，以25年一代计算约是十三代。那么景字和洪字说是二十二代还是有一些根据的。

由于年代久远，观念更新，人们的辈分意识也薄弱了，把名字叫得越好听越响亮越时髦就越好，传宗接代的思想越淡薄了。从现有的辈分来算，假使景字洪字是二十二代，二十一代就是元字，二十代是永字，十九代是树字。如景字有马景旺、马景和，洪字有马洪涛，元字有马丙元、马宗元，永字有马永茂、马永康等，树字没有找到可靠的名字，等有了资料再补。

资料来源：小马庄马绍禄所存家谱、大张庄马景兴所存家谱。口头记述人：马奎骏、马洪仓、马福隆、马有林、马景润、马庸。

第二节　举家逃难

马季家究竟是什么时间、因为什么原因搬走的，众说不一，有说是逃荒才走的，有说他的父亲和全家一起走的。笔者到黄庄去过两次，找与马季关系最近的堂弟、72岁的马树信了解了一些情况，有的事他也记不清了。但老马说："你们可以到天津找找我的大姐，今年 86 岁，小时候的事她比我知道得多。"2008 年 4 月 3 日，在马树信的陪同下，我们驱车来到天津马树信的大姐马淑俭家。86 岁的老人身体挺硬朗，就是耳朵有些背。听说我们要了解马季老家的事，老人打开了她孩提时的记忆之门。

我和马季是一个老太爷，马季的爷爷和我的爷爷是亲哥儿俩，我的二大伯，就是马季的父亲，生了 5 个儿子 3 个女儿，马季排行老四。我的大爷、大奶(马季的爷爷、奶奶)都是非常本分、厚道的庄稼人，我小时候都见过。二大伯胖胖的，人很实诚。他家在村西吴家过道，当时生活相当贫困。祖父之前，马家祖祖辈辈在家务农，马季的爷爷给马季父亲哥儿俩留下了三间正房、两间对面厢房，哥儿俩分家时从中间一劈各住一半，后来因为没钱还债，二大伯又把这一半家产卖给了堂兄，开始租房过日子。当时黄庄土地不少，但二大伯家没有土地。在这之前二大伯因为生活所迫，找在天津做事的堂兄学徒做鞋帽生意，家里就靠二大伯这点钱维持一大家子的生活。二大娘娘家是香河的，前几辈是个官宦的大户人家，后来也不行了，可日子仍比马季他们富裕得多。记得我小时候二大娘的娘家人经常来黄庄送这送那，接济二大娘他们一家人。

马树信与马淑俭讲述马季家史

马季他们家离乡到天津，不是一起走的，是我二大伯(马季父亲)先在天津立住脚，马季的两个哥哥也前去做生意，我的二大娘和孩子们、两个儿媳和我大奶奶(马季的奶奶)一起走的。从黄庄搬到天津不是逃荒,也不是生活过不下去,主要是闹兵跑反,村子里头一去兵,这大男半女的都藏在柴火垛里,或者到野地里趴着,恐怕被发现。我妈妈就和我二大娘商量:总这样担惊受怕的哪行,咱们还是走吧。黄庄老家是由我母亲和马季他母亲、我二大娘主事,她们俩定了这事就算定了。我记得头天我妈和二大娘她们贴了饼子、馇馇做干粮,第二天就上路了。走的时候不是我们两家,黄庄村好多人都打点行李像闯关东似的,一群一群地跑出家门离开故土逃难了。我和我妈妈、奶奶,马季的妈妈、奶奶,马季的大嫂、二嫂和孩子们一起走的,当时马季出生没出生我就记不清了。记得那年我 11 岁(估计在 1933 年),是夏天,穿着单褂走的。我奶奶和马季的奶奶都是 70 多岁的人了,走不动,她俩坐毛驴车,我们这些人就跟在后面走。

我记得在逃难的路上还发生了几件事:马季的二嫂有个小孩小名儿叫小玲子,大名儿不知道叫啥,拉屎尿尿的也不敢停下来,把孩子身上都磨破,都腌了,路上就不断地哭,她一哭,大人就捂住孩子的嘴,恐怕哭出声儿来让败兵们发现,这二嫂子挺怕惹出什么事儿连累大家,走着走着她就说:"把这孩子扔了算了,要不也是个累赘。"她这话刚说出口,大嫂子急了:"好好的一个孩子扔了怎么行?来,我给你抱着。"大嫂子从二嫂手里接过孩子紧紧地抱在怀里,边走边喂她东西,方便的时候还在河边给孩子洗洗屁股,总算把这孩子带到天津,保住了马家的这条性命。

第二件事,路上第一次遇见了土匪还是败兵。走着走着就看见来了一帮人,把我们围住了,他们手里也没有什么家伙,上来就翻东西,把我们吓死了,谁也不敢出声,他们把我们翻了一通,除了干粮也没什么好东西,就把我妈的耳坠摘走了,这是我们第一次在路上被劫。第二次被劫把驴车抢走了。记得快到天津了,又来了一帮人,比上次还凶,人比上次还多,但他们不打人就是要东西。把我们翻了几遍,看了看真没有什么可拿的东西了,就把我奶奶和马季他奶奶两个亲妯娌从毛驴车上轰下来,把毛驴和驴车都抢走了。两个老人吓得够呛,腿都软了,其他人也傻了。没有办法,后来凑钱租了一辆车总算进了城。

这次逃难可真不容易,从黄庄到天津我们整整走了两天一夜,不知道咋过来的。那时候没有电话,我们是先奔我的亲二大爷那儿,不知道他们咋知道的,可能提前知道家里的人这几天都要过来,就是不知哪一天。我记得我们进城快天黑了,在小树林的上家店附近的"日升斋",是我的亲二大爷开的铺子,我们这些人都到那里了,我的二大爷、马季的父亲都在那儿等着呢,两家亲人患难相聚都很高兴,晚上在一起吃的饭,这是我们两天来吃的第一顿饱饭。吃的啥饭我记不得了,只记得煮了好多绿豆汤。吃完饭我和妈妈、奶奶住进了家里为我们租的房子,都是平房。晚饭后,马季他父亲把他们一大家子领走了,他们在河北四马路附近租的房,也是平房,都安顿好了,住下了。我记得他们家是四间房子,马季的大嫂住一间,二嫂住一间,我二大娘、马季他妈妈住两间,一个小院子,挺好的。因为我们两家在这儿都有事做,就在这居住了。黄庄其他逃难的人,过了一阵子情况平静了又都回到了黄庄老家,我们两家就一直没走,在这扎根了。我记得,家里找学校,让我们上学。开始上学时,同学们都管我们叫小侉子,我父亲和马季他父亲在老家都上不起学,只念了两年私塾,对孩子们上学都很在意。我家当时不是供不起读书,就是人家一管我叫"小侉子"我就特别别扭、害羞,我就不上学了。马季在哪上的学我就不记得了。

在天津,我们两家走得很近,来往很多。我记得,二大伯开了个江场子,他经常给我们家送一些小枣什么的,让我们蒸馒头做粽子吃。二大伯做的鞋帽行也干绸缎买卖,干了几年,后来生意不太好,就开始给人家"跑合同",就是现在说的经纪人,给人家跑单子。二大娘娘家的亲戚也是做生意的,在北京做得不小,后来二大伯和二大娘就上北京找亲戚去了,也做生意。二大娘在北京,我还几次去家里看过她,那个热情劲儿别提了,给我们做这吃做那吃不说,还领着我们到好多地方去玩儿。马季的奶奶死在了北京,我们还都去来着。在这期间,二大伯在上海还做过生意,他是单身去的,二大娘和孩子们没有去,都在北京。二大伯就北京、上海来回地跑。你说马季他父亲在天津待了几年?可能得有五六年吧。马季的两个哥哥,大哥马树棠、二哥马树分一直在天津有买卖。马季的大姐、二姐也在天津,二姐夫还当过电话局的局长呢。马季的三哥马树良后来也在天津,还在外贸局的办公室当过主任,前些年才去世的。我记得,我的一个堂弟马树义娶媳妇,正赶上我的二大伯、马季的父亲回上海在天津落脚,大哥马树棠就和二大伯说:"咱家的弟弟结婚,您就先别走呢,等办完喜事您再回上海(实际上是去奉天)。"二大伯很痛快地就答应不走住下了，没想到夜间他得了急病就死了。大清早就来信儿了，说二大伯死了。这可怎么办呀！这边结婚，那边死人，可把人急坏了。在北京的二大娘他们来了，是在天津的两个哥哥把二大伯发送的。二大伯去世后，马季家是最困难的时候，马季也就上不起学了。他上边有一个哥哥，下边还有一个弟弟一个妹妹，日子过得很紧巴。后来马季就不上学，去上海学徒了。

第三节　马家老宅

马淑俭老人不仅讲清了马家过去一些事情的来龙去脉，而且又使我有了新的兴奋点。她提到了马家过去在黄庄的居所，提到了大体位置和变迁。究竟现在这个房子在哪里？还有没有这个房子？为了把这些事情搞清楚，我很快又到黄庄村去找一些人了解情况，但他们都不能确定房子的准确位置，说不清现在谁住的房子是马季家的老宅子。地点比较含糊，都只说个大概其。书稿都快接近尾声了，我对这事儿还是不死心，因为搞不清楚书出了也是一个遗憾，给读者更是留下好多谜团。

不行，必须把这件事搞清楚。我又在内心自加压力，给自己派了活。我多次找黄庄村时任党支部书记吴奎全，让他多费点心帮着找找。吴书记很用心，但终归黄庄村是三千六七百口人的大村子，这么多年了，又经过1976年的唐山大地震，要想搞清楚确实有点难度。2009年3月11日，我和区政协的顾胜利、广电局的摄像记者张树强又来到了黄庄村。吴奎全书记见到我们就笑了，"这回有点眉目了。"他把我们带到村西头，又把原村支书吴树华叫来了，"他知道马季家的老宅子在哪儿。"吴奎全对我说。吴树华说："我的大舅哥现在住的房子可能是马季他们家的老宅子。"我说，那好，咱们赶紧看看去。在老吴的引领下，我们在村西大街路北的一条里巷，走了30多米，来到西开门的一户人家。先进到了小院，这个院子有20多米长，10来米宽，虽然不大，但很幽静，泥土芳香田园色彩浓郁。三月乍暖还寒，几垅大蒜已栽种，新土已展春色，院子里的一棵枣树挺拔窈窕，生机勃勃，新芽初露端倪。三间正房坐落在院南端，房子很陈旧，是三间土坯房。一般当地盖房子，如果是"里生外熟"(里边是大坯，外是砖)礓上13行也得完全是砖的，可这个房子，不仅磉上只有 7 行是砖,而且 7 行以上全部是大坯。见到我们来,一位六十多岁的老奶奶从屋里走出来。

老人叫于瑞英,63 岁,她的老伴叫田永中,71 岁,老伴没在家,上街溜达去了。得知我们的来意,于瑞英老人打开了话匣子:"我们这个房子就是马季家的老房子,过去什么样,现在还是什么样儿。"老人给我们介绍了这房子的变迁。"这个房子是我们在 1969 年从马凤桐家买过来的。马凤桐与马季他父亲是同辈,是堂哥俩,马凤桐什么时候从马季他父亲那直接买来的,或是从别的人那里把房子买过来的,我不清楚。1969 年我们跟马凤桐买这个房子花了 600 多块钱吧,那时我的大儿子只有 4 岁,今年他都 44 岁了,这房子我们已买了 40 个年头了。"

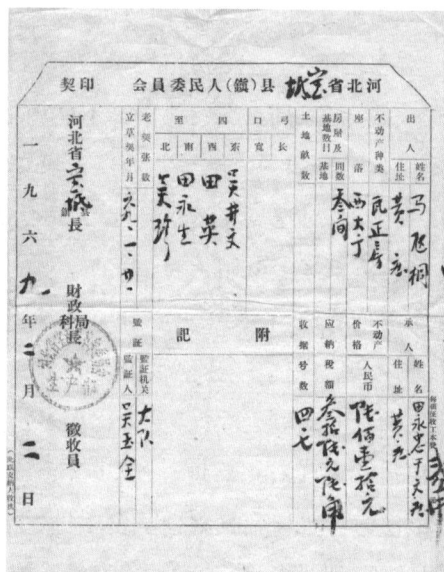

马凤桐卖房给田永忠的房契

为了搞清买房子的真实情况,我们一直等到他老伴回来。老人从柜子里的一个小布包找出买房的房契,打开一看,房契上写得清清楚楚:1969 年 2 月 2 日,卖房人马凤桐,买房人田永忠,价格 610 元。河北省宝坻县(镇)人民委员会房契。那时,宝坻还归河北省管,有了这个就清楚了。

于瑞英老人说:"在我们没买这个房子之前,我的婆婆就住了好多年,因为马凤桐很早就出门在外,去东北了,他走后村里就用着,之后我的婆婆就住着。我们是 1963 年结的婚,住的是两小间房,这个房子买了之后,我们就

马季家的老宅

搬过来了。刚买时这房子很破，檩架都有点往东倒，当时我们胆大没在乎。我记得刚住不长时间，夜间下大雨，我听着房子掉土渣，嘎嘎的有响动，我正推着小磨子磨高粱渣儿，听着响声"嗖"地就站起来，一个胳膊夹着一个孩子顶着大雨往外跑，刚跑出不远，这房子就塌下来。过了雨季，我们又重新盖房子。那时我家很穷，就请了30多人，两天脱了8000多块土坯。那时请人不给工钱，管了几顿饭，村里的爷儿几个就都给忙活来了。因为家穷，磉上还是砌了7行砖，还是用原来的砖，没垒到13行，7行砖上边就是垒大坯，砖瓦什么的都是原来房子的东西。"

说着，老人把我们领进了屋里，"你们看，这檩木扶架、门窗门框，都还是马季家老宅的东西。"我细细观察，可不是，里屋门框的插销，都是木制的划子，卧在了里边，我还是孩提时看过这样的门插销，炕沿也是木制的，好像是老榆木的，坑坑洼洼，仿佛经历了历史的沧桑。屋子里只是地上铺了现在的方瓷砖，其他没有新东西。我对张树强说："你赶快把这些东西用特写拍下来，作为历史资料。"他很用心地把屋子里的典型部位都拍了。老人又把我们领到西屋，她指着窗户的下马扎子："这底下的窗户框都是马季家老房的东西，上边能活动的窗户扇，实在没法用了，才重新做的。"我看了看，果然和原来的窗框不配套。我们又来到了前院，院子也就三米来宽，两只白色的老母鸡，正悠闲自在地觅食，花架上的枝干已开始变绿。我问于大娘："这院子怎么这么小？"于瑞英老人说："原来的房子前院就这样小，翻盖的时候也没有变。"我又问："听马淑俭老人说，马季家原来的房子是三间正房、两个对面厢房？"她说："不知道，我们买时就没有对面厢房。"老人把我们领到了后院，再走到院子的当中处，老人用脚画了画说："往南是原来的老院子，往北这是我们后来花钱置过来的。"

老人越说我们越兴奋，这次可把马家老宅搞清楚了，没想到还是马家前世原汁原味的房子，保护得这样好，太珍贵了。房子虽然经历了唐山大地震，但只是窗台下的墙壁依稀可见两三个裂缝，总体上没有受到大的破坏，翻盖以后的 30 多年，房子没有揭过一次瓦，一点不漏，外观上檐平脊正，东山和前后檐的外墙壁（西山与邻居隔山相连）用麦瓤泥抹得四棱见线，虽然是土坯房，但看着很有生气。

马季家老宅的窗户

老人让我们到屋里坐坐。房间不大，3 米开间，一间穿堂过间，有锅灶水缸，两侧是住屋，每间屋子路深也就 5 米上下，但屋里屋外整理得井井有条，非常干净。我对于大娘说："这房子就不想再翻盖翻盖吗？"老人说："没事儿，儿子媳妇们都在别处住，我们老两口住挺好的，甭看房子旧点儿，土坯房冬暖夏凉，很舒服。"我对老人半开玩笑地说："这个房子您算买着了，今后这就是文物了，您可要把它保护好呀！"临别前，两位老人满脸笑容，把我们送出了家门。

马季家老宅的屋顶

　　这次来黄庄村,我们考证了马淑俭老人的叙述。我们从西大街进的这个过道,就是吴家过道,田永忠现在的这个房子就是马季家的老宅应该没有异议。其次也考证了当时马季家的生活是比较贫困的。按当地盖房子的习俗,一般就是盖土坯房,磉以上也要用砖垒到13行。可他家的房子,磉以上用砖连13行都垒不上,只垒到7行,当时的家庭经济状况是可想而知的。马季先生的父亲之所以很早就背井离乡去天津谋生,家庭经济状况是一个重要原因。

第二章
可敬的母亲

　　马季的父亲娶过三房妻子,前两房都死了。第一房没有孩子,是本村的一位姑娘。第二房生了4个孩子,儿子马树棠、马树分和两个女儿。第三房就是马季的母亲,生了4个孩子,哥哥马树良、马季、妹妹马淑珍、弟弟马树明。在了解马季家史的过程中,我深深被马季的母亲所感动,她是中国伟大女性的代表,在马家最困难的时期,是她撑起了这个家。

作者在马季家采访马季家人,作者(左一)、马季妹妹马淑珍(左二)、马季夫人于波(右二)、马季弟弟马树明(右一)

　　2009年春节前夕,我来到了北京马季的家,看望他的夫人于波老师并给她拜年。于波老师知道我在写马先生的书, 可她一提起马先生就抑制不住。"张主席,这样吧,等春暖花开的时候,我把先生的弟弟、妹妹都请到我家来,咱谈半天,老事他们知道得更多。"

2009年4月7日,利用清明节假期,于波老师把先生的妹妹马淑珍、弟弟马树明请到了自己的家里,我带着摄影记者张树强、司机马长会开车于上午九点半如期到达。于波老师早早地就在门口迎接我们。马淑珍老人70岁,马树明也已67岁了,之前我和先生的弟弟马树明有过多次接触,很熟,我们见面寒暄之后,很快转入正题。谈起母亲,妹妹马淑珍打开了她沉重的记忆。

第一节 母亲的身世

我的母亲是香河铺头屯人,姓陈,也是个大户人家,可能祖上是进士吧,北京雍和宫还有老陈家的牌匾什么的。母亲一出生,脸上就长了痦子大小的血管瘤,可是当时没有医疗条件,治不了,越长越大,都长到了鼻子上,鼻子成了双鼻子,眼皮也长了一层,半脸都是黑记,影响了她的婚姻。我妈到马家是续弦,爸爸在这之前娶过两房媳妇,都死了,头房没留下孩子,二房有4个孩子,两个哥哥,两个姐姐。我妈和我爸结婚是我姑姥爷认识我爸爸,给做的媒人。我妈和我爸相差19岁,前头的大哥、大姐比我妈只小四五岁,等于他们是同龄人。那时大哥、二哥都成了家做着买卖,我的侄女比我一奶同胞的三哥年龄还大。

没过门儿之前,就有人说这个家不好当,过了门,在这个封建家庭里,我妈是处于多重矛盾之中。受爸爸的管,受前妻孩子们的歧视。她30多岁结婚,40多岁守寡,没有穿过一件花衣服,因为我爸不让穿。我妈说过,她没有穿过花袄,都是蓝布、黑布的衣服,唐山那边的娘家给的绸子就在柜里锁着,最后也全卖了。一次我妈和几个孩子在天津逛街,看到很漂亮的房子里边嘣嚓、嘣嚓地有人在跳舞,也就是现在的舞厅,我们不知道这里边是干吗的,我妈就扒着玻璃从外往里面瞧。哎呀!这还了得,我爸上来就不干了,你怎么就往里看呀,干吗你就看呀!赶快走,赶快走,不能看。我爸就是这样管着我妈。

可进了马家门后,他们却让我妈当这个家,其实也是有目的的,他们就想让我爸爸往回拿钱。当时两个哥哥都有买卖,我妈没有经济来源,这一大家子都在一起过。后来在天津的买卖不好做，就通过我姑姥姥来到了北京，就是我妈的亲姑姑，她的表哥们在北京买卖做得很大，帮了很大的忙。在北京我们住在了王侯胡同，这我就有印象了，院子很大，独门独院。大哥、二哥、大嫂、二嫂，还有二嫂的几个孩子都在一起过，得有十几口子人。大哥大嫂住南屋，二哥二嫂住东屋，我们家住北屋。我、三哥马树良、四哥马季和我的几个侄子侄女凤举、凤昭、凤贤都在一个小饭桌上坐着小板凳吃饭，我们一人一个小铁碗，一个人给盛饭，吃完饭就各自带着自己的孩子走了。一大家子就这么过。我妈操持这一大家子的事，经济来源都靠我爸，每年每月多少袋面，我爸都给拿来，大哥、二哥两家子吃饭都不拿钱。有时爸爸给的钱不够了，母亲从来不向爸爸要，自己和我们这几个孩子节衣缩食，维持着这个家。

大哥大嫂、二哥二嫂因为家里有钱，比较富裕，和我们的待遇不一样。尤其是二嫂的孩子，都让识文断字，我母亲生的我们这四个孩子就不行了。我听我大姐说，二哥的孩子关着门在屋里写字，我三哥那时还小，就趴在门缝看着侄子、侄女们写呀，描黑幕子画什么的，但不让进，我大姐看不过眼儿，就抱着三哥，往他们屋里一放，"就在这儿，他写你也写，都是老马家的事。"当时奶奶很同情我妈，砍的不如旋的圆，她让我妈多生几个孩子。意思就是说，外人的怎么也没有自己亲生的好。

第二节　父亲去世

我的父亲出生在宝坻老家黄庄，号马子恒，名马洪全，他很早就外出做生意，勤劳本分，诚实守信，买卖做得红红火火，在家他排行老二，人称马二爷。当时就有个说法："马二爷的钱挣得没屁眼子。"就是说钱挣得特别多。但他后来有些败落，原因是我的大哥赌钱。这全是听我妈说的。

大哥欠不少赌债，有人就想弄他，在这种情况下，爸爸出头了，我爸爸把洋钱放在窗台上，一摞一摞的，谁说欠多少就这么一拨一拨地分。分钱还债我妈在场亲眼看着。分到了最后，还有没还的，他就把碾子房子都卖了，把儿子欠的债全还清了。这时候就有人说："马二爷，你可得想好了，子债父还，父债子要还。"我爸就说："我不坑人，我儿子欠下的债我就还。"这件事对我爸爸的生意产生了很大影响,后来就不行了。

1946年爸爸马洪全去世。在这之前爸爸就得了脑血栓,行动不方便了,但为了家里的生计,他决定再到奉天做一次桐油买卖,再赚点,回来就不出去了。当时我大舅出了点儿钱,就是我的亲娘舅,在南京国民党任少校军需,他让我们自己再出点儿钱。我爸爸没有钱,就找我二哥马树分说了,二哥说没有钱,我这有个皮袄您拿去吧!二哥给了一件皮袄。又找我大哥马树棠,大哥说我没有钱,您把皮袄拿来我给您多卖点儿钱。结果,大哥没给皮袄也没给钱。因为钱没凑够,爸爸心里有火,又洗了个热水澡,就头疼昏迷了,死在我大哥在天津的铺子里。那时候说是伤寒,后来我自己分析是脑出血。爸爸都已经断气了,我大哥才到北京接我妈,接我妈时,大哥就告诉我妈爸爸病重,您别带这么多孩子,就把我三哥树良带去。四哥马季、弟弟树明我们三个都没去,我们也不知道爸爸的死。我妈去了以后,大哥就给我妈租了一间房子安置到那儿。大哥就说:"妈您在这等着,我们去把我爸爸抬回来。"我妈就傻子似的在那等着。一会儿几个人把我爸爸抬回来了,大哥又告诉我妈,"妈您千万别掀被子,我爸正发汗呢。"我妈就信,就坐着瞧着我爸爸,不敢掀。待会儿他们把所有的事情背着我妈都办完了,才告诉我妈,爸爸已经死了。在这种情况下,我妈没有钱,家里也没有钱,两个哥哥谁也不出头,谁也不拿钱,爸爸的遗体好像在那儿停了一礼拜。最后还是人家掌柜的给买的棺材,发送的。掌柜的看见我妈带着个不大的孩子,那时三哥13岁、四哥马季11岁、我9岁,弟弟树明才6岁,觉得太惨了,就给了我妈100块钱安置费。

我大哥知道掌柜的给了我妈100块钱,又打起了主意。他原来有个姨太太,就是小嫂子,我爸爸在时管着他,他不敢放在桌面上,我爸爸也不知道。爸爸走了,他就把那个小嫂子领到他们家,原配的大嫂没地放了,他就找到我妈:"我每月给您寄钱,您就让他大嫂跟您一块过吧。"当时我妈还是有主意的,就对我大哥说:"我的孩子多,我将来吃了上顿没下顿的,你别让他嫂子跟我受这个罪,你给她寄钱,找个地方让她自己踏踏实实地过,她也没有儿女。"

妈妈回到北京大哭一场,男人走了天就塌了似的,领着这四个孩子怎么过呀!在这之前奶奶就去世了,她活了不到100岁,清早屙了一泡屎,就不行了。奶奶走后,我们这个大家庭就分家了。我们就从王侯胡同搬到喇叭胡同。

第三节　最艰难的日子

马淑珍老人和马季先生的长相差不多,谈吐举止、说话的声音都很像,而且记忆力很好。

在喇叭胡同是我们过得最艰难的日子,爸爸去世,生活来源就靠妈妈给人家洗洗衣服、缝补衣服过日子。在喇叭胡同我们租了三间房,住的是三间北房。我记得有一个月,交房租没有钱,我就把我爸爸过去的老头靴给卖了,又卖了点儿破烂。正赶上二表姨来了,就是我妈的老陈家的姐妹儿,人家把房钱给交了。后来实在维持不下去了,我妈就把这三间房租给修自行车的一间。吃的饭是什么呢?就是老玉米豆。我妈是个小脚,上天桥去西直门买玉米豆背回来,坐一段有轨电车,回来后用碾子压。官园那有个碾子,我们就推碾子把玉米豆压碎了,弄成渣子吃。

八月节老姨的一碗面。我记得有一年过八月节的前一天,我有一个老姨在南房住,是我妈出了五服的一个当家妹子。老姨给扛过来一碗面,对我妈说:"大姐,给孩子做碗面条吃吧。"我妈就用点油,像烙月饼似的给我们烙上了。过节的那天,老早老早的,有六点多钟吧,我妈就把我们几个叫起来,上了北海,其实就是躲人家过节的饭口。我三哥他明白,就一直跟着我妈,四哥

马淑珍回忆母亲

马季、弟弟树明和我，我们三个就在北海那钻山洞玩儿。到了晚上人家都吃完晚饭了我们才回来。母亲就是这样的有志气。

我们家冬天没烧过煤球，都是我妈到西直门买人家扫的煤末子。我们住的地方离城根子不远，这拉黄土的事都是马季去拉，他有力气，拉回来的黄土得和煤末搅拌呀，然后切成煤块烧。到了夏天，家里有个大锅灶，我们就买火柴厂刨下来的刨花子烧。我们这几个孩子从小都出过苦力，还做过小买卖。

四哥马季装火柴。我们住的喇叭胡同的胡同口上，有个后生火柴厂，它生产什么火柴呢？就是胶水沾上点沙粒那种不保险的火柴，一擦火就着，很危险，四哥马季就装这样的火柴给家挣钱。一次没注意，火柴盒着了，把他的胳膊烧伤了。人家厂家不管，家里也没有钱买药，就那么挺着，夜里疼得待不住。母亲疼儿子，就把院里的大水缸填满了水，让马季夜间抱着大水缸，水是凉的，抱着水缸把燎泡冰一冰，减轻点疼痛。后来我妈就不让他干了。四哥还卖过冰核，就是冬天把河里的冰放在冰窖里，第二年的夏天卖冰窖里的大冰，等人家把大的冰块运走剩下小的冰块，马季就卖这个冰核。他自己焊了个铁盒子，一到夏天就骑上自行车去卖。在这个火柴厂我也干过，不是装火柴，是糊火柴盒，一天要糊一千个，连帮带底。有时我在家糊困了，我妈就给我点儿酥心铁蚕豆，摞在桌子上吃两个接着糊。这一千个盒糊下来，给我的报酬是两包零四盒火柴，合多少钱我不知道了。

马树明回忆哥哥马季

说到这里,弟弟马树明接过了话茬。

都是为了生存。你们还记得吧?从火柴厂买来刨花子,咱们就在院子里晾晒当柴火烧,四哥马季就到西直门那个护城河捞田螺。下水一捞就捞半煤油桶,回来以后,在田螺上面掰上几个花椒粒,撒上盐就用大锅煮,煮熟了就晾一晾,晾凉了用针把田螺肉拨出来,然后用刀剁碎了参把韭菜,这就是馅。把棒子面摊在锅里,把馅放在上面,妈就给咱们做烀饼吃。后来妈也不让他去了,怕总下水出事儿。

第四节　让孩子走正路

"别看我妈没文化,不管生活多苦,她要我们这些孩子都得上学,都得学文化。"马树珍说。

马季五岁上学。四哥马季5岁就上学了,我妈为什么让他这么早上学?就是想让三哥树良监督着他学,三哥学习比较用功,四哥聪明但比较粗心,所以妈妈让三哥先念然后管着他。去黄城根小学报名还闹过笑话。妈妈领着马季去报名,老师说:"您这孩子太小,我们照顾不了,他连屁股都不会擦呢。"马季接过话茬:"老师,我会擦屁股,我给你擦回试试。"把老师逗笑了,收下了。我妈孩子多管不了那么细,一次四哥上学穿棉裤外套单裤,可是他就这么一提溜,伸进了单裤,棉裤就在单裤后边嘟噜着整一天,等晚上我妈回来一看,赶紧脱了又给他重穿。还有一次,这一个学期还没上完,他把书给弄丢了。头两天没书,这哪行呀!我妈着急,没钱买书,就这跑那跑给他借来一本书,让他不耽误学习,无形中也培养我们这些人要好强。

我妈没有文化,但她很重视文化,我没念过书,我得让孩子们念书,这就是她当时的最大心愿。所以她对我们几个人的学习那叫上劲,督促你学。最困难的时候,是爸爸去世,日子过得那叫难呀!那时候三哥上了平民中学,四哥马季上了至诚中学,我是上的铁路扶轮小学,树明上了后库简易小学,是那种不要学杂费的、专门给贫民开的学校。上中学的要交学杂费,交不起呀,三哥、四哥他俩一到下课就往厕所跑,躲着,让老师找不到,这样凑合了一个学期。后来不但学费交不起,连饭都吃不上了,没办法,在亲戚的帮助下,三哥就到了天津贸易商行当学徒,四哥马季到上海宏德针织厂当学徒,先让这两个人有饭吃。我呢,就去了香河中学上学,因为那个学校管饭。结果那儿闹起了水灾,没粮食,就吃树皮吃麸子。到了寒假,该过年了,家里不让回去,没盘缠钱,我就住在那,整个学校就我一个人。知道我吃什么吗?给学生蒸饭的屉布上剩的饭嘎巴儿,攒吧攒吧给我放到屋里,我就吃这个。家里就剩妈和树明了,减轻了一点儿负担,树明边上学边卖臭豆腐也是在那个时候。

母亲管孩子特严格。我妈还有一点,管孩子那叫严,谁要是犯一点错误,她都抓住不放。我因为和表姐上了一次电影院挨了一顿打,树明也挨过妈的打。我妈打孩子不许动,越动她打得越狠,我们家柜上有个帽筒,帽筒里边有个鸡毛掸子,我妈打我们就用这个。挨打最多的就是四哥马季。我四哥从小就淘气,淘得出名,人称"四猴子"。他没事拆手表玩,夜间拿着锅睡觉。西直门有个高粱河,他经常到那儿玩水洗澡去,我妈不让他去,怕出危险,可一不注意他就到河里去了。我妈为了管他,只要见他出去时间长了,回来就划一下他腿肚子,因为如果下水一划腿腿上就有白道道,一划腿上出白道了,那他就是下水了,就得挨我妈的一顿臭揍。我们家不是住在皇城根旁边嘛,四哥马季就经常爬到城墙上,在树上摘酸枣,然后把褂子脱下来,两个袖口一拴,再把摘下来的酸枣装在里边,到街上去卖,弄着玩。有时坐那卖,手里拿个扇子大模大样地扇着,玩腻了就嗡的一下把酸枣全扬了。有一次我亲眼看见了,他爬城墙快到头了,这时不知谁告诉了我妈,我妈出来了也没着急,就哄着他,"四儿呀!你快下来,妈这有点事,你给我办办去。"四哥就下来了,下来以后,我妈这个打呀。还有,他偷学自行车,不知在哪儿找来了一辆自行车,就学着骑,他一个几岁的孩子,个小不够高,就跨裆骑,腿在大梁底下,结果他把脚后跟伸在后车轱辘里,都绞烂了,那个血流的,整个脚变成了血葫芦,也没上药。那时正是冬天,时间长了,袜子和伤口都长一块了,这罪受的就别提了,我妈又是气又是疼,流着眼泪给他弄伤口。四哥挨打也有被冤枉的时候,我们在喇叭胡同住的时候租给修自行车的一间房,一次那个修自行车的说钱找不到了,我妈因为孩子多怕谁给拿了,就挨个问我们几个,都说没拿。因为四哥淘气,我妈就认为是四哥拿人家钱了,就打他。后来这个钱找到了,马季挨了一次冤打。

听到这儿,笔者忽然想起采访赵炎时他给我讲的一件事。赵炎说:老太太对孩子们管教确实很严,谁要是在外边做错事肯定要挨说。我记得马季老师也给我讲过一件事,他在上海当学徒时很苦、很累,每天没完没了地干,早上起来还要打扫卫生,给师父倒尿罐、打洗脸水,开始他是在中药店学徒,后来到了上海宏德针织厂当学徒。因为他干活灵巧实在,师傅很喜欢他。可那时终究还是个孩子,活动量大又吃不饱,一到晚上就饿。后来他知道山楂丸可以吃,夜里实在饿得不行时他就偷吃货架上的山楂丸,他不懂山楂丸是开胃的,越吃越饿,后来就吃人参,结果嘴上起了好多燎泡。这件事起初不敢和母亲说,又觉得不能不说,因为母亲经常教导他做人得诚实,后来还是向母亲说了这件事,母亲听后非常生气,把马老师臭骂了一通:"你这不是给马家丢人吗?哪能干这些偷鸡摸狗的事,出去要学做人,要学会做活,就是饿死也不能偷吃。"挨了母亲的怒骂,马季老师记住了,后来再怎么饿也不去吃了。

"我妈就是这样,她一定要让孩子学好,走正道。"马淑珍又接过了话茬,继续讲述着马家的历史,讲述着母亲。

第五节　记住程家蒋家恩德

我们家在最困难的时候,程家、蒋家对我们的帮助最大。我妈妈不是续弦嘛,蒋家也就是我大哥的姥姥家就把我妈认成干闺女了。她闺女走了,等于我妈替她闺女进这个家,也把我妈当闺女这样走动着。蒋家是唐山市的,家里开了绸缎庄,对我妈像姑奶奶那样对待,到时候就接我妈到娘家去,给姑奶奶分什么东西,都有我妈的一份,在经济上对我们也接济很多。

再有就是我的姑姥姥程家。我姑妈家的几个表弟都有钱,平时对我们帮助很大。四哥马季去上海当学徒,都是通过程家的关系。平时姑姥姥家变着法儿地帮助我们。

弟弟马树明回忆起了这样一件事。

看见我妈带着我们几个孩子度日如年地生活,我的二表姨,就是我姑妈家的表姐妹,借拜年之际来看我妈,其实就是想利用这个机会给我们送钱。看见表姨来了我们就要跪下磕头啊,二表姨就给我们红包。那时我小,我以为这个钱就是给我的,我拿着就出去了,上南小街北口的文具店,买了两支铅笔,一块橡皮,把钱给换开了。这二表姨走了,我妈该收这红包了。"钱呢?"我妈问。我说,"我给换开了,这是找的钱。""你干吗花了?"我说:"买了两支铅笔,一块橡皮。"我妈当时就拿起鸡毛掸子朝我屁股啪啪地打,"这个钱是咱们吃饭的救命钱,你这么大了怎么不懂事呢!"挨了一顿打,娘儿俩痛哭一场。妈妈非常重视我们的学习,两支铅笔、一块橡皮就打了儿子一顿,她的心里当时是个什么滋味可想而知。

对程家、蒋家帮助我们的事,我妈经常挂在嘴边上:"这两家对我们有恩,你们几个谁也不要忘记,要经常想着人家对我们的恩德。"后来家里的经济条件逐渐好了以后,我妈也像程家、蒋家那样帮助别人,谁要是有什么困难她有求必应。我记得我们几个全都上班了以后,妈要给马季、树明他们哥儿俩买自行车,唐杰忠那时跟四哥马季走得比较近,经常到我们家来,他也想买自行车但没有钱,我妈就拿出600多块钱,买了三辆锰钢自行车,当时那是最好的自行车,马季一辆、弟弟树明一辆、唐杰忠一辆,为的是上下班方便。当时我哥马季挣的钱比唐杰忠多,唐杰忠家庭条件没我家好,我妈也是想帮帮他,当然这也是马季的心愿。那个时候王一琴、丁国顺他们几个挣的都不多,四哥马季时不时地就给他们钱。还有,我们家那时号称马家饭馆,马季的徒弟和师兄弟们都来过我家吃饭,我妈就给他们做,好多人都吃过她做的卷馅肉饼,那是我妈的拿手绝活。

第六节　母亲的功绩

在追述马家家史的过程中,于波、马淑珍、马树明三位亲人都对母亲满怀崇敬之情。妹妹马淑珍说:我妈三十多岁结婚,四十多岁守寡,因为爸爸常年在外做贸易,中间我妈一共和我爸爸待了三百多天,一个裹足的老太太,啥字都不识,在那种艰难的情况下撑起了这个家,把我们这几个人都培养成人,走了正道。我三哥马树良,字写得好,文章写得好,后来是天津二商局的办公室主任。树明考上了大学,是我们家第一个知识分子,进了专业院团,成了文艺工作者。我虽然上学不多,靠自己的努力,从事医务工作,当上了医生。我的四哥马季给我们老马家争了口气,成为名人,这其中我妈功不可没。

她不仅把自己的孩子培养成人,而且我妈到了北京以后,把她娘家的晚辈,侄子侄女,凡是能带出来的,全都带出来了,让他们到北京上学、读书、长知识,后来也都弄得不错,有的成为大校、厅局干部。我和香河老家出来的这些人都有联系,他们都说:"淑珍,你妈在老陈家应该记上一功。"我妈的这一生真不简单,她是我们可敬的母亲,更是伟大的女性。

第三章
优良的家风

　　马季爷爷那辈之前，马家一直务农，在村里以老实厚道著称，他的父辈出外经商也有不错的口碑。"扶风春境"是马家人传承下来的家风。马家人严格遵循着这四个字做人做事。马季先生在世时就亲口对我说，我听母亲对我讲过很多过去的事，家庭的熏陶、母亲的言行对我的成长起了重要作用。上一辈的母亲，下一辈的马季对马家家风的形成起着核心的作用。马家的家风，具有中华民族的典型性格、典型风尚，许多鲜为人知的故事，让听者动容。(2009年4月7日采访于波)

第一节　孝敬为先祖辈传

　　婆婆的孝道。我们马家一直都是孝为先。听我婆婆讲，她的婆婆也就是我们老太太，做婆婆很有谱。当时她眼睛看不见，整天坐在床上，她就听着这个表打点，这个表一打中午12点，那必须把饭端上来，还专门给她做了个小炕桌，就是我的婆婆伺候着。她看不见，那个时候的老太太也没事干，就坐在床上等着吃这顿饭，所以一听打点就说，还没有给我做好呀! 有时候我婆婆一看快12点了，这饭还没做，怕老太太着急，就赶快去把那个表停住，别让它打点。什么时间做熟了，什么时候再让那个表打点。我常听我婆婆讲，她那个时候是怎样伺候我们老太太的，孝敬那是绝对。婆婆对她的母亲也是这样，在她的娘家香河，她的孝顺是出了名的。那个时候，条件困难，可一个月准弄二斤

029

马季夫人于波讲述马家家风

槽子糕给她的母亲。那时候哪有公路呀，香河离北京多远啊，但是，她无论想什么办法，也要把这二斤槽子糕给她的母亲送去。

马季的孝道。马季完完全全继承了马家人的孝道，孝敬老人那也是绝对的。我给您讲过吧？我们结婚时，他每月工资98元，那个年代就是高工资了，因为他才三十多岁，我们结婚是1967年嘛，我的工资才四五十元钱。我们俩在谈恋爱时他就说："我挣98元钱，每月得给我妈50元，剩下的咱俩过日子用。"还没有结婚就把孝敬老母亲摆在了头位，这一点，我当时就很敬佩他。他上干校，他那48元里头，我儿子马东要让人家看管就全托了，连吃才23元，还剩25元，这25元他还要交伙食费，自己还抽烟，自己的钱都不够用，但给老太太的钱一分不能少，他就是这样，绝对是个大孝子。

不仅如此，无论他到哪儿演出，只要是看见老太太爱吃的他都要买一点儿带回来。老母亲高寿，活了九十来岁。20世纪80年代，老人家岁数大了也出不去，正时兴穿尼龙、的确良什么的，他就专门给母亲做个大襟的确良衬衫，冬天就做最时髦的卡其裤子给母亲穿，也就是说想办法照顾好母亲，让老太太尽量生活得好一点。我们从他身上学到了好多东西，我们这一大家子成员孝敬老人是第一位的。

老娘去世的遗憾。我也有个遗憾，就是婆婆去世。婆婆是1984年12月11日走的，虚岁90，周岁88，挺高寿的。她重病期间，因妹妹淑珍是搞医的，也不需要去医院了，就是岁数太大了、老的，也没什么病，就把点滴拿回家里打，我就一直在守着老人。当时团里交给我一个任务，就是到沈阳录《十五的月亮》的唱片。由于老母亲病重，我就一拖再拖拖了十几天没有走。妹妹淑珍就跟我说："你走吧，妈这一时半会儿不要紧。"婆婆跟我们在一起生活了那么多年，我们婆媳感情很深，临走时我就和婆婆说："妈，我出趟差，今天晚上走，明天待一天就回来，您等着我。"婆婆还能说话："你去吧。"我答应一声，这才走。我大概下午五点走的，婆婆九点就过去了。家里人都说，老太太心疼你，知道你胆小，怕你害怕，不想让你看见她走时的样子。其实我还真不害怕，就觉得婆婆去世没在她身边尽最后的孝道是个遗憾。

笔者问："当时马季老师在吧？"妹妹淑珍接过话茬："我、弟弟树明、四哥马季、还有唐杰忠，老人去世时都在她身边，但四哥好像有演出，第二天下午把老人火化完，没安葬就走了。"这就对了，赵炎讲过，马季先生因没有给老人守孝，留下了一生的遗憾。

（2008年11月19日采访马季弟子赵炎）老太太去世前，团里就和上海一家公司签了演出合同。老太太不在了，按说最大的事儿就是给老太太料理后事。偏巧上海演出是一个大型演出，在上海万人体育馆，你说这怎么办？然后马老师就打电话，跟人家说老太太不在了，这种情况下我们是不是就不去了，看能不能体谅。他们那边就不干了，说："那可不行，我这三场演出，一场1万人，三场就3万人，你们不来那可不行。别人都可以不来你们不能不来。"言外之意是对马老师的话有所怀疑。当时马老师可就急了，谁还拿妈死开玩笑？没办法，当天下午我们俩就去了上海。

2008年11月赵炎回忆马季的往事

去了以后，原来是说演一场，演完了就让我们走，给观众一个解释，毕竟老人家不在了，求得大家谅解。头一场演完了，就准备走，主办单位负责人就来了，说他们也很难受，难受在哪儿呢？为马老师母亲过世表示难过，最难受是他怕我们走，为什么呢？他说后边有这么多观众，你们是不是再演一场。实际上这个时候我们已经跟他们商量了补救措施，我们团再派一对演员来演出，这样一来对观众有个交代，当然有差距，那跟马老师没法比，人家有些不太同意，我们没办法就又演了第二场。第三天他又来了，求你呀！你们再为为难给演了吧。左说右说，真没办法了，就又演了。演出结束马老师下来对我说："赵炎，我们是搞笑的艺术，是给观众带来笑声，可是老人家刚去世，还没守孝没安葬就来演出，我这心里是个什么滋味。"所以一个笑的使者，这时的心理煎熬是可想而知，实在太难过了。我有体会，为什么？我父亲故去的时候我也在演出，因为我知道老人家不行了，救护车就在剧场旁停着让我赶紧回去，我就走不了，晚上我还没演呢，就把我的节目挪到前边去了，等我演完回去老人家就不在了。因为我父亲比马老师他母亲走得早，所以我有这种体会，就那种酸楚心痛，你还要强打精神，还要调动百分之百的精力到台上表演，否则支持不住的。他脑子经常开小差走神儿，但在台上你哪里敢走神儿？那一走神一失误，对我们来讲就是大事故。所以马老师觉得他对母亲的最后一班岗没站好。我倒觉得过去有句话叫忠孝不能两全，孝毕竟是家里的事，忠那是为国、为公，或者为了相声、为了观众，没办法。所以在这一点上，马老师经常说这是他一生的遗憾。

马东的孝顺。到马东这辈，孝道的家风传承不断。马东从小受到奶奶、父母两代人的熏陶，孝道的素质基础是显而易见的。以下是于波老师给我讲的几件事。

那是2000年还是2001年我过生日，我记不清了，小东已从湖南电视台回来了，他觉得自己长大了，就对我说："妈我给您买块表，作为生日礼物送给您。"知道这块表花了多少钱吗？花了3万多，是一块金表，我都没想到他要送我表。他是1994年从澳洲回来的，1996年到湖南电视台，2001年从湖南回来的。这可能是他上班几年后所有的积蓄。我说："你买这么贵的表干什么？"他说："我都挣钱了。"这块表我只戴过一两次，舍不得戴，精心保存着呢。我很感激儿子对我的这片心意。这孩子很懂事，不管是我还是他父亲过生日,他都要买些小礼物以表心意。不仅这些,小东孝敬老人在其他方面心也很细。

小东结婚以后我们就不在一起住了,他住在城里,我们住在城外。他父亲去世后,只要一有空,他就要抽出时间来看我,有时到了晚上9点钟,他还要过来。我说,这么晚了,你别来了,弄个栏目挺忙的。他说,我今天没事,过去陪您说说话。他就开车来,上我这儿待会儿,聊聊天,待上一个多小时。我就催他,你走吧,你走吧,这个时候能有啥事。说实话,我知道儿子的心思,怕我孤独,他放心不下,不论多忙几天之内他就要挤出时间到我这里来。在这点上,他比他爸爸做得还好。马先生很孝顺,但是个比较粗心的人。那天马东和我说,他要在市内买个房子,离他们那个小家挺近的,您在那住腻了就到这来住,两头跑。前几天,他们两口子带着我的小孙女马苏啦来了,这小家伙五个多月了,挺耐人的,三口子在我这吃了顿饭才走的,我挺高兴。

我要说的是,我这个儿子是个好孩子,只要他听过的孝敬老人的事,他都会做。这么多年小东特听话,父母说的话就是圣旨,没打过折扣,我很欣慰。

第二节　同情弱者疼弟弟

在我们这个家庭中,终归我们都是从那个时候过来的,可以说是患难弟兄,彼此之间关系都非常和谐,但四哥马季最疼的就是我。他曾和别人说过,我这个弟弟最小,受的苦最多,所以他疼我。弟弟树明又给我讲述着哥哥的事情。

引我走上艺术道路

我从小就对艺术感兴趣,上小学时就是乐队的小号手、升旗的指挥,一年级就演过话剧,扮演老太太。四哥马季知道我喜欢音乐,1951年到新华书店工作后,开的第一个月的工资,就给我买了一把口琴。当时我11岁,他把我领到音乐行,"弟弟,买什么?你就挑。"我就买了把口琴,现在我还记得这把口琴的牌子,是"石人望"牌的。买了以后他对我说,回去好好吹口琴。四哥的宿舍就是新北京饭店后头的小楼,现在的服务局,原来那是新华书店的宿舍。每星期只要他休息,一定要我去,到那准请我吃顿饭,都是家常便饭。我印象最深的是他到门口给我买来两个老白玉米,热热乎乎让我吃。后来他进了中国广播艺术团,还是经常让我到他那去,有时还在他那吃夜宵,他工作过的几个地方,我几乎都去过。

马季妹妹马淑珍(左)、马季夫人于波(中)、马季弟弟马树明(右)一起讲述家史、家风

我上学的地方是北京三中,和他们的艺术团在一个胡同,每次他们排练我都去,排练厅不让进,我就趴在墙上听,然后站在大门口看。哪个演员出来了,哪个是侯宝林,哪个是马增芬、郭全宝,就开始迷恋明星了。他看见我又喜欢上曲艺了,每次录相声大会,他准让我去,让于世猷在门口接我,看完一场晚会我就回家。这样他到哪儿演出,都带着我去。马季说相声带弟弟,广播说唱团的人都知道,也就是从那时候我开始接受艺术熏陶。在没考大学之前,艺术团就要我,知道我考上中央音乐学院了,马季还找艺术指导庞秀文征求意见:"我这个弟弟是上学好,还是到咱们团里好。"最后决定还是上学深造。我们那届全国只录取了7个,我是其中一个,应该说,学习成绩还是不错的。大学毕业我就分配到中央歌舞剧院,当了专业乐手,拉二胡。这样跟四哥的接触就更多了,他的作品创作完也要征求我的意见,写完了第一稿准给我念,有时我也给他提一些创作思路,我们俩在下边配合得不错。

关心我的病

在歌舞团工作几年后,我患了病,脚趾头长了黑色素瘤就是肿瘤,虽然院里很重视,找了专家,但还是急坏了马季,他当时正好在赴港之前,在密云小岛搞创作排练。一听说我病了,他和唐杰忠、李文华等人都到医院来看我。马季发动了所有的徒弟帮忙找最好的大夫,给我看呀治呀!最后没办法了,割去了一个脚趾头保住了一条命。1984年从医院出来,他就给我买了一辆"嘉陵"摩托车,让我骑着到处转转,让我散散心。后来,他就说,今后你就跟着我走,我上哪你就上哪,有我一口饭吃就有你一口饭吃,他就关心我到这个程度,后来我还就真跟着他了。那时候成立相声小队,队长是赵炎,主要是打马季相声的品牌,叫马季相声作品演唱会,到全国各地演出,我给他们负责行政事务。这个演出小队,那时是文艺方向的一种象征,真正的走向基层和工农兵结合,也培养锻炼了相声新人。应该说他是位很优秀的艺术家。我跟着四哥这段时间,做了一些工作,享受了快乐,更享受了荣誉。

马季与弟弟马树明、弟子韩兰成在海南

和哥哥一起过

我从 1984 年一直跟着马季小队演出,后来小队结束了,我就到海南发展,也是哥哥指的一条路,成立了"三友"公司,干了一阵子。到了 1996 年,我的身体状况有些不好,已经便血,经检查确诊为肝硬化,我就从海南回来了。当时我的家住在五楼,就两间房,姑娘也大了,住着也不方便,往上爬五楼也不行。得了这样腻歪人的病,别人都要躲着走,可四哥马季让我住他们家。他说:你哪也不要去了,就住我这儿,这样也好有个照应,我也放心了。后来我的老伴也去世了,就一直跟着哥哥过。马季搬了几次家,每次都带着我一起走,到洼里他带着我,从洼里搬到天通苑,他又带着我,每次搬家都给我安排最好的房间,洼里我住单层楼,天通苑是越层,马季住二层,他让我住一层,兄弟两家相依相亲,一直在这个家就没出去过。

我有个好哥哥,我更有于波这样的好嫂子。我这个嫂子天下难找,只要四哥定了我的事,她全都支持没打过驳拦。我也有个好侄子马东,他们对我那是没得说,从感情说,我和哥哥马季的这个家,比我的小家还要亲。我姐姐淑珍也在这儿,也都照顾我,那时候还在公安疗养院给我打毛裤、织毛衣。

第三节　平实做人　自强不息

踏实做事、朴实做人的马家家风,到了马东这辈不断发扬。马季先生为人善良、做事低调有口皆碑,他虽然经常在外演出对儿子马东管得不多,但时刻把握大方向,用多种形式向儿子渗透这种思想。马东是马季的独生子,三十几岁得子,马季确实很疼很爱,但他决不溺爱。(采访于波)

打过一次儿子

马东从小就怕他爸爸,先生对他也不是怎么严厉,他经常在外演出,也顾不上他,但他还是有些怕。我记得先生这一生只打过马东一次。马东上育民小学,他们同学之间弄邮票,小孩们闹着玩,也不知怎么回事,同学们就打起来了,然后,学校就请家长了。我没在北京,正在外边出差呢,就把他爸爸马季给请去了。人家老师就跟他说，孩子们为了邮票打架，可能这后面是马东出的主意。马先生是一个很要面子的人，就当着老师的面，把马东叫过来，"啪"的一下打了马东一个耳光，马东也没想到爸爸会打他，长这么大没挨过打，这一个耳光就把马东给打愣了。就这一次，马东长记性了，不能这样，这件事错了，这一辈子都不干坏事了。我当时不知道，谁也没告诉我。我是怎么知道的呢？后来小东上初中了，上三十二中，小东就得了一个病——头痛，一上课就头痛，痛得不得了，家里就比较害怕，就觉得这孩子脑袋有什么毛病。宣武医院、什么医院都去，照片子看，西医看也都没检查出什么毛病来。后来，我的弟妹就是马树明他媳妇，认识一个心理医生杨先生，人家就给看出来了，就说："这孩子管严了，而且是父亲管严了。"这我就奇怪了，心想他爸爸一天到晚哪有工夫管他啊，这是不可能的事。这个时候马东才告诉我，爸爸打过他一次。这怎么弄啊？人家就说，随着年龄的增长，一点一点就会好的，不要紧，别着急，放心，没啥大事。我才放了心。

出国前夜长谈

对孩子的教育培养我和马先生还是非常重视的，不仅要让他成人还要让他成才。上完高中，马东想出去开阔一下视野，我俩很支持。一开始就像闹着玩儿似的，我一个同事给办的。马东那天跟我说："妈，我护照拿到手了，手续都办下来了。"我一下子觉得这事是真的了，当时心里那是个什么滋味？舍不得儿子走，但又留不住，连机票都订了。那是 1987 年，刚满 19 岁小东就走了。说实话，就是为了孩子，当时我家里头拿出 3 万块钱来，那就是我家的全部家当了。走之前的那个晚上，我印象特别深，爷儿俩谈了半宿。先生躺在床上，把小东叫到跟前，小东坐在地板上，爷俩谈，平生道路九羊肠。先生把他的成长过程，从小受过多少苦，工作中遇到的坎坎坷坷，奋斗历程，这辈子怎么不容易，用自己的亲身经历教育儿子。就跟儿子说："异国他乡父母不在身边，要靠自己自强自立了，遇事多冷静多思考。"说了很多。我进去了几次，爷儿俩还在聊。这是爷儿俩交流最深的一次，教育、关心、父爱多种元素融合在里边。这次交流，对小东的教育、对小东的成长有很大的影响。虽然出国了，孩子们嘛，就觉得出去是好玩儿的事，但出国的心理准备、心理素质他还缺少。父亲给他讲得很深，他也记得很深。

第三章 优良的家风

作者采访马季的夫人于波

　　家庭的熏陶，父辈的教导，使马东养成了平实、踏实、努力、自强、从不张扬的性格。在外，他从不提他是马季的儿子；在工作上，他不想沾父亲的光。在中央台这么多年，主持了多年的名牌栏目，总是那样的默默无闻、勤奋好学、谦和努力，和同志们相处得都很好，没有一点儿名人后代的架子，外人看了都很佩服。

第四节　重视情感的家庭

　　马季先生的这个家，充满浓厚的亲情，妹妹、弟弟、哥哥、嫂子、侄辈之间，和睦和谐情感交融。在这个家里，家庭成员之间没有距离感，嫂子和小叔子可以开玩笑，马先生想儿子了在电话里可以跟他幽默一下："马东你看你哪天有空，抽出点时间是不是接见接见我。"他用这种形式表达对儿子的爱。于波老师生活在这个家庭里边享受着这样的快乐幸福，有着切身的感受。

　　马先生在他临走前的这几年，和儿子明显的亲了近了。这时的马东也大了，也成熟了，也结婚了。因为儿子也干上这一行了，有些话他觉得跟儿子共同语言多了，他有些什么想不开的，或者是艺术上有什么困惑，他能够征求儿子的意见。他也把他的心里话跟儿子说，爷俩就半宿半宿地聊，有时候都夜间十一二点了，我过去看一眼，爷俩还在聊，我就回来看电视，不再打扰他们。这个时候，他觉得儿子长大了，开始依靠儿子了，有些时候他听儿子的主意。

夫妻感情与日俱增。马季和于波共同生活了几十年，相亲相爱，感情与日俱增，现在提起马先生，于波老师仍然抑制不住那多年的夫妻情感。

2009年春节前夕作者到北京看望马季夫人于波，并给她拜年

马季与夫人余波、弟子韩兰成

马季生前卧室

　　2009 年春节我到北京马季的家采访于波老师,并给她拜年,她就对我说,先生走了两年了,我这心一直放不下,好像他还在我身边,包括先生住的屋子一点都没动,还是先生住的时候的样子,只是多了一些花,待会儿你们可以去看看。先生走了,三年之内家里不贴一个红字,每个节日我们都要到先生的墓地去,包括先生的周年、先生的生日、先生的阳历忌日、阴历忌日,凡是我知道的、我听说的祭奠形式都去做。过小年那天我给先生上坟,我说:"先生呀,过年了,跟我回家吧!"说着说着,她又悲痛地掉下了眼泪。看到这个样子,我不忍心再问下去了。于波老师说:"张主席等春暖花开了,我把先生的弟弟、妹妹都接到我这来,让他们跟您谈,咱谈半天,一些老事他们知道得更多,先生的照片你也可以找马东要,我现在一翻这老照片就犯病,实在对不起。"虽然第一次采访失败,但我看到了一对老夫妻间的真实情感,看到了一个名家的和睦家庭。

第四章
故土情深

马季一生虽然回老家不多,但他一直惦念着家乡,热爱着家乡,尤其到了晚年,这种心情更加强烈。我是 2001 年和马先生结识的,是宝坻老乡中和他接触最多的,我深深体会到了他的这种心情。

第一节　宝坻文化的熏陶

笔者与马季先生第一次见面,是源于 2001 年 12 月宝坻电视台与央视联合拍摄《宝坻春歌》春节特别节目。那时我刚到区广播电视局工作还不到一年,为了更好地宣传宝坻,与央视七套建立了联系。经双方领导同意,决定在宝坻搞一场原汁原味的春节节目,充分挖掘利用宝坻的文化资源,尤其是要把宝坻健在的名人,如相声大师马季、文学大家浩然、板胡演奏家原野、著名演员《回民支队》马本斋的扮演者里坡、《闪闪红星》春芽子的扮演者刘继忠等都用 MTV 形式拍摄后放在节目之中。

笑人居见面。张勃导演对这样的策划非常感兴趣。由于当时对大师的住址不清楚,张导就亲自联系。要见马季,这是我做梦都不敢想的事情,过去都是在电视上看过,这次要见到真人,这个卖《宇宙牌香烟》的宝坻人,在生活中到底是个啥样儿?我的脑细胞非常活跃,脑海中有各种各样的想象。他名气那么大,真的能见咱们?

从宝坻出发,车子在北京城绕来绕去走了两个多小时,最后拐到了北

在拍摄《宝坻春歌》时,徐刚、张振祥和马季在一起亲切交谈

京一家排风扇厂的大院子里停下了,下车往东一看,"笑人居"——一幢漂亮的田园别墅,张导告诉我这就是马季先生的家。听说老家来人了,马季穿着一身便装,上身加了一件坎肩亲自到门口迎接:"欢迎欢迎,快到屋里坐。"先生一边紧紧握住我们的手,一边往屋里让。徐刚、张振祥两位区领导代表家乡向先生问候并以区委区政府的名义给大师敬献了花篮,先生非常高兴。刚落座我就和大师说:"马老师,我离您家最近,您是黄庄村,我是八门城陈塘庄,同属黄庄洼。"马季笑着说:"好啊,好啊。"这时,马季的夫人于波进来了,马季说:"快来快来,给你介绍一下,这是咱宝坻的领导,父母官,你认识认识。"马夫人又是倒水,又是让水果,大厅内笑声不断,其乐融融。说话间必然谈到相声。马季说:"社会上流行着这样的说法,说姜昆是个小知识分子型演员,侯耀文是个小品型的演员,马季是个农民型的演员。我觉得对我的评价最贴切,最真实,也许是这种基因的影响,我的农民气质永远都没有变。"

自我评价。马季热爱农村生活,他的作品凡是大家熟记不忘的,不是趴在老乡的炕头上就是蹲在地摊上创作出来的。大师喝口茶接着说:"我的相声大部分是农村题材,这与我的出身有关。我虽然没回过老家黄庄,但父母经常讲家乡的事情,宝坻洼十年九涝,解放前老百姓为了躲水,经常逃荒要饭他乡,还有一些乡情乡韵和民俗,我在小时候就受到了家乡的熏陶,有了家乡的文化积淀,包括语言运用。"我们问:"在您的作品中,哪些具有家乡的痕迹?"马季说:"像《游击小英雄》中的'八路好,八路强,八路军打仗为老乡……'就是咱家乡民间传唱的。《宇宙牌香烟》中也是用了咱的家乡话。"聊着聊着,马季即兴给我们说了一段相声。他说:"农村和城里比怎么也赶不上。就拿剃头来说,过去城里人经常留分头、大背头,咱农村人就是小平头,等农村人留分头、大背头了,而城市人又剃光头了,赶不上;过去农村人苦啊,娶媳妇很难,城市人都能说上媳妇,现在农村人都能娶上媳妇了,而城市人有的又包上二奶了,赶不上;过去农村人过年穿上新衣服就不错了,而城里人不但穿新衣服,而且露脖子露前胸,现如今农村人也敢露脖子,而城市人又开始露肚脐了,赶不上呀……"马季的即兴段子,引得在场的人捧腹大笑。这时张勃导演走了过来:"马老,我们的机器已经架好,请您给宝坻人民说几句话,我们在大年三十要给全国人民播放,您准备一下。"马季很快进入了角色,他说开始吧,不用准备。马季说:"这些年,我虽然回老家不多,但我心里一直有老乡,我知道我是从什么地方出来的,我是干什么的,这些年在大家的帮助下,马季取得了一些成绩,但这也要归功于家乡文化底蕴的熏陶,快到春节了,按照家乡的风俗,要行大礼,给父老乡亲磕头。今后马季一定要加倍努力,为家乡人民争光。"短短几分钟的录像充满浓浓乡情,掷地有声,在场的记者都为之感动。

在拍摄《宝坻春歌》后本书作者与马季依依惜别

三个小时过去了，大家与马老的相见仍意犹未尽，我们起身要走时，马老与我们紧紧握手，依依不舍地送出了大门口。车子快要出厂区了，我回头一看，马季大师依然站在那里，目送着我们。

第二节　爱吃家乡菜

拍摄《宝坻春歌》使我与马季大师相识，之后我们一直保持着密切的联系。可能因为是老乡的缘故，我每次去他家都得到了优厚的待遇。

大师请我吃火锅。一次我去天通苑新家看马季先生，凤凰卫视正在采访他，听说我来了，他对记者说："我们老家来人了。"凤凰记者前脚走，马老就让保姆把我接进来。一进门，马老说："不好意思，让你久等了。"我说："您还客气啥，我是家人，咱要先紧着客人。"大师听了哈哈大笑："对，对，咱是家里人。"不知不觉，快到中午11点了，我执意要回去，马季大师说什么也不干，他对身边的弟弟、夫人说："走，咱们吃饭去。""要去我请您全家。"我说。马老说："到北京我们全家请你，别争了。"马老的弟弟马树明开车，我们就到天通苑门口的饭店，可能去得晚一点，马老领着我们一个饭店一个饭店地走，但都客满。马老说："走，咱们到老地方去，吃火锅。"我们又走了十多华里，在马老过去住的"笑人居"洼里附近的一个酒店停下了。马老和夫人亲自为我点菜、夹菜，热气腾腾的火锅把我们之间的情感紧紧相连。大师请我吃火锅，这是我人生中记忆最深刻的一次。

大师不仅对家乡的人热情有加，而且对家乡的事也是那样的情有独钟。他对家乡的风土人情和小吃是那样的熟悉。贴饽饽熬小鱼、卷馅肉饼、红皮大蒜、宝坻大馃子，每当提起这些，他都眉飞色舞、如数家珍，说得活灵活现，头头是道。好像桌前就摆着这些东西一样，香气袭人，让人胃口大开。马老说："卷馅肉饼，很早以前我们马家就做过，还有人称马家肉饼，去年有个企业家来我这，我们还说了这些。"看着他对家乡的事津津乐道，一种肃然起敬的情感油然而生。

带着菜团子看望大师。这几年每到春节、国庆，我都带着家乡的土特产去看望大师，其实他家里什么也不缺，可见到从家乡带来的这些"原生态"物

马季和夫人请作者吃火锅

品,他非常高兴。马老患有糖尿病,他要吃一些含糖量小的食品,听说高粱含糖量小,我就从老家给他搞了一些新下来的高粱米、高粱渣。2003年春节,我和爱人说:"过几天我要去北京看看马季老师,咱们给带点啥?你说咱们给他做点家乡的菜团子怎么样?"爱人说:"这大过年的,人家名气那么大,你给人送点这个叫啥。"我说:"这你就不懂了,送这些比什么都强,他一定高兴。"按着我的要求,爱人托老家亲戚弄来了地里的野菜,野菜里边加了黄豆渣和干鱼儿,高粱米面的皮,精心给大师做了10个菜团子,买了个小竹篮做了包装,大年初六,我带着这些给大师拜年。马季看了非常高兴,在大师的要求下,马季与我爱人通了电话:"谢谢局长夫人,你做的菜团子我吃到了,很好吃,抽空到北京来家做客。"爱人听到马老的谢意,不知说什么好,几天后还沉浸在兴奋与激动之中。

第三节　三幅墨宝

马季大师不仅相声说得好,而且多才多艺,他的书法也很不错,在全国大赛中获过奖。在我的记忆中,他给宝坻献过三幅墨宝,都蕴含着浓浓乡情。

马季为央视拍摄的《宝坻春歌》献墨宝

拍摄《宝坻春歌》时,徐刚在马季书房题字

第一幅墨宝。那是在拍摄《宝坻春歌》2002年春节特别节目时,在马季的家里,应央视栏目组的要求,他为宝坻献的第一幅字。其实之前也没有这方面的策划,一进大厅,大家被挂在墙上走金飞银的四个大字"卧月眠云"吸引住了。我说:"马老,您的字寓意很深,写得太好了,写得太帅了。"马季十分谦虚地说:"业余爱好,写着玩儿。"我问:"'笑人居'三个字也是您写的吧?""对。"马季说。这时栏目组有人出点子,"马老师,您给我们写幅字吧!"大师连连回答,"行行,请稍等一会儿。"大师起身上了二楼书房,不大一会儿,"故乡情"三个飘着墨香又情意浓浓的大字写成了。大师拿着条幅下楼时，大家报以热烈的掌声，大家与大师一起举着墨宝合影留念，记录下了这难忘的瞬间。此时，为了表达感激之情，我和在场的家乡领导又走进马先生的书房，时任区委副书记徐刚，饱含深情地拿起毛笔，向马季先生回赠了几个大字："宝坻人民热爱您！"充分表达了家乡人民对马季先生的无限深情。马季接过条幅，向在场的人们表达深深的谢意。

第二幅墨宝。2003 年 10 月份是宝坻电视台建台十周年纪念日，我提前和大师做了汇报。

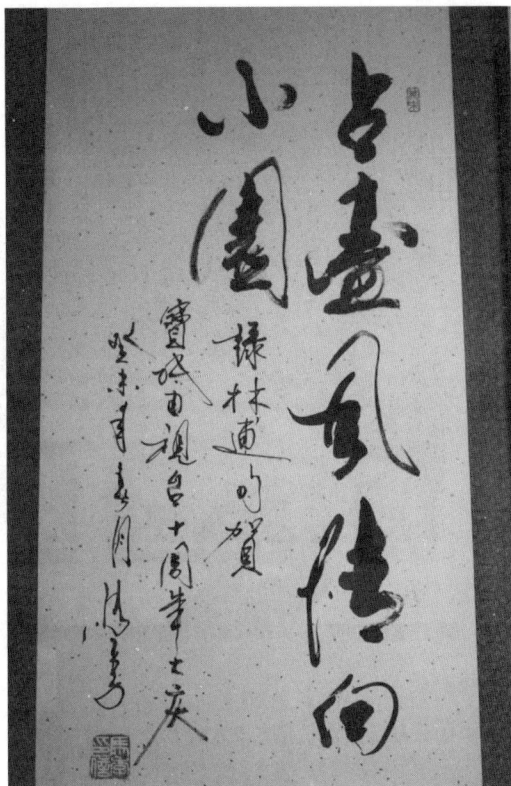

马季为宝坻电视台建台十周年题写的墨宝

马季说："需要我做什么事？"我说："请您给我们题幅字吧！""行，题什么字？"大师征求我的意见，"您就看着题吧。"我说。大师说："好，那咱现在就写吧，你好带走。"大师看透了我的心思。我随他进了书房，保姆为他铺好了纸。马季拿起笔沉思了一下，然后蘸蘸墨，走笔飞龙，一气呵成，"占尽风情向小园，贺宝坻电视台建台十周年"几个大字赫然纸上。"占尽风情向小园"，这是宋代诗人林逋《山园小梅》中的绝美诗句，老先生拿来赞美宝坻电视台，可见老人家对家乡电视台的一片深情。写完后，他说："你看行吗？"我说："非常好，非常好。"然后他又端详一下字，用力盖上了自己的印章。我带上这幅墨宝，急匆匆地赶回了单位，全局干部职工看见大师寄予深情的亲笔题字，备受鼓舞。这是大师给我们送上的一份大礼，我们决不辜负马季先生的期望，继续为广大电视观众奉献节目，多出精品。每位广电人都在默默作着这样的承诺。这幅墨宝已挂在广电局的贵宾室里，印刻在每个职工的心里。

马季为宝坻电视台台题庆写贺词

第三幅墨宝。2006年，宝坻区政协要出版宝坻书画集，时任区政协主席侯隽让我与马季先生联系一下，请他给写一幅字。我及时与大师通了电话，没过几天大师就把条幅写来了。家乡仍然是他挥之不去的情结，没有出题目，没有暗示，第一幅墨宝与第三幅墨宝又是那样的不谋而合，"故乡情"这三个大字是那样的深刻，那样的有魄力，在大师的心中，好像只有这三个字，才能表达对家乡的真正情怀。

第四节　两次回家乡

马季先生一生回过宝坻老家两次，第一次是县影剧院落成，马季和赵炎来了；第二次是宝坻电视台《开心双休日》擂主总决赛暨宝坻区庆祝中华人民共和国成立55周年大型晚会，马季带着他的徒弟刘伟专程赶回家乡助兴演出。

第一次回家乡。1985年5月间，宝坻影剧院历时两年建设，基本竣工。因为这是宝坻有史以来的首座剧院，是全县人民政治文化生活中的一件大事，上下都很关注，时任县委书记徐宗禹高度重视，他几次找到时任县文化局长的蒋宝和询问情况，要求尽快开业，蒋局长不敢懈怠。开业典礼是件大事,首要的是落实演出团体,蒋宝和局长马不停蹄,亲自操办。找什么样的人参加首场演出呢?他想还要请名人,宝坻人最好,要把马季、赵丽蓉请过来。在他的想法得到领导批准后,六月初的五天之内他三次去京商定此事。

第一次去北京,蒋局长和时任副县长的李克秀、文化局办公室主任刘自富、王树芬等人一起,先到中国评剧院请赵丽蓉老师,她非常想来,但文化部有事也正好是这个时间不能前来。于是他们当即按照赵丽蓉老师提供的地址去请马季先生。当时他们谁也没见过马季,就直接去了。他家住在9楼,那天停电,电梯停运,这几个人只好登阶而上,待爬到9层时已是气喘吁吁。听到敲门声,马季开了门,听说是老家来的,他挺高兴,热情地让大家屋里坐。寒暄过后蒋局长说明来意。当时马季身体有些不适,但仍答应自己到宝坻演出,并帮助联系其他演员。由于影剧院开业急迫,事隔一天他们再次去马季家。他说已定好的有相声演员赵炎、春晚演哑剧《吃鸡》的著名演员王景愚、青年歌手江英。他还在联系别人。看来他是想构成一个强大的演出阵容,而且联系工作进展迅速。因为心情急迫,又隔一天,他们第三次到马季家,马季说:"又定了几位青年歌舞演员,共计12人。"这样,一个集说、唱、舞多样化的演出队伍组成了。偌大的一个北京城,虽说演艺界名人众多,但这么快就组成这么高级别的演出队伍,还是很有难度的,蒋宝和局长深深地为马季的精神所感动。

马季先生几十年在外,可他为家乡办事真是尽心尽力。这次见面,他们把演出的具体时间、场次、交通等相关事项都确定下来了,北京方面的事由马季负责办理。6月6日,马季一行来到宝坻,下榻县招待所,6月6日下午晚些时候,宝坻影剧院举行落成典礼仪式。之后,人们纷纷进入剧场,早早等候。1400人的剧场座无虚席,座位周边站了不少人,剧场门外及院里还有很多人。晚上7点,由马季领衔主演的晚会开始了。演出刚进行一会儿,剧场外电闪雷鸣,大雨倾盆,连前台口都漏雨了。相关人员冒雨查找原因,但对演出没有造成太大影响。剧场内仍然笑声一片,节目个个精彩,喝彩声不断。当王景愚表演哑剧《吃鸡》时,突然剧场又停电了,一片漆黑,但现场鸦雀无声。不一会儿,来电了,王景愚又开始表演。压轴的节目是马季和赵炎的相声。马季一出场就向家乡父老问好,马季说他长得矮碜点,怪对不起乡亲们的。笑料一抖出,博得满堂笑声和掌声,把晚会气氛推向高潮。马季和赵炎说了《红眼病》等几个段子后就准备下场,观众不让下去,返场四五次,有的观众把手都拍痛了。演出结束后,家乡领导上台同马季等艺术家一一握手,表示慰问和谢意。

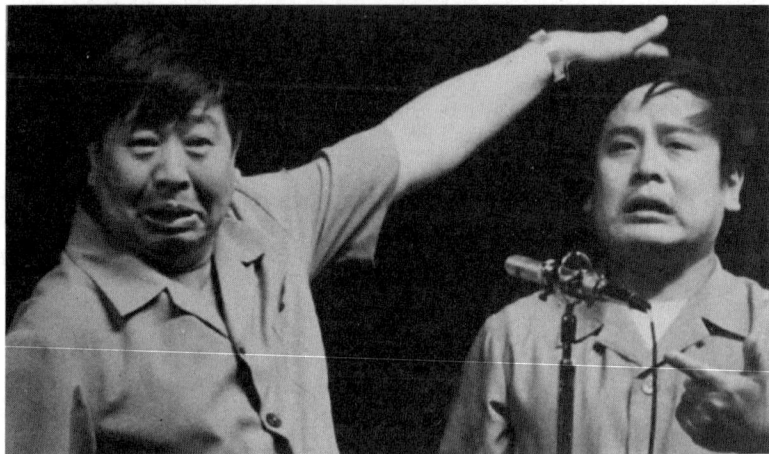

宝坻影剧院落成之际,马季第一次回故乡并与弟子赵炎助兴演出(刘宝富摄)

马季这次回家乡,县文化局派人到马季的老家黄庄村,接来他的同姓近支和村干部与马季见面。我在采访马季家事时,黄庄与马季同一个老太爷的哥们儿马树信老人给我回忆了当时的情况。

一天下午5点来钟吧,县里来了几个人和两部车,说是要找马季家的近支马树信,说马季来了,在县里演出要见见我们。当时我已经退休了,正在村街口里和人聊天,我说:"我就是马树信。"来人说:"那好,咱们赶快走吧,马季在城里等着你们,晚上还要演出呢。"我当时感到意外但很高兴,也没准备什么就和二儿子马凤山、村党支部书记袁庆明我们几个人去了县城,先上了招待所吃了饭,然后我们就去影剧院的后台见到了马季。在这之前的六几年,我在天津见过一次马季,时隔有20多年了。这次见面马季很高兴,他向庆明书记问了问村里的情况,又问了问我的情况,我说:"家里都很好,你这次能回老家看看吗?"他说:"这次不行,演出完就得回去。"我们哥俩还聊了点儿别的,我问他:"你现在挣多少钱?"他说:"没多少,六百多块。"我心想,你还不如我这个剃头的呢,月工资加奖金还拿七八百块呢。我们聊了二十多分钟,之后演出就开始了。

马季这次回家还见了跟他学过相声的李营。我到口东镇八台巷村采访了李营,他向我介绍了当时的情况。

1985年,宝坻影剧院落成,马季老师和赵炎来了,我听说后,就专程去县城看他演出。在后台我找到了他,看到我他很惊讶、很热情。"你怎么来了?""您回老家轰动全县,我听说就跑来了。""你怎么样,还在乡政府干呢?"他问。我说:"是,挺好的。"他把我向赵炎做了介绍。在后台聊了一会儿,我问马季老师来几天,回不回家,他说:"时间很紧,就两天,老家人知道我来了,今天他们也来了。"在后台我见到了黄庄村党支部书记袁庆明等马季老师村子里的几个人。我对马季老师说,"您能不能到我家看看?"在我的一再要求下,他沉思了一会儿说:"明天去你家看看,有地方钓鱼吗?"我说:"有,乡里服装厂前边有个坑,那里有鱼。"马季老师说:"那好,就明天。"

第二天早上,我去县招待所接马季老师,因为来得太早他们两人还没起床。马老师听到我的声音后,就急急起床了。赵炎因演出累了没有去,我拿起那个长包就上车了,我知道那是鱼竿儿。

我先把他接到钓鱼的坑边,还是像在山东西海庄那样,马季老师把鱼竿支好后,点上了香烟,两眼望着鱼漂等待。这时服装厂的工人们听说后,有的爬上墙往外看。钓了好长时间,只钓了一条黄瓜鱼,效果不佳。马季说:"走吧,去你家看看。"李师傅开车,来到了我家。村民们知道后,都在门口翘首企盼。马季老师主动和大家打招呼,非常热情。他在我家的前院后院看个遍,高兴地说:"农村真好,空气好,我退休后,也要在老家盖房子。"大约待了半个小时左右,马季老师说要回县城,我留他吃饭也留不住。他说:"县里要给贴饽饽熬小鱼儿。"我说:"那好吧,我给你带点农产品吧!""是什么?"他问。"花生、小米。""好好,我要了。"

这是李营见马季老师的最后一面。

第二次回家乡。马季先生第二次回老家,我是亲身经历了。宝坻电视台开办了以评戏主打的《开心双休日》栏目,马老对开办这样的栏目很支持:"评戏是咱们的家乡戏,文化底蕴很深,要弘扬,用媒体打造地方戏种,很好。河南《梨园春》就是重点打造豫剧,搞得很红火,打造评戏是咱们的强项,没有问题,如搞什么活动需要我,我带弟子去。"

2004年年初,我们就想《开心双休日》已开办三年了,我们要搞擂主总决赛,为弘扬评戏推波助澜,时间就定在国庆节前的9月27日。我们把想法向区领导汇报,一下升格了,成了区里庆祝建国55周年的一个大型活动。此时马季老师在外地演出,我打电话向他做了汇报,他告诉我:"你放心,我一定能够赶到。"其实,大师的心早已飞到了家乡。自从1985年那一次回宝坻后,他就一直没有回来,也非常想再回家乡看看。他曾有个打算,准备约上几个文艺界的好友和徒弟们组成"还乡团"来宝坻,再听听乡音,看望久别的乡亲们。这次他又要回家乡了。

27日晚上演出,马老27日上午11点从南方飞回北京,在机场没回家就直接坐车来到宝坻。头天我还跟他说:"您下飞机进高速就给我打电话,我到宝坻收费口去接您。"他说:"好好。"可27日下午一点半,他的徒弟刘伟给我打电话:"张局长,我和马老师已进宝坻城了。"我急迫地说:"你们到哪了?咋没有提前给我打电话,我好接你们去呀!"这时马季老师接过电话:"知道你今天事多,就没给你打。"我说:"马老师您现在到哪个位置了?"马季说:"从高速口下来有个立交桥,我们就在桥下边呢。"我说:"好,您先不要动,我这就开车接您去。"我告诉师傅李建波:"赶快开车,咱们到城西立交桥接马季老师去。"到了立交桥,看见一辆北京牌的吉普车,这时马季、刘伟还有马季老师一个搞企业的朋友都在车下边呢。见面后马老师说:"还是让你跑了一趟。"我说:"您太客气了,赶快上车,跟我走吧!"

下午两点,在宝坻宾馆安顿好房间后,他兴致很浓,对我说:"还有点儿时间,咱们到外边转转,看看家乡的变化。"我说:"您这一天飞了一千多公里,又坐车,很累,快休息吧,晚上还要演出。""没事没事,咱们这就走。"老先生心里装着家乡,他要看看家乡的发展变化。一路上大师谈笑风生,看看这,问问那,看到宽敞的马路,干净的街道,满眼的绿色,老先生十分高兴。车子一直开到了京津新城,边看沙盘,张振国董事长边向他介绍情况。为了看看新城的全貌,大师执意要坐敞篷电动车,他边看边发出感慨:"没想到家乡平地盖起了这样现代化的新城,了不起。"在帝景温泉休息室,大师边喝茶边说:"将来我要在这买套房子,也算落叶归根吧!"老先生越说越兴奋,创作的灵感也突然迸发:"到时候我要给宝坻、给京津新城写个段子,宣传宣传老家。"在场的人听了都非常高兴,看来大师为家乡真动心思了。车子行驶在大酒店的东侧,我指了指:"您看前面就是大学城,过了潮白河,再往东就是您的老家黄庄村了。"老人家顺着我指的方向,遥望着自己的故乡许久许久。隔河相望,老先生陷入沉思:"这次不行了,晚上演出完,我就得回去,明天公安部还有活动,下次安排时间,我要专程回村,看看父老乡亲。"

2004 年 9 月,马季在京津新城观看京津新城沙盘

　　在宝坻宾馆,区领导张景泉、高永志、张振祥、贾凤山热情地接待马季先生,并向马老介绍了家乡的发展变化。马季大师对家乡的变化赞不绝口:"大思路、大手笔!用规划引领招商,让世界人建设宝坻,家乡了不起呀!"

　　晚上,当马季和他的徒弟刘伟最后出场时,现场爆发出雷鸣般的掌声。马季说:"这个剧场落成时我来了,一晃 20 年过去了,马季 70 了,再一晃,我就不敢晃了。"他说:"今天是个好日子,我们家乡是评剧的发源地,我很自豪,今天为乡亲们演出我很高兴,只要大家爱听我就说,累死就算睡着了。"大师的这句幽默,引起全场的阵阵大笑。他一个段子接着一个段子地说,就这样说到快夜间 11 点半了。这时,马季的弟弟马树明给我打来电话:"张局

时任区委书记张景泉、区长高永志、区委副书记张振祥、
区委常委办公室主任贾凤山在宝坻宾馆接见马季、刘伟

长,这几天马季挺累,您多多关照。"我马上到后台找了主持人:"把这段说完就结束,不能再说了。"这时观众的掌声又高潮迭起,主持人当机立断,宣布晚会圆满结束。这时许多人跑到后台,要求与马季合影,大师都一一满足了大家的要求。已到后半夜了,马季大师依依不舍离开了宝坻,他对送他的众多老乡说:"下次再来,多给大家说段子。"望着远去的汽车,在场人都为家乡的这一骄子感到自豪。

2004年9月,马季和各位艺术家在擂台赛结束后向观众谢幕。左起王秀丽、李红霞、小花玉兰、郑红艳、冯志国、董艺(央视)、马季、花砚茹、李福安、杨淑芳、赵德铭、刘伟

第五节　两个未竟之愿

噩耗传来。想不到这次回家乡竟成为大师与老家的永别。2006年12月20日刚吃中午饭，我接到朋友的一个电话，他急促地说："马季上午10点多钟去世了。"我说："你胡说什么呀，前两天我还和老先生通话，马老身体好着呢，不可能的事！""是真的，网上都发布消息了。"我顾不上吃饭，就跑到办公室，上网一看，果不其然。但我还是不能相信，网上的话靠不住，于是我往马老家里打电话，电话不通，到了下午3点多钟，电话终于通了，马季的弟弟告诉我："是真的，昨天晚上我们哥俩看电视聊天还好好的，想不到今天上午心脏病突发，他就这样走了。"马老的弟弟悲恸欲绝，我在电话里安慰着，自己也沉浸于巨大的悲痛之中，脑子里闪现出一幕幕与大师接触的影像。

到八宝山送别。为了表达家乡人的哀思，2006年12月24日，我陪同张子堂、王素艳两位区领导到八宝山革命公墓，代表时任区委书记张景泉、区长孙宝华和全区65万人民向马季大师的遗体告别，表达家乡人民的怀念。我意识到，向遗体告别，是我们与大师的最后一次见面，必须真实记录下这一历史时刻，记录下家乡人民与大师的永恒。于是我从新闻部、专题部派出三名记者，带了两部摄像机随领导一起前往。

清晨出发，9点多到八宝山时已是人山人海，人们胸戴白花，有的双手捧着他的遗像，全国各地的许多人赶到这里。一对50多岁的东北夫妻，夜间12点坐火车到达北京，大清早就赶到这里，他们说："我们是听大师的相声长大的，大师走了，我们要亲自送送他！"宝坻区委、区政府敬献的花圈举过人头引人注目，人们的目光开始向这里聚焦，人群中自发地让出一条路，"马老家乡来人了，快给让让路。"听到这些话，作为一个宝坻人、大师的老乡，我感到十分的激动。但悼念大师的人太多，我们费了好大劲儿才赶到瞻仰大厅。大厅庄严肃穆，哀乐低回，大厅四周摆满了党和国家领导人及全国各界人士敬献的花圈。马季的弟子一字排开为其守灵。大师安卧在鲜花翠柏中。我抑制不住自己的感情，眼泪夺眶而出，那慈祥熟悉的面孔，使我又想起他两个未竟的心愿：编宝坻相声；回黄庄村看看。这两个心愿还没完成，大师就这样走了。我们向大师的遗体深深鞠了三个躬,张子堂、王素艳向大师的亲人表达了家乡人民的哀悼和慰问。马季夫人于波、儿子马东握住家乡领导的手连连道谢。马季夫人见到我抑制不住自己的悲痛:"您也来了。"我说:"我来送送大师,您要节哀,保重身体。"马夫人紧紧握住了我的手,说不出话来。

电视台播放消息。回到局里后,我让随行的三名电视记者立刻整理遗体告别现场采集的珍贵录像资料。当天晚上,宝坻电视台播发了区领导到八宝山革命公墓向马季先生遗体告别的新闻,《今日宝坻》栏目做了长达20分钟的"情溢乡土,笑洒人间——深切缅怀从宝坻走出去的相声大师马季"的专题片,全面介绍了马季先生的一生和他在相声艺术道路上孜孜以求的精神、对新相声的贡献以及马季先生的浓浓乡情。节目播出后,在广大观众中产生了强烈的反响,人们为失去这样一位大师感到无比悲痛,更为家乡这一骄子、德艺双馨的人民艺术家感到十分自豪。许多人深情地说:"马季大师虽然离开了我们,但家乡人永远怀念他,他将永远活在家乡人民心中!"

第五章
老家人跟他学相声

马季先生生前我曾跟他说："今后您也得给宝坻培养出个说相声的！"马季听了很兴奋："可以呀，有这样的苗子吗？"我说："咱们和央视拍《宝坻春歌》，有个小孩说《给狗剃了》，导演给弄了相声剧，这还是咱宝坻电视台《开心双休日》文艺栏目发现的呢，播出后效果很好。"马季问："几岁了？"我说："有五六岁。"他说："再大大吧，可以考虑。"这个事就这样撂下了，很是遗憾。在要写这本书之前，我得到一个重要的信息，宝坻有人跟马季先生学过相声："口东镇八台巷村退伍军人李营，在部队跟马季先生学过相声。"这是一个重要的线索，2008 年 4 月 1 日，我就去八台巷李营的家证实了这一信息。

第一节 到说唱团学习

来到李营家，他正和邻居们唠嗑，看我们来了就把我们让到了东屋。我开门见山地说明来意。

李营六十出头，1968 年入伍，1976 年退伍，在北京卫戍区某师文艺队整整干了八年，退伍后在乡政府工作，现已退休并负责老干部们的学习。谈起跟马季学相声的事，他滔滔不绝。

部队结缘。我刚入伍就分配到了师文艺队，因为我在村里就演节目，说快板。部队看我有这个特长就让我到文艺队当演员。起初部队是演大戏，从

李营回忆马季

1971年到1973年主要是演京剧样板戏《沙家浜》，那时候我们在北京市叫得很响，市文化局还给我们插过小红旗儿。后来我们的主演嗓子坏了，就改适合连队的小节目，部队提倡为兵服务，到下边演出。1973年3月，为了提高我们的艺术，经部队领导和各大院团联系，抽乐队、演员去专业院团学习，有的去了战友文工团，有的去了河北歌舞团，我带搭档王超和两个女兵去中央广播文工团说唱团学习。我和王超学说相声，另外两个一个学西河大鼓，一个学河南坠子，领导安排我带队。这样我就有幸和马季、唐杰忠二位老师相识了。我记得上午9点我们副政委带着我们几个人到广电总局，之后总局办公室一位同志领着我们俩到说唱团报到。当时马季是团长，他和唐杰忠在一个办公室办公，侯宝林先生在马季的街坊办公，侯宝林先生基本不演出，主要是搞创作，楼下是李文华、郭全宝、郝爱民、赵连甲等几个老艺术家。那时候马季早就有名了，说实话，听说要去说唱团学习，真是很激动，心里也忐忑不安，毕竟那里都是大家，人家肯教吗？

来到马季的办公室，马季和唐杰忠正在说业务上的事，看我们几个人来了他非常热情，并站起身主动和我们打招呼，又倒茶又让座。见到马季这样热情、平易近人，我紧张的心松弛了。马季说："这是唐杰忠，今后由我们俩带你们俩，你们住在哪儿？"我说："住在我们部队在总局的警卫连。"他说那好，他指着办公室说："平时我们俩就在这办公，我上班你们就来一起谈相声。"

我虔诚地说:"马老师,我们俩在部队是唱戏的,对学相声一点基础也没有。"马季问:"唱什么戏?"我说是《沙家浜》。马季又问:"你演什么?"我说:"演刘副官。"马季听了哈哈大笑起来,并幽默地说:"刘副官,没什么仗儿打呀!"随后他给我们找出了四部传统相声书(简称"四大本")说你们拿去看看先熟悉熟悉。这对刚入门的我们提供了很大的帮助。

在团里我和马季经常接触,一次我拿着我们部队创作的作品《野营训练好》给马季老师看,请他提出修改意见,可能因为是部队出的作品,他看了看认为挺好没有修改。当时我问他:"马老师,相声怎样练嘴皮子?"他说:"你多看书,不是给你传统相声书了吗?你多看看'绕口令''学贯口',练是一方面,主要是实践。不要急,熟中生巧,不要模仿他人,要按自己的条件,走自己的路。"他还给我讲了相声的百年历史,讲了相声表演艺术家刘宝瑞、郭启儒两位老先生的艺术特点,需要汲取的东西、克服的东西,讲得很细,我当时听了感触很深启发很大。在北京一有演出,马季老师都带我去看,看他演出,回来还征求我们的意见,有时弄得我很不好意思。

得知是老乡。我们当初谁也不知道我们俩是老乡,在闲聊时才知道的。一次我去他的办公室,马季重点给我讲了逗哏要注意的事项,语言要精练,不能絮叨。他说,有几句话我原来在《野营训练好》里是这样说的,"打好背包,打好背包,背好枪,全副武装,准备出发。"马季指出,不要重复,就直接干脆啪啪说出来。我按他的指点一试效果不错。唐杰忠老师重点和王超讲捧哏要注意的事项,唐杰忠老师也举例,你比如说,捧哏的经常搭腔的"啊、呦、嘿"等语气词,要把它吃进去,然后吐出来。那天大家都非常高兴,马季说:"咱们别这么紧张,来休息休息喝口茶。"唐杰忠老师接过话茬:"对了,咱们该放松放松了。"闲聊中马季对我说:"李营,你哪的家?什么地方的?"我说,"离北京不远,天津宝坻的。"他一听很是兴奋,也很惊讶:"你是宝坻的,咱们是老乡呀!我也是宝坻的。"顿时屋子里热闹了,唐杰忠老师诙谐地说:"这么大会儿冒出了个老乡,你们俩又近了一步,咱们得庆贺庆贺。"马季用带有点唐山口音的宝坻话说开了:"老乡见老乡两眼泪汪汪啊!"在场的人都笑了。当时别提我有多高兴,这么有名的艺术家原来是我们宝坻人,心里别提多美了,心想这回我学相声更没问题了。马季老师说:"咱们宝坻是大洼,十年九涝。"看来他对家乡的事记得很清,很是怀念。他说:"我是黄庄人,是母亲怀着我从老家逃难出来的。"他把小时候母亲对他讲的话给我们讲了一遍。马季问我:"咱们老家现在怎样?"我说挺好的。那天的事现在回想起来还历历在目,使人难以忘怀。

马季和唐杰忠表演相声

第二节　去山东体验生活

李营在中央广播说唱团和马季学相声先后得有八个月的时间,在这八个月中,他确实了解了马季先生的很多事情,其中有四个月的时间他是和马季在山东深入基层度过的。当李营回忆这段与马季相处的日子时,我忽然想起马季先生《一生守候》中在山东体验生活的片断,也提到了李营、王超。马季先生在书中回忆说:

　　1973 年,我到山东农村体验生活,我在我的老朋友劳模张富贵的高村住了一段时间,创作了《我爱新农村》。陪同我的有烟台市文化馆的于舟,随行的还有警备区的相声演员王超和李营。之后我们去了大渔岛采访了渔村生活,过去出海捕鱼是男人的事,妇女不能上船,认为女人上船不吉利。但大渔岛却出了个"三八船",清一色全是年轻妇女,在胶东地区颇负盛名。我们就是为采访"三八船"而来。

火车上说相声。记得到说唱团大约有一个月的时间，也就是 1973 年 4 月的一天，马季老师把我叫到了他的办公室。马季说："我和唐杰忠要到山东农村体验生活和创作，我们俩一走，你们就没事了，就学不了了。这样吧，你们两个和我们一起去，也了解了解创作的素材，你们回去和部队请示一下，如果同意，近期就出发。"回到部队，我向首长做了汇报，首长非常支持。这样我和王超、马季、唐杰忠四人就一起出发了。记得那时火车票很紧张，唐杰忠夫人和铁路部门有关系，车票还是托她给买的呢。

上午 8 点，我们刚进北京火车站，马季就被旅客认出来了："那不是说相声的马季、唐杰忠吗？"不知谁这么一喊，好多旅客把目光都投向了这里，并鼓起了掌。这时车站的领导知道马季要乘火车也来到了车站候车室："马季同志您去哪？""我们去济南。""那好呀！还有一段时间上车，请给咱们的旅客说段相声吧。"马季满口答应："没问题，现在就说。"看着他对观众的这种态度，我和王超深受感动。两位老师当场给大家说了以我们国家帮助坦桑尼亚修建"坦赞铁路"为题材的《友谊颂》，说得真是太棒啦！因为是修铁路的事，又是在车站给旅客说，大家都有点身临其境的感觉，被相声当中的情节和艺术家高超的艺术表演所打动。说了有 20 多分钟，火车就来了，马季、唐杰忠向没上车的旅客们挥手告别。

作者采访李营

上车以后,看见旅客们都还在睡意当中,有的在座位上迷着睡眼,东倒西歪的各种姿势都有。看来这是一列路过车,究竟从哪儿过来的车我们也不清楚。我们四个在车厢刚刚坐下,列车长就过来了:"马季同志,欢迎你们坐我们的这趟列车。"列车长怎么来得这样快?我们四个感到惊讶,可能是车站向列车通报了情况,所以列车长才兴致勃勃地找到了这里。和在候车室一样,列车长和马季、唐杰忠寒暄了一阵儿,马上把话锋一转:"马季同志,请您给我们的旅客说一段相声吧,大家坐了好长一段时间的车了,都比较疲劳。"马季说:"好,给大家说一段儿。"在列车长的引领下,马季、唐杰忠去了列车的广播室,我和王超在广播室的外边等着。不一会儿,车厢的喇叭响了,列车长讲话了:"旅客同志们请注意,大家请坐好,马季、唐杰忠就在咱们的列车上,我们要请他们二位给大家说段相声。"那时候没有什么艺术家、著名表演艺术家的说法,都说官称同志。广播室这么一播,旅客们都醒了,十分惊喜地坐直了身子聆听着。第一个段子他们说的还是《友谊颂》,刚说几句,整个列车的车厢里掌声、笑声就响成一片。这一段说完了,旅客们爆发出长时间的热烈掌声,马季、唐杰忠又为旅客们说了《英雄小八路》等几个段子。一路上给旅客们带来了不少笑声和快乐。这就是在列车上的真实情况,马季老师常说艺术属于人民,这一点他做到了。

同台演出。刚到济南,我们下午在市区内进行了游览,看看趵突泉和公园。晚上就和省台的员工们搞联欢,就在电台的礼堂里。听说马季来了,现场的气氛很热烈,人很多。我是第一次和马季老师同台演出,很紧张。有省台的人唱歌、跳舞,我和王超也被马季老师点将,"你们两个也上。""我们行吗?""怎么不行?这是联欢又不是正式演出,多好的机会。"唐杰忠老师也鼓励我。这样我们就上台进行了演出,征得两位老师的同意,我和王超说了《野营训练好》,我们是在马季前边演的,最后是两位老师压轴,我记得马季、唐杰忠他俩说的是《打哑语》《说外语》等几个段子,返场了几次才算满足了大家的要求。在济南待了两三天,我们就去了烟台,记得也是晚上,这次是市委宣传部接待的,晚会安排在文化宫的一个"八一"剧场,人很多。这是我和马季老师第二次同台演出。第三次是在文登县的西海庄高村。这三次演出都是在下基层体验生活期间,一是满足当地群众的要求,二是汇报一下成果。

每次演出结束,两位老师都给予指导,我们很受锻炼。尤其是在济南电台是我们第一次登台说相声,很紧张,特别是怕演砸了给老师丢脸,所以都不知道怎么上去的,当时在台上只有一个念头,千万不要忘词儿,结果很顺利地下场了。虽然演得不太理想,但没给老师丢脸,也得到了老师的一定认可。马季说:"第一次上台不要怕,因为谁也不认识你,不要有思想包袱,要学会自己给自己壮胆、减负。"听了他这么一点拨,我深深感到,这就是演出经验啊!

在文登西海庄高村搞得最热烈。也是在晚上,因为在这个村待了好几天,群众都强烈要求马季给他们说相声,村支书也和马季说,马季老师也很积极:"好好,我们也正想向大家进行一次社会实践的汇报。"村支书说:"在哪儿演出呢?也没个礼堂啥的。"马季说:"不用在室内,就在室外,还通风,还凉快。"我记得那次演出是在六月份,天儿已经很热了。村支书说:"这样好,村民们都能看。"马季说:"都让来,别落下。"村支书接着说:"那这边还有部队咋办?"马季说:"好呀,让部队的同志也来。"演出就在村队部的广场前,用学校的课桌搭个台子,上边铺了木板,又埋了几根柱子,用来挂灯,就是平时的大灯泡。晚上来了很多人,部队就来了一个营。当时王超我们俩都换上了新军装,很精神。那次演出老百姓也都参与进来,当时都兴唱样板戏,村民们一下唱了好几段,很是有意思。我们演了一段《沙家浜》的"智斗",我演刁德一,烟台警备区的黄同志演胡传魁,西海庄高村的一个姑娘演阿庆嫂,我们三人对唱。之后我和王超还是说的相声《野营训练好》,效果不错,我们还用马季老师教的《学外语》等几个小段子返了场,"你学外语吗?学它干吗呀!学它干吗?我们国家和好多国家建立了外交关系,人家来了你怎么跟人家说话呀?要说还真得学,说咱们的话,人家听不懂……"这次演出比上次演得好多了,也有了一些临场经验,观众几次报以热烈的掌声。等我们演完从台上走下来,马季、唐杰忠满脸笑容:"演得不错,入门儿了。"当时老师的这句话就是对我们的最大肯定,我心里非常高兴,"入门儿了,入门儿了。"自己自言自语地品味着这句话的含义,几天都美滋滋的。那次演出,马季、唐杰忠老师还是压轴,他俩一上台,观众立刻欢呼起来,返场一次又一次,他俩也是乐此不疲,与观众形成了近距离的互动。第二天又演了一场,才算满足了群众的要求。那时演出没有一分报酬,艺术家和观众的关系相当本色。

在大渔岛采访。去山东体验生活,马季他们是带着任务去的,所以每到一地主要是座谈采访，在几个月的时间里，他们到了很多渔村、海岛、工厂企业。李营回忆说，那段时间主要在文登县。

先去的是文登县的西海庄高村，这个村支书是全国劳动模范，叫张富贵，我们采访了他。之后支书说，我们村还有一个典型，一对姐妹归国华侨，扎根农村不去大城市。在村支书的带领下，我们见到了爱国华侨林淑娘。她是新加坡还是印尼归国华侨我记不清了，可能是印尼归侨。马季问林淑娘："你留在农村是咋想的？"林淑娘说："现在知识青年响应毛主席的号召，都下乡不在城里吃闲饭，我们也不能在城里吃闲饭，要在农村为国家做贡献。"当时听后我们几个人都挺感动的，马季老师说："这两位华侨真是爱国华侨，不简单。"在西海庄高村我们待了好几天，后来又去了大渔岛村。

为啥去大渔岛？那是我们刚到烟台，在参观烟台市冷冻厂等几个企业时，市委宣传部的同志就告诉马季老师，大渔岛有个"三八"妇女船，清一色的全是女同志，马季老师对这个典型非常重视，在烟台市委宣传部同志的陪同下，马季老师我们一行来到了大渔岛采访。

这个村80%是渔民，二百多户吧，村里有造船厂、修船厂、养貂场等企业。我们先参观了造船厂，很大，都是船，木质结构，然后外部用铁皮包起来，里边安装了发动机，在海里可以开着走。村支书一边走一边给我们介绍。马季老师、唐杰忠老师很兴奋。马季就问村支书："这船厂是你们村的还是国家的？"支书说："是我们村里的，我们还有个修船厂，规模也挺大，渔民的船坏了都到那里修。"修船厂我们没有去，参观了养貂场，给貂喂的都是卖剩下的小鱼，也是废物利用吧。下午，参观结束已经很晚了，马季老师执意要去大渔岛。村支书说："这么晚了就别去了，明天上午咱们专去大渔岛。"马季老师同意了。

第二天，我们很早就到了大渔岛，"三八"妇女船还没有出发。村支书把女队长叫出来："这是马季老师、唐杰忠老师，他们几个说相声的从北京来，看看你们。"女队长22岁，有一米七的个子，晒得黝黑挺精神，有点男子的性格。她非常热情地从船上下来迎接我们："欢迎，欢迎各位老师到我们这里来。"女船长分别与我们四个人握了握手。女船长说："几位老师上船看看吧。"村支书接过话茬："对，让马季老师他们几位先上船看看。"于是村支书和我们一起上了船。这条船不小，有10米多长，3米多宽，船内两层，有十几张小床铺，因为一出海吃住都得在船上，船上还有冷藏室，通信设施比较齐全,那个时候船上就有电报。看见我们几个上来了,其他船员都从船舱一个一个地出来了,一水儿的全是姑娘,个个晒得黝黑。马季说:"你们怎么这么黑呀?"女船长快言快语地说:"我们也不擦脂抹粉,整天海风吹太阳晒,哪有不黑的。"马季问:"你们几个多大了?"女船长介绍:"我们这11名姑娘,最大的22岁,最小的18岁,都是没结婚的年轻人。"马季说:"好呀,看着就有生气。"村支书指着大海回忆起了往事:四几年,有一次,我们有十几条船出海,因为没有通信设备,遇上了台风,十几条船都没有回来。马季问:"现在船上都安装上通信设备了吗?"支书说:"现在领航船都有通信设备,出海时编组,咱们这个'三八'妇女船,就是领头的船,设备齐全。"马季、唐杰忠听了后很感慨,这样就好了,遇上风浪消息灵通提前返航,就没有危险了。

那天天气很好,风平浪静,在村支书的提议下,我们坐上"三八"船出海转了一圈。迎着朝阳,柔和的海风吹拂着,马季老师显得十分高兴。他站在船的甲板上,靠着扶手远视前方,一路笑话不断,笑声不断。刚起航他就对姑娘们说:"这大海真是比河大,一眼望不到边,怎么这么大呀。"船上的姑娘被他的笑话逗得笑个不停。在船上,姑娘们还给我们讲在海上如何打鱼、下网,看鱼群的知识,马季老师拿着小本子边问边记。大约在海上转了一个多小时,我们就靠岸了。中午村支书说:"咱们今天就在船上吃饭。"马季说:"好好,咱就尝尝姑娘们吃的饭。"我就记得一个菜"熬刀鱼",女船长从冷餐室拿出了保鲜的刀鱼,这刀鱼个儿挺大的,每条有一斤多重,也就头一两天打上来的,挺新鲜,平时吃不到。拿出了五六条,我们几个人都帮着洗鱼,看着马季老师也帮着洗鱼。女船长主厨熬鱼,因为有海水侵蚀,割鱼的菜刀特别锈。看见下在锅里的鱼,马季又说了好多笑话:"这熬鱼别往里放盐了,放点海水就咸了。"逗得大家又笑了一阵儿。

中午饭后,马季老师提议,咱们洗个海水澡吧!我和王超就陪着马季老师在离"三八"船有二三十米的地方,下海洗澡了。唐杰忠老师在船上和村书记唠嗑,没有去洗。我们穿着裤头在海里游来游去,马季老师游得很好,什么姿势都会。在海里游泳时,一不注意我们还喝了口海水,真咸呀。马季说:"我们三个待会儿上去,都得成了盐人儿。"洗了大约有个把小时,我们不想上岸了。马季说:"咱们上去得用淡水冲冲身体。"我说:"上哪儿冲去?都穿着裤头,那儿有女同志也不行呀!"马季说:"你喊喊书记,让书记给咱们提桶水来。"我们就在岸边喊村支书,待不大一会儿,他提着桶给我们送水来了,我们冲冲就上岸了。

下午进行了重点采访。我看见马季老师狠挖了主题。过去妇女不能出海打鱼,出海就是不吉利,妇女出海就要把天捅个洞等等迷信说法,束缚了妇女的手脚。"三八"妇女船的姑娘们,怎么冲破精神枷锁,争当新社会的主人,在这些方面他让姑娘们谈得很细,听"三八"船上的姑娘们遇到的风险、困难和生活中有趣的事情,特别对渔歌非常感兴趣。马季还问了她们每次出海多少天,打上鱼虾来怎么办,当听说打上来的对虾渔民都不吃时,马季问支书:"为什么不吃?"支书说:"主要是为国家换外汇,一对对虾,可换回 60 斤小麦。"马季听了敬佩得连连点头。

《海燕》作品出笼。在大渔岛的这段时间,李营和马季先生一起深入生活,他也见证了《海燕》作品的诞生过程。

马季在创作时,别人就可以自由活动了。李营在回忆中说:

西海庄、大渔岛采访完,马季就开始了他的创作。在这期间,我和唐杰忠老师去了一次唐老师的老家。他的老家是山东黄县,离大渔岛有 300 多公里,大清早我们就出发。我们坐着吉普车,整走了一上午,到了黄县唐杰忠的家。刚进村,小孩们都围过来了,村子里的人第一次见到了汽车,觉得很新鲜,都跟着过来看。唐杰忠老师主要是看他的叔叔,他的父母都在北京。中午在唐杰忠的叔叔家吃的饭,他们非常热情地招待了我们,做的全是鱼,整整一大桌子。中午吃完饭就回来了。

在创作时,我们都住在招待所,我和王超住在马季老师的对面,马季、唐杰忠还有烟台市文化局的人住在一起。有一天,马季老师叫我们,"你们俩过来。"我们俩就到他那个屋。"马老师,您有事呀?"我说。在这之前,我几次到他的房间,看他在稿纸上写"三八"妇女船的作品,名字叫《海燕》。马季说:"你俩听听吧。"我说:"我们还听听?""听听。"马季说。马季老师就拿起稿纸开始念。具体内容我记不清了,稿子里好像是姑娘们怎么冲破阻力上船打鱼,回来后怎么敲锣打鼓欢迎,从船上卸鱼一筐一筐又一筐啊。稿子念了得有十五六分钟,念完后,马季说:"你们听听怎么样?哪不合适咱再改改。"我说挺好。马季就笑:"真挺好?哪不行就提,别客气。"我说结构语言听着都挺好。当时让我们提,就有点受宠若惊,确实写得不错,我们真的也提不出啥来。

到了九月底,部队来了电报,让我俩立刻回去。我们回去后,过了一段儿时间,《海燕》就开始就播响了。马季老师他们没有回来,继续体验生活,他们大概去了七八个月,创作的作品不止《海燕》,还有其他几个。

陪老师钓鱼。马季老师特别喜欢钓鱼,钓鱼是他的一大爱好。李营说,一次在西海庄,马季说:"李营,跟我钓鱼去。"我说:"哪儿钓去?""书记说就在前边,那儿有鱼。"我跟着马季老师到了一个自然坑,挺大的,得有二亩水面。马季老师说:"去,到屋里取我的包儿。"我们来山东,马季老师一直让我给他拎着一个包儿,硬邦邦的,不知道里面是啥东西。拿来后他说:"你把它打开。"我打开包一看,"这是啥东西呀!"马季老师笑呵呵地说:"你拿来吧。"然后他就一截一截地往外抽。我恍然大悟,这是鱼竿呀!怎么这么高级呀!马季老师笑着不语,然后挂上了线试好了漂儿。鱼食是他从北京带来的,红红的小圆体,他就用这些东西加水搅拌,用手捻巴捻巴就上钩了,动作十分娴熟。

他放了个马扎坐在那里,然后点着了香烟,美滋滋地抽着香烟看着鱼漂儿。不大一会儿漂就动了。我说,快往上钓。马季说:"不急不急。"等漂完全浮起来了,他才起竿儿,钓上了一条大鲫鱼,马季说:"这坑鱼不少。"一会儿一条,一会儿一条。我们俩不停地忙活,马季干脆把嘴里的香烟用手掐灭。六月的天气,太阳晒蚊虫咬,他全不在乎,目不转睛地盯着鱼漂,那瘾头真大呀!日头快落山了,我说:"马老师,咱该收竿了,晚上还有演出。"他看了看表说:"好,咱们收竿儿。"那次钓了有半水桶鱼,全是鲫鱼。大队书记看后很高兴,"好好,今天晚上咱们就吃这个。"大家一起动手,在大队部的食堂里,吃了一顿美餐。

第三节　曾调我去说唱团

马季曾想调李营到中国广播艺术团的说唱团当相声演员。那是1975年的事情,因为李营所在的部队不放,没有调成。

李营回忆说,1975年,我已经28岁了,再在部队干下去也没什么发展了,当时我已经结婚,有了小孩,不能不考虑自身的问题。一次,部队进行退补调查，我去找马季老师，向他说了我的想法："我想回家，不想在部队干了。"马季说："怎么不想干了呢？正年富力强的时候。"我就把我的一些实际情况向他做了汇报。他说："要不这样吧，你真得不想在部队干，就到我这来吧。"我说："行吗？要是能到您这儿来，那可太好了。"马季老师说："你先到部队说一下，如果部队放人，我就给总团打报告，把你的档案调过来，现在团里正缺人，要不也得向外招去。"高兴之余我心里还不踏实，我毕竟要养家糊口，到团里能挣多少钱，我还是有点不放心。我就壮着胆子问马季："马老师，我到这能挣多少钱？"马季半开玩笑地说，"你掉进钱眼儿了，给你文艺 17级，40 多块钱。"我当时一听就乐了，那时候能挣 40 多块钱，可不少了。我赶紧和马季老师说："那行，那行。"

回到部队后，我就找分管我们文艺队的副政委，副政委听了后，马上把脸就沉下来了："你不能这样想，要从大局出发，你走了，部队怎么办？"我的请示不但没有被批准，反而受到了首长的批评，我的心一下子就凉了。但部队首长的话也没什么错，如果都那样想，部队怎么办，当时我是文艺队的骨干，自己是共产党员，要服从组织的安排。转天，我给马季老师打了个电话，告诉他，部队不放，谢谢他的关怀。马季说："那好呀！不放就在部队好好干。"过了一年，1976 年，因家庭的原因，我退伍转业了。走的时候，马季老师正在外地演出，那个时候也没有手机，联系不上，等了几天也没等回来，我没和他见着面就先回来了，安排在口东乡政府工作。回来后，我给马季老师去了封信，把我回来的情况向他汇报。马季老师给我回了亲笔信，说在乡政府工作很好，在家里好好干，有时间到北京来找他。

李营在回忆中说，现在想起来很后悔的一件事，就是当时没有拜马季老师为师，要是拜了师，我可以经常到北京看他，也可能走上专业的相声道路，没有拜师就不方便了。

回到家工作以后，我给马季老师打了几次电话，后来因为他很忙，电话号码变动也联系不上了。他去世的时候，我想去也联系不上，没去成。

在部队的那段时间里，马季老师确实对我帮助很大，包括我的家属到部队探亲，他知道后都到部队看看，我也到他家去过两次，还在他家吃过饭。那时马东刚几岁，马季的老母亲还在，老乡的情谊很浓，现在回忆起来还很怀念。

第六章
马东寻根

马东从出生后将近 39 年都没来过宝坻。他对宝坻老家的了解大部分是听奶奶和父亲讲的,老家成为他魂牵梦绕的地方。小时候,他甚至从两位老人的描述中去向往、去憧憬,我什么时候能回老家呀?父亲去世后,马东觉得自己长大了,回老家的欲望在心中不时地萌动着。

第一节　回老家筹办纪念活动

我和马季先生接触多年,但和马东没见过面,和他第一次见面是 2007年的 11 月份,在京津新城筹办"马季先生从艺 50 年"曲艺晚会,我去北京接刘兰芳等策划组一行时见到了马东。马东也是策划组的重要成员,他第一次回到家乡,也可以说是寻根之旅吧。

同车来宝坻。那是 6 日早 8 点,按照和刘兰芳老师约定的时间,我们到北京燕莎商场的广场前去接他们。车刚停下,就看到刘兰芳和他的老伴王印权老师等几个人早已到了集合地点,不一会儿马东也到了。刘兰芳先给我向马东作了介绍,"这是宝坻的政协张伯苓副主席,也是区广电局的党组书记,是这次活动的主要操办者,是你父亲生前的好朋友。"马东紧紧握住我的手,"谢谢张主席,感谢家乡为我父亲举办这样的活动。"我说:"这是区委、区政府的重要决策,京津新城的鼎力相助,我们广电局应该做的,兰芳老师出了大力。""那也得好好谢谢刘主席。"刘兰芳说:"咱们都不要客气。"马东说:

"张主席，咱宝坻老家就您和我父亲接触最多了吧？"我说是。我和马季先生从 2001 年接触，就一直保持密切联系。马东和我一见面就觉得很亲切。

作者发表于 2007 年 12 月 11 日《天津日报》的长篇通讯"相声大师马季的宝坻情"

人都到齐了。我和马东、赵炎坐在一个车。车刚起动，马东显得很激动，"这是你第一次回家吧？"我问。马东说："是的。张主席，到咱宝坻走哪条路，得多长时间？"马东问。我说："走京沈高速，一个多小时就到。"在车里，我和马东、赵炎讲了讲家乡的一些情况，聊了聊之前与马季先生接触的事情。我从包里拿出了早已写好、准备送《天津日报》发表的长篇散文"相声大师马季的宝坻情"的稿件给他看并征求他的意见："马东，这个稿子《天津日报》最近准备用，纪念马季先生逝世一周年，你再给把把关，看这样写行不行。"马东说："好好。"汽车在京沈高速快速行驶，他接过稿件，一页一页地看，看得很认真。马东说："这篇稿子您是带着对我父亲的深厚感情写的，很有人情味，这是您独有的资源，别人谁也不会有这样的东西。"我对马东说："你看哪些地方不合适尽管提，别客气。"马东说："挺好的，没什么要修改的，您就发吧。"我说："那好，回去我就给报社传过去。"聊完稿子后，我们又聊起了马季先生 2004 年逛京津新城的事情。马东说："我听他说过，房子非常漂亮。"

其实，马季先生在来京津新城之前就知道宝坻建了一座新城。那是2003 年底，按照领导的要求，我陪同时任区委常委、区委办公室主任、合生集团天津地区董事长张振国到北京看望马季先生。在他的家里，张振国、贾凤山详细地向马季汇报了京津新城总体布局和建设风格，马季先生边看效果图边称赞："真是太漂亮了，抽时间我一定回家看看。"凤山主任说："非常欢迎您回家，家乡人民也非常想念您。""一定去，一定去。现在建设得怎么样了？"马季先生关切地问。张振国告诉他："已经破土动工，建设的速度很快。"在家里大约待了一个多小时，临走前还意犹未尽。这时我建议："马老师和主任、董事长照张相吧！"马季说："好好，咱们这就照。"我用随身带的相机给马季先生、张振国董事长、贾凤山主任三人合了影，他俩又分别和马季先生合了影，留下这永久的纪念。

马季在天通苑家中与贾凤山、张振国一起看津京新城规划图

沿着父亲走过的路。马东听着我的介绍不时插话："那天你们走后，父亲眉飞色舞地和我讲，老家要建一座新城，这项目可大了，尤其是老家人给带去的温泉城的效果图、规划图。他就指着这些图，跟我们说，以后你们会这样会那样。当时我就想，人家不就是带张图来了吗，你不要太认真，这得多大的投资呀！后来2004年父亲回家亲眼看了，又给我讲新城，我相信了，图纸变成现实了。这回好了，今天我也可以亲眼看到了"

到了京津新城，马东和刘兰芳等几个老师对纪念活动进行总体策划后，就沿着当年马季先生逛新城的原路进行了参观。此时的马东心情非常激动，坐在车子里他凝视前方，听着张振国的讲解，看着父亲走过的路，置身这片热土，他真正地回家了。隔河相望的黄庄村就是他祖辈出生的地方，他的根脉、血脉就是从这里延伸的,他的心一下踏实了许多,这是一次真正意义的寻根之旅。

马东沿着父亲走过的路和艺术家一起参观津京新城

2006年12月10日,是马季先生从艺50年纪念活动日,这天瑞雪漫天。在这之前我就策划好了,宝坻电视台安排两名记者,只要马东一到就要采访他,让他谈谈父亲、谈谈家乡、谈谈他自己,这是重要的资料,必须采访到,因为晚上晚会开始就没有时间了。有些记者当时还有些顾虑,怕采访不到。我说:"没问题,我找马东说。"当记者找到马东时,他愉快地接受了采访,留下了宝贵的影像资料,留下了马东对父亲的真实感言和对家乡的情怀。事后我让记者杨成林把采访录音全部形成文字。下面是对马东的采访实录:

讲述自己和父亲。说起来都是缘分,我爷爷是宝坻人,我奶奶是香河人,我们家基本上都是这一片儿的人。我从生下来几个月,一直到3岁,因为我父母那时候工作很忙,就把我托在另外一户人家里照顾。那一家人都是宝坻人,我管那对夫妻分别叫大大、妈妈。他们二老后来去世后都葬回了宝坻,他们是宝坻人,所以几年前(京沈)高速刚刚修通的时候,我来给他们上过坟。

对宝坻的风俗不能说特别熟悉,但乡音特别亲切,虽然我父亲的宝坻口音不是特别重,但是我3岁之前生长在那种环境里,我那位"妈妈"

的宝坻口音特别重，所以对于我来说特别熟悉乡音。

我在没回老家之前想象宝坻应该像北方农村一样没有水，我没想到宝坻是个有水、有现代化的建筑、很适合居住的地方。她的美，她的现代化，在京津新城的建筑里就能够看到，尤其是上次跟区长和书记交谈的过程中听到了他们对宝坻建设的规划，让人特别振奋。我觉得宝坻地处京津唐三角地带的核心，其实是为这三个地方的现代化建设，提供了一个互补的基地。我觉得这种区域的定位，以及国家批下来的京津新城大规模的这种项目建设，会使宝坻成为一个不仅是让我这样的宝坻人，也让所有人都想象不到的地方。

采访中马东也谈到了自己。

我是1986年出国留学，1994年回国，当时不是学主持专业，学的理科。干了主持人这个职业是误会，纯属误会。我回国之后，不知道要干点什么，就继续上学。上学过程中，误打误撞，认识了许多电视圈里的人，然后就误打误撞地干起了电视。所以我说有好多东西是误会，但是人过三十以后，你才发现遗传的力量是非常大的，我可能遗传了我父亲身上那种不安分、一定要做点什么的那些基因，所以转来转去又转回到电视这个圈儿。

我主持的第一个节目是当时去湖南做一个晚会型的节目，很紧张。我做的第一档栏目，也是在湖南，就是像咱们现在这种访谈类的节目，是1998年底1999年初的时候。那节目叫《有话好说》，有两年的时间。

第一次做节目的时候，那种感受我不愿说的，特别紧张。我爸在家里面看我当时做的节目，然后就说："你怎么那么紧张啊？"可能每个人第一次都会很紧张，所以说我都不愿意记得那时什么样儿。

2001年，我从湖南长沙回到北京。那时候父母的年纪开始大了，我突然觉得北京才是家，所以就想在北京找点什么事情做。刚好中央电视台在做《挑战主持人》这个栏目，机缘巧合之下碰到了，然后就开始"挑战主持人"，就这么一路做到现在。

刚到央视我倒没压力，我想使用我的那个人压力应该特别大。因为当时我是个无所谓的态度,一个能做什么就做什么的态度。当时决定使用我的导演,也是现在中央电视台的名导演金越,他可能承受了很多压力,因为很多观众来信,说这个胖子是谁呀?他有什么门路,他能顶替了李佳明?因为《挑战主持人》之前的主持人是帅哥李佳明。其实我到《挑战主持人》就是因为李佳明走了,他们才需要找一个人来继续做这个节目,然后找到了我。当时我的体重比现在胖40斤左右,所以你可以想象一下那种惨烈的状况。你说我有什么压力?我当时压力还真不大,因为我觉得能做就做,做不了拉倒呗,而且我也请辞过两三次。当时我觉得自己不适合主持那种现场的综艺性比较强的节目。然后金越导演给了我很大的鼓励,按着我,跟我说:"你要坚持一下。"然后我就坚持一下,就一下子坚持到去年年底。

我做到四五年的时候,成了这个节目的制片人。从我一介入这档节目,就在很大程度上围绕我的一些主持习惯来改变、包装,而且我参与策划的东西越来越多,所以到后来当需要这样的一个人来干这个活的时候,自然而然就会是我。但这里是一个团队,不是说马东一个人能干什么,或者说是其他每一个人能干什么的问题,只是这个团队在一个合适的时候找到一个合适的人,这个人站出来而已。其实,这个团队里所有人对这个节目都有特别大的作用,缺少任何一个人都不行。

把一个栏目收视率做起来并不是一个很难的事,因为观众的收视习惯,中央电视台所提供的平台,和这个平台所能发挥的作用,其实比我们想象的要大得多。关键是在保证收视率的同时,你所传达出来的信息要符合中央电视台这个平台的标准,或者再大一点说,它应承担的社会责任,这才是真正困难的。其实所有央视的工作人员都在这一点上绞尽脑汁,就是让我们所从事的工作,在它的社会效益和传播效果上达到一个完美的平衡,我觉得这才是最难的。

我从做电视的第一天就在做自己的一档访谈类节目,而且我把它作为自己的人生阅历,自己的一种补充方式,所以做《文化访谈录》这个节目是我的一种享受,我觉得接这样一档栏目,对我来说是一件顺理成章的事。

访谈类节目并不难做,如果要让它和综艺类栏目去拼收视率的话,那就会很累。反过来你要知道你做的节目是给谁看的,知道这些节目的观众是些什么人,他们要看什么,或者说这类节目的收视率不是它的第一诉求,在某种程度上来说坚持才是更重要的,这种节目在曲高和寡、收视人群小的时候,你能够坚持,并且对自己所做的东西坚持一种自我肯定,到那时候就能从中找到很大的乐趣,我现在就是这样。这不仅仅是我的坚持了,我是中央电视台的一个员工而已,这是中央电视台的坚持,中央电视台综艺频道里必须要有的一种文化定位的节目。所以再激烈的收视竞争,也会给这些节目留下相当的空间,因为它代表着中央电视台在文化建设、文化态度、文化责任上的一种声音,或者说它是一张牌,所以它一定会有一席之地,只是对于我们这些做这个节目的人来说有一定的挑战,就是节目不会没有,但人是可以换的,所以我们的挑战是自己,就是这个节目在你的手中不能让它走下坡路。如果你让它走下坡路,就说明你不适合干这份工作。可能从全频道的角度来讲,对这个栏目没有一个硬性的指标,但是从每一个人内心和个人的业绩考量来说,还是会有一定的标准的。

对于一提马东就说是马季的儿子我不避讳。以前曾经避讳过,就是小的时候,叛逆嘛,心里不舒服,长大了就不会了,这很正常。

在"笑在家乡"活动中马东向记者讲述父亲

　　我并不因为自己是一个相声大师的儿子而感到骄傲,而是因为我有这样一个父亲而骄傲。因为我见到的父亲是观众见不到的一面,在我父亲眼中,我永远是特别忙的,永远没有时间陪他。但其实只要我们都在北京,交流的机会还是非常多的。我们有许多共同的话题,但这些话题和我的工作无关,跟他的工作也无关。我父亲是那种非常专业的人,职业感特别强的人,他对自己所从事的专业懂得很多,但他对别人的专业不太插嘴,他也不太想说,所以我们不太谈工作,都是些家长里短的事儿。

　　父亲在他的事业上取得了特别大的成就,但是在我眼里其实他只是一个普通的父亲,真正让我觉得骄傲的地方不是他在舞台上的光辉形象,也不是他把欢笑带给多少人,只是因为他对自己所喜爱的工作的那种认真态度,他对家人、朋友的那种责任,他待人接物的善良,他的智慧,可能更多的还有他的勤奋,所以我从一个儿子的角度去看自己的父亲,或者说是从一个人的角度去看另一个人的时候,我会为自己有这样一个父亲而骄傲。

　　我对相声很感兴趣,从小听过比大家都多的相声。我小时候曾经有段时间,每天晚上是听着各种各样的相声录音带睡觉的。我很喜欢相声,但我并不后悔没有干这个,因为我觉得,第一我父亲不想让我干这一行,可能干一行知道它的辛苦,他希望我有自己的事情做。我们不是相声世家,他也是从业余转成专业相声演员的,所以他希望我找到自己的兴趣,事实上我已找到了。当然相声会是我的一个爱好,但是我就想如果非把一个爱好当成职业的时候,这个爱好就没有那么吸引你了,所以我还是很爱相声,很喜欢相声,只是我可能不会去说相声。爱好就是爱好,你可能去爱你自己的职业,但是有些东西你只能放在爱好里边,因为你对它是一种原发的、无功利的兴趣,我对相声就是这样。当你套上功利色彩变成饭碗,当成养家糊口的一件事的时候,你的那种热爱会变成另外一种东西,我不愿意,我宁肯让它变成一种爱好。

　　看了马东的这些谈话我很感慨,言谈话语、字里行间渗透着真情实感,他要继承父亲的一种精神、一种品格。马东的这种职业精神很像他的父亲,他的平和、他的进取、他的勤奋精神,在央视有口皆碑。在写这段文字时,正好是 2009 年的阴历大年初一，我利用春节值班的时间将这些文字敲进了电脑。就在这一年的春节联欢晚会上，马东和大山、刘伟等几个人却说了相声《五官新说》。这是马东第一次亮相春晚说相声，反响强烈，一炮打响，获得了二等奖。人们可能要发出疑问：马季先生不是不让儿子说相声，马东本身也表示不想说相声吗？怎么又说上相声了？其实在春节前，我到北京看望了他的母亲于波老师，于老师说出了马东上春晚说相声的缘由。1987 年，马季先生在春节联欢晚会上和他的弟子王金宝、冯巩、赵炎、刘伟等说的相声《五官争功》在中国老百姓中家喻户晓。央视为了纪念这个相声 22 周年，才让马东上这个节目。起初没有马东，是姜昆他们几个人说，后来为了达到一个效果才这样安排，姜昆、戴志诚两人在 2009 年春晚再单独说一段相声。于波老师的介绍让我明白了，马东这次说相声是一种需要，他不会干上这一行的，他继承的是父亲的品格、精神，或者说，只是过了一把爱好相声、说相声的瘾而已。

接过《故乡情》影集。咱们还是把话说回来，2007 年 12 月 10 日晚 7 点30 分，纪念马季先生从艺 50 年大型曲艺晚会准时在京津新城凯悦酒店举行，马东出席了晚会。节目以"笑在家乡"为主题，节目特意给马东安排了一个重要环节——京津新城董事长张振国、总经理田家才把马季先生在宝坻的老照片代表京津新城和宝坻电视台赠送给了马东，当时，全场掌声四起，把晚会推向了高潮。在交接仪式上，马东显得很激动，他说："今天是个特别的日子，今天是阴历的十一月初一，我父亲是在去年的今天离开我们的，我们组织这场节目的时候并没想到阴历的这个日子，在我看来这可能是一种巧合，一种天意，在他

张振国、田家才向马东赠送马季在家乡活动的影集

离开我们整整一年的时候,让他的弟子、他的曲艺界的同行朋友带着欢笑一起回到了宝坻——他热爱的家乡。"马东深情地说:"今天我特意穿了一件我父亲的毛衣,希望这件毛衣能够给我带来更多的温暖,但是我想告诉大家的是,除了我的这件毛衣之外,我感受到一种特别的温暖。在这里我应该感谢很多人,包括区委、区政府,包括为了这场演出付出努力的方方面面的朋友们。"马东说:"宝坻是我的故乡,是我父亲户口本上写的籍贯那个栏里的地方,我知道我和我父亲的老家就在离这不远一河之隔的黄庄村,我虽然没去过,但那也是我魂牵梦绕的地方,从今天开始,我向别人介绍我的籍贯的时候,我不会仅仅说我的家乡是宝坻黄庄,我会在后面加个解释——我、我父亲籍贯是宝坻京津新城。"马东的话音刚落,场下掌声不断。马东接着说:"纪念我父亲从艺50年的演出,对所有的朋友来说都带着一颗期待的心,而纪念一个相声演员的演出最好的就是把欢笑送给更多的人,也感谢今天这么多媒体通过电视这种现代传媒工具把今天的笑声送给千家万户,送给更多怀念、纪念和想念我父亲的人,谢谢大家!"马东的一席话打动了现场所有人的心。

马东在晚会现场发表感言

受邀出席北京纪念活动。这是马东第一次在家乡父老面前亮相,让66万宝坻人近距离认识了他,他对家乡父老说的话是真诚的。马季先生逝世日的阳历时间是12月20日,为了表达感激之情,我和今旺、文艺部白秀霞主任,应马东之约,参加了中央广播艺术团19日在北京举行的马季先生逝世一周年纪念活动。在电话里马东告诉我:"你们在五点半之前赶到北京,咱们在民族文化宫旁边的萨拉波尔酒店吃顿饭。"下午五点半,我们三位准时到达了酒店,马东早已坐在房间等待，我们觉得很感动。为什么呢？因为是中央广播艺术团为他父亲马季19日、20日举行两场大型纪念活动，马东得有多忙啊，方方面面都得照顾到，在这种情况下还抽出时间款待我们，我们心里很过意不去。马东说："咱们今天就吃韩国料理吧？这离剧场近，比较方便。"我们几个都说行，简简单单不要复杂了。马东把韩国料理精华的菜都点上了，他首先端起酒杯："非常感谢家乡为我父亲举行的纪念活动，感谢你们几位的辛勤操劳，我敬你们一杯。"其实马东不喝酒，在这个场合下，他尽量表达了心情。我们也端杯回敬了他。将近6点40分，马东接了个电话，说国家广电总局赵实副局长到剧场了，他得先去。马东临走时还让他剧组的同志把我们几位照顾好。晚7点30分，我们准时到达了剧场，出席了纪念马季先生的大型文艺活动，通过珍贵的历史资料片和精彩的文艺节目，全面、深刻地展现了马季先生做人、做事、从艺的高尚品格和丰富多彩的一生。晚会由马季先生的弟子黄宏和中央电视台金牌主持人周涛主持，姜昆、冯巩等先生的弟子基本都参加了，李金斗等先生的艺友们也前来助兴。

第二节　到京津新城领金话筒奖

时隔一年的 2008 年 12 月 25 日，马东第三次回家。这次回家，是马家的大喜事，更是马东的大喜事。他获得 2008 年全国金话筒奖，这可是电视行里最有权威的奖项，不仅给家族争了光，也给宝坻争了光。最巧的是还在京津新城举行颁奖仪式。

天津台的策划。其实，我早就知道马东获奖的事了。在这之前，天津电视台翟振江总编辑找我说："天津台筹办金话筒奖 3 年，今年是最后一年，想选天津最有特色的地方举行颁奖仪式。"我说："在京津新城多好。"翟总说："也就两个地方，滨海新区和京津新城。"我说："就在京津新城吧，这条件多好，离北京还近。"翟总说："是不错，咱首选就在这。还有个重要原因，马东也是金话筒的获奖者，要是在这举行，还要请你们的区领导给他颁奖，马东的生日也是 12 月 25 日，颁奖晚会上还要给他过生日。"我说："这多有新意呀！就在新城搞定下来算了。"翟总说："那你广电局可得帮忙呀！"我说："那没问题。"在会务联系方面,我们积极地做了协调服务工作,在费用上,合生集团还给予了很大的优惠。

时任宝坻区委书记王宏江、区长孙宝华在"金话筒"颁奖活动现场接见马东

马东得知自己是第二十四代孙。25 号这天下午,吃完中午饭我就到了京津新城等待马东。因为前几天下了一场大暴雪,道路不太好走,我给马东挂了个电话,问他几点能到?他说大约 3 点吧。2 点 50 分我约莫差不多了,就开车到温泉城口等他,车刚停下来,马东的车就到了,我们一起去了凯悦大酒店。马东在酒店的 318 房间休息。期间,我和他聊了马氏家族历史渊源的事情。他问怎么样?我说:"我去了黄庄村几次,找了咱马家近支的几个七八十岁的老人,又到天津找了马先生的一个八十多岁的堂姐,基本搞清楚了。到马季先生那辈,马氏到黄庄是第二十三代,到你这就是第二十四代。"马东说:"那好呀!您可真没少费工夫。"我说:"那没什么,在政协我就负责文史工作,也是我应该做的。你今天可不可以住下?咱多聊会儿。"马东说:"我今天颁奖仪式结束后就得返回北京,因为春晚已倒计时了,夜间 1 点导演组还要开会,我休息一会儿就到现场看看,还要排练颁奖仪式,您今天事也很多,就去忙别的吧。"我说:"那也好。"

从马东房间出来后,到了酒店大厅,我看到时任区委书记王宏江、区长孙宝华也从市里赶回来了。我对他们二位领导说马东已经到了。"在哪儿呢?咱们看看去。"两位领导关切地问。我说在 318 房间。于是我陪同书记、区长到了马东的房间。宝华区长见过马东很熟悉，我向马东介绍，"这是咱们区委新来的王宏江书记。""欢迎你回家。"王宏江书记紧紧握住马东的手说。马东说："非常高兴二位领导来看我。"落座后，书记、区长和马东拉起家常，室内笑声不断。王书记说："咱宝坻提出了文化兴区战略，今后家里的事儿你还要多帮忙。"马东说："没问题，有什么事需要我就打个招呼，家里的事就是我的事。"临走前，马东还与书记、区长在室内合了影。

颁奖仪式过生日。晚上 8 点，金话筒颁奖仪式在美丽的京津新城大宴会厅举行，来自全国 42 名金话筒获奖者汇聚一堂，分享这激动人心的一刻。T字形星光大道上，名嘴们一一闪亮登场。当马东出场时，全场掌声爆响，有的观众在台下站起身来为马东喝彩助威，马东也激动地向家乡父老和观众挥手鞠躬，现场涌动着浓浓的乡情。站在领奖台上，名嘴们纷纷从沈力、赵忠祥、李瑞英等主持大腕以及胡占凡、肖怀远等国家广电总局、天津市领导手中接过金话筒，高高举起，无限风光，可马东却没有奖杯和鲜花。现场的人们有些疑惑，怎么人去了没给奖呀？其实，这是策划导演卖了一个关子，他的奖要由家乡的领导给他发。

马东在"金话筒奖"颁奖晚会上讲述他和家乡的深情

这时主持人白岩松出场了。"我来突然变化一下，为什么要变化？因为在刚才领奖的时候，挺委屈马东的，人家有花，人家有奖杯，他没有。"马东也非常幽默地说："我还以为是错了呢，通知我通知错了呢。"白岩松说："其实不是那回事，现在咱们颁奖这个地方在天津宝坻区，就让马东自己介绍他跟这有什么关系吧！"

马东说："宝坻是我的老家，今天我来到的时候，宝坻当地的领导告诉我，已经查清楚了，我父亲是黄庄村姓马的这支的第二十三代，我就是黄庄马氏第二十四代的后代居民，就是这个关系。"接着白岩松又抖出一个包袱，我知道马东的女儿马苏啦刚出生不久，现在我念一下女儿写的信。"我来到这个世上，很感谢大夫开刀从我娘的肚子里把我精心地取出来，感谢阿姨对我的精心照顾给我喂奶擦尿……"马东说："你们真是太厉害，连这些都搞到了。"其实这封信是马东以女儿的名义给妇产科的大夫写的感谢信。马东说："女儿是 10 月 18 日出生的，四十得女我也非常高兴。"在这样的场合，马东说出了马家第二十五代、马东女儿出生的喜讯，台下又一次响起了热烈掌声。白岩松对马东说："刚才你说的一句话我印象很深，这是你四十年生命中的一个很重要的时刻，居然回到自己的故乡来领奖。"马东深情地说："这是老家给我带来的福气。"白岩松把话锋一转："从另一个角度来说，今天也应该是在天堂的马季老师非常开心的一天，因为看到自己的儿子领了这么重的一个奖。"马东听了主持人的这番话显得很激动，眼睛有些湿润了。白岩松说："谁给你颁奖呢？有请宝坻区委书记王宏江。"当马东从王书记手中接过沉甸甸的奖杯时，他的心完全被浓浓的家乡情融化了。"谢谢王书记。"王宏江书记说："祝贺你，祝贺你。"白岩松走了过来说："我替你拿着吧。"他从马东手里接过金话筒奖杯说："为什么马东这个环节安排得这么特别呀？今天还是马东的生日，但我是特别嫉妒他，因为 2008 年我也度过 40 岁生日，人跟人咋就这么不一样呢？人家四十像三十，我四十像五十，祝你生日快乐。"话音刚落，礼仪小姐端上了生日蛋糕，点燃的 40 根蜡烛五彩缤纷，马东运足了气一口吹灭了全部蜡烛，全场掌声一片，马东向现场观众、向所有的人深深鞠躬，表达谢意。马东在接受媒体采访时说："我也是特别高兴，尤其是回宝坻领这个金话筒奖，算是一种巧合，在我看来也是一种天意吧！我觉得无论回来做什么，心情都是一样的，都是有一种回家的感觉。"

颁奖晚会将近 10 点 30 分才结束，刚从后台出来，宝坻的老乡都围拢过来，马东与乡亲们握手合影，只要想和他照相的，他都欣然接受，从会场出来才几百米的路，他整整走了半个多小时。在夜色之中，马东离开京津新城。我看了看表，都 11 点多了。

第七章
笑在家乡

2007 年 12 月 10 日,宝坻下了入冬后的第一场雪,晶莹的雪花漫天飞舞,美丽的京津新城银装素裹。晚 7 点 30 分,在凯悦酒店,"笑在家乡——纪念马季先生从艺 50 年曲艺晚会"在这里隆重举行,马季先生的弟子、儿子马东、全国曲艺界同行、宝坻区四大机关领导和干部群众聚集在这里,纪念这位从宝坻走出去的人民艺术家……

第一节　进京找刘兰芳

宝坻区电视台很早之前就有个想法,要在马季先生逝世一周年之际搞个纪念活动,邀请马季的弟子到宝坻,举办一场文艺演出来纪念大师!

得知她与宝坻情缘。这个活动涉及面比较大,找谁才能协调是个难题,找马老家里人当时又有困难。2007 年 9 月,区政协搞"庆中秋,迎国庆"花好月圆联谊会,按照领导的要求,我让央视的一名导演请到了著名评书表演艺术家刘兰芳、著名歌唱家耿莲凤参加了这场演出。席间刘兰芳老师去了区文化广场,看到赵丽蓉铜像后赞不绝口,称宝坻重视文化,铜像立得好,还提到了马季大师,这也是宝坻人的骄傲,并对我说如有事请找她。时任区政协主席张振祥、时任区委副书记贾凤山也对刘兰芳主席对宝坻的关注和支持表示感谢。事后,我和凤山同志聊了我们的想法,他很赞成。凤山的支持使我心里有了底,我和王今旺局长决定在马季先生逝世一周年之际搞一次纪念活动。我们先暗中操作,找好合作伙伴。之后,我们又到京津新城找了张振国董事长,说明了我们的想法,他非常支持:"你们要搞我们承办,这是件大好事,马老生前也逛过我们的新城。"

但要组织这样一场大型演出,需要协调的部门很多,谁去协调他的弟子,马老的家属同意不同意,市电视台能否参加,这还都是个未知数。这些事情没有眉目之前还不能向领导做正式汇报。10月下旬我和今旺局长驱车到了北京。上午我给刘兰芳老师家里打了个电话,是她的先生接的。"刘兰芳不在家。"她的先生很热情,"您有什么事情吗?"我说没什么事,前些日子刘老师来我们政协演出,我想去家里看看她。"哎呀,这两天她有活动,得过两天。"对此,王印权老师表示歉意。我说好,过几天再联系。放下电话我想了想:不行,时间很紧了,我要直接和刘主席联系。我拨通了刘主席的电话,通了没接,我想肯定在参加活动。于是我又发了一条短信。过了20多分钟,刘兰芳主席回电话:"伯苓主席,您有什么事吗?""没什么事,就是想到家里看看您。"我说。她沉思了一会儿,说:"我在参加迎奥运活动,下午三点吧,要是有什么事,电话里说就行了别跑了。"我说:"我们下午到家看看您。"

汽车上了北四环,因为是周日跑得很快,下了北三环马甸桥我们进了小区到了刘兰芳老师的家。这是个非常普通的公寓,客厅不大,但布置得很典雅,房间挂着党和国家领导人接见刘兰芳的照片,还有一幅20世纪80年代刘兰芳在露天说评书的宏大场面的照片,我问刘兰芳:"这是在哪献艺呢?""在山东会民。""太壮观了,得有上万人吧?"我问。她说:"差不多吧,观众很感人。"还没等我们落座,刘兰芳和她的先生王印权老师又是倒茶又是让水果。刘兰芳还从里屋拿出从新疆出差带回来的橘子让我们吃。我说:"这是我们王今旺局长。"今旺起身又和他们老两口握手,"您上次到宝坻演出我去市里开会,没见到。"今旺说。刘兰芳的老伴王印权接过话茬:"都不要客气,咱们是老乡,我是宁河芦台人,我爷爷那辈逃荒把全家安在鞍山。"王印权老师也是曲艺大家,20世纪60年代初就拜李润杰为师,现任中国快板艺术委员会副会长等职务,66岁的人看上去也就50岁的样子。王老师说,我和兰芳都跟宝坻有缘,2001年江泽民总书记邀请几十名艺术家到北戴河,我陪她去了。返回的路上,在京沈高速宝坻段出车祸了,我的左眼角撞了个大口子,新车也撞坏了。宝坻巡警及时把我们送到医院急救中心,区医院的大夫护士们非常认真负责。上了手术台我对大夫说:"我是演员,伤口可不要给我留下疤。""您放心,我们会的。"主刀医生认真地说。一下缝合了 36 针,非常成功。王印权指了指眼角的缝合处,不细看果真看不出来。刘兰芳说:"宝坻的干警和医务人员真好,现在想起来也要感谢他们!"聊了一会儿,刘兰芳问:"主席、局长,有什么事吗?"我说:"马季先生逝世快一周年了,我们想搞一场纪念活动。""这是好事,有什么想法吗?""我们想邀请马老的弟子和马东参加,您看可以吗?""这要先征求马季家属的意见,我给你们组织联系吧。"仅仅谈了一个多小时,刘兰芳和她的老伴就把办纪念活动的大体想法敲定了。

马东参加策划活动。回到家里我很高兴,不仅是为这件事敲定得顺利而高兴,更重要的是因为刘兰芳这样的评书大家、全国文联副主席能有这样的热情、善良的心肠和不摆架子的平民作风令我感动。夜间 10 点多钟,刘兰芳老师来了电话:"伯苓,我已和马东联系上了,他非常感谢家乡为他父亲搞纪念活动,马东答应参加,他的弟子们也很支持。"有了刘兰芳老师这个电话,我像吃了定心丸。转天,我亲自给天津电视台起草了报告并给翟振江总编辑打了电话,说明这场节目的立意和演员阵容。万克台长还做了批示。天津电视台也定下来了,这样就初步确定主办单位:中国广播艺术团、宝坻电视台和天津电视台;承办单位:珠江合生天津地区公司、京津新城。我和今旺商量该向区领导汇报了。当时主要以京津新城为主,区电视台只是做幕后的协调组织工作,汇报就由京津新城出面向区领导汇报。汇报后,区领导高度重视,指示区电视台要配合京津新城和天津电视台把节目组织好,充分表达家乡人民对大师的一片深情厚谊。

第二节　策划组两次来宝坻

几个主要大事协调落地后,接下来重要的是策划好节目,节目的立意、主题、构成等都要进行认真的研究。因为这是一场特殊的演出,必须把马季对家乡的情和家乡对大师的情紧紧地融合在一起,大力弘扬从宝坻走出去的大师对中国相声艺术的贡献和他的德艺双馨精神。

我和今旺在宝坻电视台搞过多场大型节目,但这次情况特殊,我们要请高人策划,让他的弟子参与。于是我又拨通刘兰芳主席的电话,谈了我的想法。她同意由她担纲组织策划组。但她很谦虚,还征求我的意见:"伯苓,你看由这样组成怎么样?找几个创作人员,让马东参加,他是中央电视台的著名节目主持人,搞节目很有一套。""我说那太好了,有他把关,咱们心里踏实。他那么忙,能来吗?"我问。"我找他,你就放心吧!"刘兰芳接着说:"还要请赵炎、王谦祥、李增瑞这些和大师关系特别密切的徒弟参加,你看怎么样?""这是最佳组合,您就定吧。"我说。刘兰芳说:"我还在外地,马季先生逝世日是哪一天?"我说是 12 月 20 日。刘兰芳在电话中说:"哎呀今天是 11 月 6日,时间很紧了,等我回去后,抓紧和他们联系,尽快到宝坻去一趟。"我说:"好啊,我们听您的话儿。"

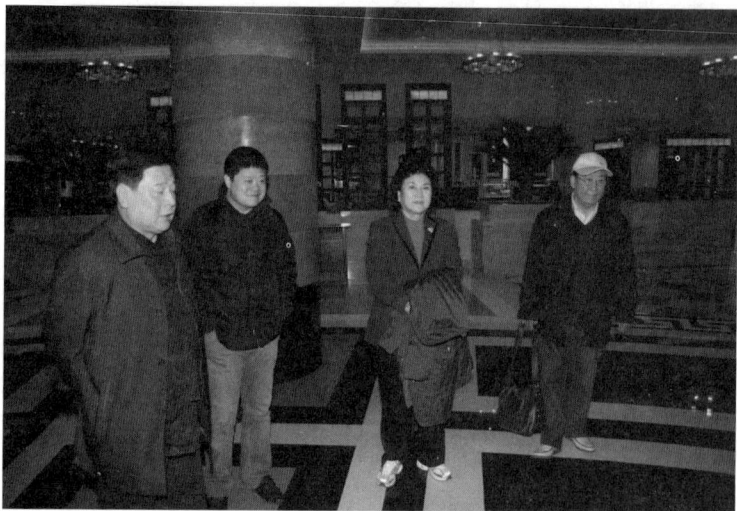

刘兰芳和老伴王印权及马东、赵炎下榻津京新城酒店

策划组第一次来宝坻。11 月 10 日,刘兰芳从北京打来电话:"伯苓,是这样定的,11 月 14 日,马东、赵炎、李增瑞,另外让战友文工团张文莆、煤矿文工团白云海、鞍山文化局王印权三个词曲作家也去,要给这场活动创作新节目,我也去,你派个车来北京接一下。""太好了,没问题,几点到?"我问。"那你就上午八点半。"刘兰芳又愣了一会儿:"哎呀,那样吧,北京特堵车,都让他们在燕莎集合,不要再跑到我家这里了,这样节省点时间,待会儿我通知他们。"我说:"好,八点半之前我们在燕莎等。"

14 日是个礼拜三。刘兰芳老师让我和马东、赵炎坐一个车,她和其他人坐另外一辆车。我还向马东、赵炎介绍了宝坻的一些情况以及这场活动的想法。聊着聊着,我们已下了高速口,进了京津新城的凯旋门,看到张振国董事长已在售楼部前等待。车子刚停下,他就迎上前去,分别与刘兰芳、马东、赵炎等几位艺术家握手:"欢迎,欢迎。"几位策划人员来到京津新城沙盘前,张振国详细向他们介绍京津新城的建设情况:"京津新城 2002 年 11 月动工,到目前已投入七十多亿元,总规划面积 258 平方公里,它集会议会展、旅游度假、商贸物流、文化教育等几个板块为一体,是承接环渤海和滨海新区的一个服务区。"顺着张振国手指沙盘各板块为一体,几位艺术家赞不绝口:建设速度太快了。

刘兰芳、马东、赵炎、王谦祥、李增瑞、张文甫、白云海一起策划马季从艺 50 年纪念活动

在休息室里,几位艺术家还没端起茶就策划开了。"家乡为大师搞纪念活动,弟子们到宝坻来参加活动,很有特点。""取个什么名字呢?纪念逝世一周年,有点太悲了。"马东插话:"对,不能搞得悲悲切切的。"这场活动的撰稿、煤矿文工团曲艺作家、经常参与央视春节晚会的高手白云海说:"取个什么样的题目,有关这场晚会的灵魂,我看是否就叫'带着笑声回家'!"大家说这个题目好,给人以温馨的感觉,弟子们带着大师的笑声回家别有一番情趣。"回家,要把宝坻东西结合在一起,要专门创作新节目,从节目构成上让人就有回家的意境。"大家你一言我一语,思路越来越清楚。刘兰芳老师说:

"今天我们是有备而来,三位词曲作家都来了,待会儿和区领导聊聊,掌握一下宝坻的情况。"我插话说:"区电视台可以提供反映全区经济社会发展的光碟。另外马季大师2004年回家乡我们电视台有专题片和照片影集。"大家说:"太好了,专题片可以现场放,影集让区里向马东赠送,马东可以在现场回忆他的父亲,实现两个环节的互动。"

策划组查看演出场地

主题有了,副题怎么定?不叫纪念逝世一周年叫什么?大家又议论开了。赵炎提出了个建议:"马先生1956年进曲艺团到现在50多年了,副题叫'纪念马季先生从艺50年曲艺晚会',怎么样?这样我觉得比较大气,先生是宝坻走出去的大师,弟子们来他的家乡纪念50年,乡音、乡情浑然一体。"马东说:"这个题目可以,父亲生前也有这个愿望。"

十一点半,时任区委书记张景泉、区委副书记贾凤山在五号别墅热情接待了策划组一行。刘兰芳主席说:"我们这次来主要就是研究一下纪念马季先生的活动,区里主办这个活动,是件大好事,我们几位来就是服务来的。"接着她把刚才策划的情况作了介绍。张书记说:"好,好,非常感谢刘主席和各位艺术家对宝坻的关心和对此次活动的支持。马季大师是宝坻人的骄傲,通过这样一个活动来表达家乡人对他的一种情怀,是非常有意义的,马东也来了,非常欢迎你回家。"接着,张书记介绍了宝坻经济和社会发展情况。艺术家们边听边频频点头,赵炎、李增瑞、王印权说:"刚才我们转京津新城,听了书记的介绍，觉得宝坻发展理念很好，发展速度很快，发展潜力很大，我们创作节目中一定把它写进去，来展示宝坻。"马东抑制不住自己的情感："刚才几位领导这么说我都不知是哪边的了。"刘兰芳插话："你户口没在这儿，还算咱们这边的！"顿时屋内发出朗朗的笑声。马东深情地说："我这是第一次回家，我非常感谢刘主席和几位(他指着赵炎、李增瑞)师兄和家乡领导为我父亲搞的这场活动，今后家乡有什么事需要我，我会尽心去办。"他话语不多，处处打动人心。我们的两位记者李宝战、白秀霞抓拍了这一宝贵瞬间。

时任区委副书记、现任河西区委书记贾凤山与马东合影

张景泉接见刘兰芳、马东等策划组一行

089

宝坻电视台记者在现场采访

策划组第二次来宝坻。事隔10天,策划组第二次来宝坻。这次的主要任务是排定演员和节目,审定创作节目。主持人北京方面出两个男的,由赵炎、黄宏主持,宝坻这方出两个女的,天津电视台李佳、宝坻电视台邓新一。节目构成,开场鼓曲《回家》,然后是五个相声,两个歌曲,一个京东大鼓,一个数来宝,黄宏的小品等穿插其中,最后压轴是姜昆的相声,大家对这个排定非常认可。鼓曲《回家》、京东大鼓《宝坻英杰》、数来宝《咱为宝坻唱新歌》是由白云海、王印权、张文甫等三个词曲作者创作的,他们很谦虚,到了宝坻以后就请区领导和京津新城的张振国董事长、田总来审定。这三个节目非常有特点,鼓曲《回家》,开场就抓住了人心,抓住了活动的主题。京东大鼓《宝坻英杰》把宝坻方方面面杰出人物展现得淋漓尽致。特别是数来宝《咱为宝坻唱新歌》,从多、快、美、好四个方面,把宝坻的发展和文化人文景观,用脍炙人口的语言描述得惟妙惟肖。尤其是李增瑞老师艺术化的朗诵,使现场的我们在心灵深处产生共鸣。念完作品后,大家又作了补充和修改,删去赞扬区领导的直白语言。区领导审阅后,认为作品平实、真实、感人,写得很好,领导们就个别词句又进行了修改。整个策划圆满完成。

第三节　细节见真情

组织这样的大型活动，具有无数个细节，细节决定成败。

召开领导小组会。11月16日在京津新城召开第一次领导小组会，建立纪念马季大师活动领导小组，张振国董事长牵头，我和今旺、田总为成员，新城的钟小姐、区广电局办公室的黄东锦主任、文艺部的白秀霞主任具体负责前期的各项准备工作。为了不受干扰，我们从办公楼坐车来到张振国的家里，他把最好的大红袍茶拿来沏上，我先说广电局需要做什么，广电局负责《马季回故乡》、马季与宝坻照片影集的制作、北京节目的联系、名家的联系接待、天津电视台的节目录制和现场勘查以及人员接待、采访名人、制作副产品和新闻报道等。京津新城主要负责场地安排、搭台后背景制作、灯光音响、住宿接待、组织观众制票发票等。张振国说："好，这边的事我们保证完成，费用我们全出，待会田总来你再和他讲一讲。"我们四个人又把整体工作议了议。这时田总推门进来了，我又把京津新城需要做的事跟他说了说。田总表示没问题。我们几个认为，这些事必须一个环节一个环节地落实，针头线脑都要落实到人，这场活动特殊、参加的演员特殊，出一点问题影响就大了。在这场活动中，要让人看到宝坻人的办事能力。快到中午了，张振国说："这事都议得差不多了，就在我家吃饭行吗？"我说："好呀，今旺，咱们今天就吃吃大户，尝尝董事长的家里饭。"

转天张振国到区委汇报后，又到区政府找时任区长孙宝华就这场活动进行全面汇报，宝华区长对此非常支持，他说："'带着笑声回家'这个主题是否再改一下，叫'笑在家乡'我看更贴切，你们看怎么样？"经过和策划组沟通，大家都觉得这样更含蓄。宝华区长说："这个活动很大，一定要周密细致，不能出现一点闪失，可以结合两办开个协调会，像安全保卫、车辆停放、会场秩序都要安排好。"12月3日，在京津新城办公楼，召开了最后一次协调会，时任区委常委、办公室主任李国田、政府办主任张守利、京津新城各板块负责人和广电局的领导都参加了会议。张振国就整个活动进行了详细的安排，让各板块领任务。时任区委常委、办公室主任李国田，又作了进一步强调，并给区直有关部门分配了任务。大家觉得这样心里踏实多了。

在家里现场办公。区里的事情都落地了，北京那边还没全面落实。下午，我给刘兰芳老师家里打电话，想第二天到她家里去，王印权老师说可以。因为今旺局长去市委党校学习，第二天我自己早8点就到了刘兰芳老师住的小区，我和司机马师傅说，现在还早，人家可能还没起床，先别打扰，在车里等一等。我们俩进车里刚打开暖气，王印权老师穿着一身休闲装就出来了。"王老师您干什么去？""哎呀，你们都到了。我去买点水果，这就回来。"我们进了刘兰芳老师的家之后，她第一句话就说，请柬都带来了吗？我说带来了，昨天我们局里的几位同志忙活半宿，都是以区委、区政府的名义邀请的。我从提袋里把请柬拿给她看，大红的请柬，她看后连连说好。当即给姜昆、黄宏、赵炎打了电话："宝坻区把请柬送我这儿了，待会儿给你们送去。"

忙完请柬的事，刘兰芳说："咱就现场办公吧，把桌子横过来，老王你坐那儿，伯苓你坐这儿，咱们三个今天把所有的事都得砸死。"印权老师拿来笔和纸，我们把节目单、演员的出发集合地点、接送车辆、联系方式、联系人、经费细目都研究得特别细致，王印权老师写了几大篇纸，有些费用算了又算，尽量减少开支，总为宝坻考虑。刘兰芳说："你们搞一场节目不容易，不该花的钱决不花。"这时在二炮文工团工作的刘兰芳老师的儿子王岩回来了："都快12点了你们还忙活。"刘兰芳说："你来得正好，替你爸抄抄弄

刘兰芳、王印权夫妇在一起

弄。"王岩也参与进来了。到了下午一点半，总算把事情都敲定完了。我说："咱们吃饭去吧。"刘兰芳说："你们去吧，我简单在家里吃点。"我说："您一定得去。"王印权说："别让了，下午两点她去医院做核磁共振。"听到这些我心里很不好受，她这么大岁数这么有名的大家，工作这么严谨这样敬业，令我非常感动。

傍晚，利用今旺从市委党校学习回来的时间，我们又共同研究整个活动的细节。我说："现在咱们要把京津新城、区里、市台、北京方面和我们本局需要做的事全部串起来，搞个流程表，上下成线，左右成网，近期还要召开全局的协调会。"今旺说："对，要抓紧开。"他指着白秀霞、黄东锦："你们俩要连轴转，把流程表搞出来，明天是周五，下午就开会。"白秀霞把工作带到家里，弄到凌晨两点才算把流程表搞完。第二天下午，涉及全局的38个人全部参加了会议，今旺作了动员部署。

黄东锦、白秀霞研究流程表

对《马季回故乡》的专题片，冯玉翔、杨成林和专题部的同志们费了很大心血，把所有珍贵镜头都用上了，加上台里名主播刘淑霞的解说很有味道，片花音乐用得也不错，长度9分多，挺好的。但这个片子很重要，要请区领导把关。在区委办公室副主任宋健的陪同下，张景泉书记审看了这个片子，看完后他挺高兴："不错不错，看了片子很温馨，也很抓人的。"对马季照片集，黄东锦和杨朴年老师作了精心策划，把拍摄《宝坻春歌》、参加《开心双休日》

评剧擂主总决赛、逛京津新城、区领导接见等马季先生给宝坻留下的珍贵照片全部集在一起,封面是马季大师给宝坻留下的墨宝"故乡情"三个大字,落款是:京津新城、宝坻电视台敬赠。

运作中的变故。有些事情不到最后是不算完的,这话一点不假。当我们第二天到新城看现场时, 新城与音响的合作方谈崩了, 还有三天就要演出了,黄东锦、白秀霞和新城的小钟急得团团转,又找这又找那。天津评剧院的音响灯光不错,单位有咱宝坻老乡,人家很支持,两个小时就解决了。

无独有偶, 傍晚我们刚要在新城吃饭,刘兰芳老师给我打来电话:"伯苓,又出问题了,黄宏来电话他来不了,中央首长要求他们到西部水窖搞创作,8号走12号回来,不能请假。"当时我心里咯噔一下,黄宏做主持,又是个大腕,他不来怎么办呢?但官不由己,黄宏是马季的得意门生,他很想参加这次纪念活动,主动担当主持并演小品,可是中央有任务咱们得理解。我问刘兰芳老师:"您看怎么办呀?谁来做主持?"刘兰芳说:"我就是想和你商量,还找其他人吗?"我说:"再找一个吧。"刘兰芳问那找什么人?我说您就看着找吧。刘兰芳说:"好,待会我再与你通话。"吃完晚饭我回到家里焦急等待,满打满算还有两天多一点就要演出了,主持人还是个未知数。快到夜间11点了,刘兰芳来了电话,我急切地问怎么样?刘兰芳说:"是这样,找了李金斗,他明天去山东有演出任务,瞿弦和、唐杰忠他们都非常想来,但都在外地赶不回来。伯苓,我想给你找一找人称中国第一嫂的王馥荔可以吗?她既能做主持,还可以唱歌、演京剧,我俩可唱反串,她演阿庆嫂,我去演胡传魁。"我说:"太好了,不就是电影《咱们的牛百岁》的主演吗?"刘兰芳说:"对对,就是她。"我说:"王馥荔名气不小,都这个时候了她能来吗?"刘兰芳说:"估计问题不大,她也是广播说唱团的,和马老一个单位。"我说:"那好,您就请吧!"已过深夜12点了,刘兰芳老师又给我来了电话:"伯苓,没问题了,王馥荔满口答应,非常愿意参加马季大师的纪念活动。"我非常高兴,心里一块石头总算落了地,同时,又深深地为刘兰芳老师的精神所感动,我在电话里连连向她表示感谢。

精心排练节目。其实,在整个活动中,我对艺术家们的这一点体会得最深。组织排练节目是重要环节,艺术家们都非常认真,鼓曲作家韩宝利,从天津赶到北京,和刘兰芳、王印权老师一起研究词曲。这次活动有三个新创作节目,刘兰芳的京东大鼓《宝坻英杰》,张志宽、张文甫、刘国建、王岩等四位艺术家的《咱为宝坻唱新歌》和鼓曲《回家》。为了使新节目不出问题,他们不仅在北京排练,在演出的前一天下午,刘兰芳等七名演员就赶到京津新城,熟悉现场。四个快板演员虽然都是国家一级演员,但他们非常敬业,在驻地练,在演出现场练,在走廊里练。张志宽老师岁数大,他的词儿长而且难度大,一走场就忘词儿,吃晚饭时他又给自己带了夜宵,结果他练到凌晨4点才休息,保证了演出质量。他说:"马季老师是我们公认的表演艺术家,他为我国的相声事业做出了巨大贡献,我和他相识几十年了,他虽然工作在北京,但马老师的家乡是宝坻,我为有马季这样一个老乡感到自豪,为纪念他演出感到高兴。"刘兰芳白天操持演出的事儿,她就利用晚上业余时间练,10点她叫开了鼓曲演奏家韩宝利的房门,一遍遍合,一遍遍排演她的京东大鼓,到了深夜12点多才休息。转天,她把房门倒锁,又在屋里练了两个多小时。

鼓曲作家韩宝利和他的两个女儿接受宝坻电视台记者采访

赵炎、王谦祥、李增瑞、刘伟、王馥荔、马东等一起顶着大雪在当天下午来到京津新城。赵炎、王馥荔是这场节目的主持,刚下车就和天津电视台的李佳、宝坻电视台的邓新一一起对词儿,赵炎不但是主持,而且从开始就操持这场节目,他一边拿着本子串台词,一边跑这跑那。我说:"赵老师,给您找个房间吧?"赵炎说:"事儿这么多,在房间里哪坐得住呀!"

王馥荔在签名册上签名

这次演出,宝坻电视台和京津新城各出一个节目。要和名家同台演出,他们非常高兴而且高度重视。张振国的夫人于琼是个业余歌手,她专程从广州赶来,要代表京津新城演唱,可这期间她重感冒,她就多喝水猛吃药,夜间到歌厅要光碟,练嗓子。白秀霞是这场节目具体工作的操作者,事务缠身,领导要她唱一首歌颂家乡的歌,她邀请宝坻老乡黄骅电视台的王建国做搭档,工作时间没空就晚上熬夜练,为了保证演出效果,他俩还利用周六休息时间到天津请专家指导,到录音棚唱听效果,消除了薄弱环节。

第四节　瑞雪迎晚会

12月10日晚上七点半,是晚会正式演出的时间。清晨6点多我就起床了,打开窗户一看,下雪了,地上变白了,天上还稀稀拉拉地下着。我爱人打开窗户看了看说:"没事的,下不起来。"我赶快穿好衣服刷牙洗脸,这时马师傅开车到楼下接我。不错,宝白公路头天开通,路上虽然较滑,但车辆不多很好走。到了京津新城,我直接到了宴会厅的演出现场。天津评剧团的舞美师傅们整整干了一夜,台子都装好了,很大气,马季大师三幅不同时期的照片非常醒目,手里夹着香烟的那幅是马东选的,放在中央,大师面带微笑,神采奕奕。舞美又在放大了的照片底下配了几朵绚丽的花。舞台两边的摆放以新城凯旋门为背景,印着主办单位、承办单位的方形彩牌,整个演出现场庄重温馨。张振国和刘兰芳老师看了后都非常满意。

纪念马季从艺 50 周年晚会现场

工作人员和艺术家研究有关事宜

协调高速站。到了上午 10 点多,雪越下越大,鹅毛大的雪片密密麻麻,这是入冬后的第一场雪，整个京津新城银装素裹。这时我问黄东锦去北京接演员的车辆怎么样？她说："京津新城的面包车已在北京，下午一点演员们在燕莎集合，赵炎、李增瑞、王谦祥、王馥荔都乘这个车。""马东上午来了吗？"我问。白秀霞说："他刚来电话，雪太大，自己不开车来，他已把邢莹莹、刘立新从机场接来了，下午和赵炎他们一起乘车来。"我说："这样好，车多了不安全。"黄东锦说："现在京沈、津蓟高速都封了。"我说："那怎么办？姜昆、戴志诚怎么来？"白秀霞说："他们下午三点自己开车来。"我说："这样不保险，高速封了，走下道他们不认识，你抓紧找新城让他们出一辆车到北京接姜昆。"白秀霞找了钟小姐，小钟答复已经没车了。白秀霞焦急地说："您看怎么办？"我说："就使我的车去接。""您的车拉着专题部和刘兰芳老师一起到宝坻城里看广济寺了。"黄东锦答话。这时的雪越来越大，我拨通了马长会的电话："马师傅你现在在哪？"答："还在广济寺。""你这样，现在马上去北京接姜昆、戴志诚，让冯玉翔他们打的返回京津新城。"我接着说："路上一定要注意安全。"他说没问题，您就放心吧！这时的雪下得是铺天盖地。我问今旺："气象台怎么说？"今旺说："联系上了，下午两点可能起风，雪会变小。"我们两个一起商量，现在道路交通是个大问题，演员到不了这台节目就砸了，要与交通队保持密切联系，请他们给予支持。今旺局长马上与公安局李瑞清副局长、交通队王宏队长取得联系，说明此次纪念活动的情况，他们都给予大力支持，并与京沈、津蓟和河北、北京有关方面通报了情况。此时，今旺变成了调度员，电话都快打爆了。"王局，赵炎、马东他们坐的面包车在北京高速口受阻，请您快找区交通队。"黄东锦从楼内跑出找今旺求助，今旺马上与交通队王宏进行联系。过了二十多分钟，北京口放行。天津电视台切换车说好三点钟到达，可都三点半了还没到。白秀霞马上与天津电视台宋东联系，在电话里宋东急得不得了："我们在津蓟高速口等好长时间了，也不放行，你们有什么办法吗？"白秀霞马上找今旺汇报。今旺又开始进行遥控，把电话打到了津蓟高速天津入口，说明情况，紧急求援。

下午 3 点，赵炎、马东、王馥荔等九人第一批到达，广播艺术团领导、《中国艺术报》和曲协的领导也随后到了，天津电视台四点多到了，就剩姜昆、戴志诚还没到，此时已经快到下午 5 点钟了。我打通了马长会的电话："你们到哪了？""我们走通州下道，高速口不让走。""那哪行呀！照这个速度肯定要误事,你们赶快走高速,我这就让今旺局长联系。"今旺马上把车号告诉了交通队,通过协调,高速很快放行了。五点半钟,张景泉、孙宝华、贾凤山、李国田等几位区领导冒雪来到京津新城,张书记、孙区长关切地问:"演员、嘉宾都到齐了吗?"我说:"就剩姜昆、戴志诚在路上,其他都到了。"凤山副书记说:"要保证他们在路上的绝对安全。"我说:"没问题,是咱们的车去接了。"

王今旺局长接待冒雪前来演出的艺术家赵炎

领导接见艺术家。我和王今旺局长来到了领导休息室,对四位区领导说:"各位艺术家和嘉宾都在会见室,现在已经五点半了,待会儿就得吃饭还要化妆,姜昆、戴志诚就别等了,时间来不及了,领导们先会见吧!""好,咱们这就走。"在会见室,张景泉、孙宝华、贾凤山、李国田与各位艺术家一一握手,对大家冒雪从北京、天津、广州专程来宝坻参加马季大师从艺50年曲艺晚会,表示热烈的欢迎和衷心的感谢。刘兰芳主席向宝坻区的领导介绍了每位艺术家和嘉宾,我向每位艺术家介绍了宝坻区的每位领导和京津新城的领导。刘兰芳和张景泉分别代表各方发表了热情洋溢的讲话,整个现场其乐融融,大家都是为了马季大师才聚到一起,来到他的家乡宝坻。

这时,特型演员彭江抑制不住自己激动的心情,他说:"今天是纪念马季大师从艺50年活动,我的心情很激动,姜昆老师是曲艺界公认的书法家,我今天也写了个'福'字,待会儿各位艺术家都签上自己的名字,交给宝坻、交

在京津新城纪念马季从艺 50 周年活动中,刘兰芳在领导见面会上发表感言

张景泉致欢迎词

给京津新城收藏。"他随后打开了"福"字,写得非常潇洒,现场赞扬声不断。彭江老师戴上了宽边眼镜,拢了拢头发,两手提起"福"字,用领袖的形象和语言,讲了几句话,那种惟妙惟肖的表演,令在场领导和艺术家又鼓掌连连。随后,彭江老师把"福"字交给了景泉书记,景泉书记接过墨宝对大家说:"今天咱们在京津新城为马季大师搞纪念活动,我看这幅字就是京津新城的了,由他们收藏,作永久纪念。"大家都说好。张振国董事长从景泉书记手里接过

"福"字,激动地说:"谢谢彭江老师,谢谢区领导,我们将永远珍藏。"这时不知谁说了句话,"咱们该吃饭了。"区领导说:"对对,咱们吃饭去。"

在领导们的陪同下,到场嘉宾、艺术家来到餐厅用餐。我和今旺、黄东锦、李桂莹刚把客人安排好,马师傅来了电话说:"姜昆、戴志诚到了。"我们赶到大酒店前厅迎接。这时已经晚上六点多钟,许多观众顶着大雪已从宝坻城区赶来了,陆陆续续入场。今旺和我赶紧把姜昆、戴志诚引领到餐厅。看见姜昆、戴志诚来了,景泉书记、宝华区长放下筷子站了起来:"姜昆老师辛苦

彭江献墨宝

宝坻区领导和艺术家合影

101

作者和王今旺陪同姜昆步入晚会现场

了,欢迎你们来参加晚会。"我向两位老师介绍:"这是我们的区委书记、区长。"姜昆、戴志诚连连说:"谢谢书记、区长,让你们久等了。"把姜昆他们安顿好后,快六点半了,我和今旺草草吃了点饭,急急忙忙地来到了演出现场。王宗征、李宝战、齐立辉他们全部到位,节目安排、舞台监督、观众入场全部到位,整个现场五百多人的位子座无虚席。区四大机关领导、区级老同志以及有关领导、嘉宾在前排就座。

精彩开幕。 7点30分,在区委副书记、区长孙宝华代表区委、区政府发表热情洋溢的欢迎辞后,演出在优美的鼓曲联唱声中拉开序幕。室外雪花飘舞,轻柔洒洒,室内笑声不断,情意融融。赵炎、王馥荔、李佳、邓新一四个主持人闪亮登场:"宝坻的父老乡亲们! 我们回家了! "掌声四起。"我们带着笑声回家,我们簇拥着笑的使者回家! 在路上走累了就想回家看看,没想到家乡的变化这么大! 今晚我们相聚,因为有一位大师不能忘记! 今晚我们相聚,因为生命在继续,笑声也在继续……"场下掌声阵阵。

首先出场的是马季先生最小的学生邢瑛瑛、刘立新夫妻,他们怀着深切的怀念,说了马季先生的老段子《找名牌》,他俩是专程从广州赶来的! "这个节目也是马老师的一个节目,应该说是他后期比较新的一个节目。平时我们也有很多自己的作品,但我们觉得在这样的一个活动中,应该用先生的作品来表演,让观众了解认识马先生后期的作品。"接着马季先生的弟

在京津新城纪念马季从艺 50 周年晚会现场,时任宝坻区区长孙宝华致辞

子们纷纷亮相,节目中播放了宝坻电视台制作的专题片《马季回故乡》。2004 年 9 月,马季先生带着他的徒弟刘伟,为宝坻电视台《开心双休日》第一届播主总决赛助兴演出,回到了他阔别 20 年的故乡。9 月 24 日下午马老逛京津新城、区领导在宾馆接见、晚上在区影剧院演出的一个个珍贵的历史镜头,把人们带入无限的思念之中。马东坐在台下,眼睛湿润了,这是他第一次专门看父亲的片子,心情非常复杂和激动。

是 这是我没有预料到的

马季逛京津新城专题片片段

节目中,京津新城董事长张振国、总经理田家才把马季先生在宝坻的老照片代表京津新城和宝坻电视台赠送给马东的场景,把晚会推向了高潮。在

马东在现场观看父亲回家乡的纪录片

赠送仪式上，马东显得很激动，他表达了对父亲的情怀，对故乡的深情和对为组织纪念他父亲这样大型活动付出辛勤汗水的家乡领导和曲艺界同仁们的深深谢意。紧接着白秀霞、王建国演唱歌曲《宝坻我的故乡》，浓浓乡情又一次把宝坻人的心聚在了一起，大家多次为这首歌曲鼓掌。散场时，姜昆对白秀霞说："闺女，唱得不错。"他也深深地被歌词中的美丽宝坻吸引住了，对师傅的家乡多了几分情意，多了几分敬重。

马季先生生前有个心愿，要组织"还乡团"带领他的弟子和一些知名艺术家到宝坻演出，这次演出还了马季大师未竟的心愿。在演出中，有两个家庭的成员都来了，他们是鼓曲演奏家韩宝利和他的两个女儿组成的伴奏乐队；再一个就是著名评书表演艺术家刘兰芳带领他的老伴王印权、儿子二炮文工团演员王岩参加演出。刘兰芳老师亲自出场，唱了一段京东大鼓《宝坻英杰》，把宝坻从古至今的英杰用京东大鼓的形式开了脸儿，吸引了观众的眼球。刘兰芳说："京东大鼓是王印权写的，由我来唱。为什么搞这段？王印权也是在天津学徒，是李润杰的弟子，他对马季先生很尊重，也很怀念，所以主动写了这个段子。这儿是京东大鼓的发祥地，我在这儿唱是圣人门前卖字画，唱好唱坏呢，就请我们当地唱京东的演员多提意见。"张志宽、张文甫、刘国建、王岩的快板书《咱为宝坻唱新歌》脍炙人口，妙趣横生。"打竹板，心欢喜，开门见山说宝坻。唱宝坻，夸宝坻，歌颂宝坻赞宝坻……"快板书里句句都是宝坻的事、宝坻的景，引起观众一片喝彩。

著名影视演员王馥荔，虽然患了感冒，但为了纪念马季，她拿出自己的拿手好戏，《咱们的牛百岁》的主题歌《双脚踏上幸福路》，嗓子那样的甜脆，中国第一嫂的美称名不虚传。节目中不仅有评书，还有宝坻的国家非物质文化遗产——评戏。宝坻老乡、天津评剧院国家一级演员王秀丽也专程从天津赶来，为纪念大师助兴演出唱评戏。张振国董事长夫人于琼现场唱了一首歌曲，表达了京津新城人的心意。最后，压轴大戏是马季弟子们的相声。

白秀霞、王建国演唱歌曲《宝坻我的故乡》

张志宽、张文甫、刘国建、王岩表演群口快板《咱为宝坻唱新歌》

刘伟、赵伟洲的相声《北京欢迎你》《迎奥运》、王谦祥、李增瑞的《京剧漫谈》显示出深厚的功底；赵炎、周炜、孙晨三人合说的相声《手足无情》，是马

第七章　笑在家乡

季先生的代表作《五官争功》的创作延续，说的是脚和手互相争功，这也是这个新段子首次面对观众，更是对大师的深层怀念。艺术家们的精彩表演让人捧腹大笑。

王谦祥、李增瑞表演相声《京剧漫谈》

于琼演唱歌曲《知音》

姜昆、戴志诚表演相声《乐在其外》

刘伟、赵伟洲表演相声《北京欢迎你》

马家军在"笑在家乡"晚会现场合影

大弟子姜昆和戴志诚出场，惹亮全场眼球。上台后，姜昆没有先说相声，而是对自己的恩师说了几句满怀深情的话，他提高嗓音对在场的观众说："马季老师是令世界所有华人爱戴的伟大艺术家，这么伟大的艺术家出在我们宝坻这块土地上，我们宝坻人民没有忘记他，在他逝世一周年之际，用这样的方式把老师一生的贡献表现出来纪念他，作为我们弟子来讲，作为我们相声队伍的一员来讲，真是从心里感谢家乡的人民，感谢大家这样做。"场下宝坻父老乡亲被姜昆的话感染了,进而爆发雨点似的掌声,姜昆也向现场的观众表了态,要继续沿着师父为人民创造欢笑这条路走下去,用笑声纪念马季,台下又是掌声阵阵。接着他和戴志诚说了《乐在其外》的段子,从社会飞速发展的角度,揭示学习外语的重要性,内涵深刻,妙语连珠,掌声此起彼伏,返场一次又一次,压轴的作用彰显。

室外的雪花晶亮晶亮地从天空漫舞飘落,一会儿大一会儿小,一会儿快一会儿慢,与现场气氛遥相呼应,就如人激动时心脏跳动一般的美妙,给这个夜色增添了特有的光芒,此时,似乎马季先生的在天之灵把对弟子们所有的爱都融化在了这雪色里,覆盖在美丽的京津新城,为他们在故乡的表现感到由衷的高兴。

"笑在家乡"晚会结束后　宝坻区领导与参加活动的艺术家们合影留念

冒雪连夜返京。演出快接近尾声了,雪慢慢见小。这时刘兰芳老师给我打电话,让我到演员休息室去一下。我从演出现场来到了刘兰芳这里,她说:"伯苓,我想和你商量个事,如果高速口能通,今晚演员们都走。"我说:"那哪能行呀,路这么滑不安全,都住下不能走。"刘兰芳说:"他们都很忙,这是一。二来这么多人都住下还得招待还给你们增加好多费用,我走他们就都走了,你赶快联系去,别争了。"此时我心里很不是滋味,这场晚会她费尽了极大心血,此时她还是替别人着想,令我感动敬佩。因为拗不过她,我即刻找到了区委办公室李国田主任说明情况。国田说："雪还在下,现在走不安全呀!"我说:"争不过她,你就抓紧联系吧!"

晚会结束后,国田找了区公安局领导,今旺又开始和几个高速口联系,高速部门给了大力支持,刘兰芳决定所有演员一律返回。临行时,雪花还在飘落,区领导张景泉、孙宝华、贾凤山、李国田顶着飘舞的雪花,与刘兰芳、王馥荔、赵炎、刘伟、王谦祥、李增瑞、王印权一一握手告别:"感谢各位的精彩表演和对宝坻的颂扬,欢迎各位艺术家再来宝坻。"马东看到这么晚了区领导还一一送别每位演员、嘉宾,非常感动,他紧握领导们的手,连说谢谢!区领导也让他常回家看看,马东满口答应。在雪白的夜色中,艺术家们乘坐面包车渐渐远去……

第八章
徒弟们眼中的师父

这台晚会引起媒体的广泛关注,《天津日报》《今晚报》、北京电视台、天津电台、《中国曲艺杂志》《中国艺术报》都做了及时报道。天津电视台录制了晚会全场并在《鱼龙百戏》节目中滚动播出,引起广大观众的极大反响。亲身参加晚会和看到实况的宝坻民众非常激动,他们说:通过"笑在家乡"这场晚会, 更真切地看到马季不愧是伟大的艺术家, 这么多名人大腕来故乡纪念他,作为一个宝坻人感到骄傲和自豪。许多观众还说:这场节目把家乡对马季的情和徒弟们对马季、对马季家乡的情紧紧地连在了一起。尤其是马东,加深了对家乡的情感, 宝坻人民也增进了对马东的一种乡情,这种根之血脉、根之渊源将不断地延续下去。也有的观众说,这场晚会增加了宝坻文化的积淀,是有史以来全国文化名人齐聚宝坻档次最高、人数最多的一次,必然在全国产生较大影响,提高宝坻的知名度,若干年后又是一种文化资源,意义十分深刻。

因为想出这本书,2008 年 12 月初,我又亲自到北京专门深入地采访了马季先生三个弟子王谦祥、李增瑞、赵炎。这次深入采访,让我看到了徒弟们眼中的马季。

第一节　爱才惜才

王谦祥、李增瑞两位是在 20 世纪 80 年代带艺拜马季为师的。谈起此事,李增瑞老师很感慨。

带艺拜师。先生给我的最大感受是他很爱才,也很喜欢有才的人。原来我们俩在北京曲艺团学习班的时候,是德高望重的老先生王长友、谭傅如给我们开的课。谭傅如先生跟毛泽东同龄,都是属小龙的。但比毛主席早走了一年,1975年过世了。王长友先生与刘宝瑞齐名,是相声界公认的肚子里的"关长",会的东西多。一个是谭傅如,一个是王长友,我们在少年时期就是学的他们。十二三岁的时候,在这二位老师的教导下,给我们砸了很好、很深的基础。按照我们相声界的规矩,有了启蒙老师后,还要认门,就是拜师。

我们俩1960年开始学相声,到80年代才拜马老为师,当时马先生德高望重,在我们心里是高高在上的大人物。我们那时候只不过是北京曲艺团的一名演员,不敢向他拜师。后来马先生从中国广播说唱团团长的位置退下来我们才有了这个想法。廉春鸣先生是马季先生的学生,跟马先生很熟,他得知我们的意愿后说:"行啊!明儿我给你们搭这个桥。"我们俩虽然是说相声的,但比较内向,要到马先生家去,说实话心里有点儿紧张。头一次去是廉春鸣先生带着我们去,到那以后,我们俩给先生鞠躬。马先生说:"你们俩我认识,相声说得挺好,行!"特随意。临走时,马先生对我们说:"明儿自己来,别让人带着。"

要说拜师我们得给马先生见面礼,可是我们没给他,他却给了我们见面礼。进门后老师给我们写了两个节目,头一个是《笑的探讨》,第二个是《无名者》。《笑的探讨》是讲当今社会当中各种的笑,比如农民怎么笑、售货员怎么笑、女孩子怎么笑,正笑完了反笑、换位笑。《无名者》是讲20世纪80年代改革开放后,人们对传统的东西冷淡了,崇尚老板,出名得利的思想比较严重。创作《无名者》具有普遍意义,它歌颂的是普通劳动者,清洁工啊、消防员啊。筷子是谁发明的?不知道吧,筷子不就是吃饭用的吗?但它是机械手的鼻祖。他从这方面引申开,中国好多发明是没有留下姓名的,但对中国以及对全人类是伟大的贡献。这两个段子,是他为我们两个量体裁衣定做的,非常适合我们俩。后来,马先生组织了一个小队让我俩专门演,成了保留节目,都演了21年了,还在演。我们要一直把这个段子演下去。

王谦祥说,马先生一生都在成就着我们的事业,每前进一步都渗透了他的汗水,他临终的前一天,我还在天通苑他的家里研究相声,大约上午10点

2008 年 11 月，李增瑞回忆马季

要走了，我们俩在电梯上，他又把我叫回来，我说您还有什么事？他说："下来把这两个核桃拿回去。"他托人捎来的核桃，还惦记着增瑞我们俩，这是他留给我们的最后一句话，徒弟当中我是最后一个见到马季老师的人，这两个核桃是对我们俩永恒的激励。

马季先生与王谦祥参观杏园

千里之遥挖人才。姜昆、赵炎起初在黑龙江的兵团工作，也是那里的文艺骨干，马季在此演出时发现了这两个好苗子，不远千里去挖人，成就了他们的相声事业。赵炎详细讲述了这一经过。(2008 年 11 月 19 日晚 8 时,于央视影视之家 714 房间采访赵炎)

我上山下乡在北大荒的黑龙江生产建设兵团,这个兵团叫准军事系列,你说它是军队吧,可它这些战士都不挂领子,保密。你说它不是军队吧,它连以上干部都是现役军人,是这么一个单位。当时,是主席发出号召,叫什么"屯垦戍边保卫边疆",成立的一个团。我现在理解,可能有两个主要目的。一个"文革",因为"文革"好多学校瘫痪,在城里,积压了不少学生,这学生怎么安排、怎么分配、干点什么?所以当时主席有一条最高指示叫"到农村去接受贫下中农再教育",这样就到了农村了。

第二因为当时中苏的关系比较紧张,特别在黑龙江一带,凡是中苏接壤的地方,就需要有一批准军事队伍,有一定的军事打算,平常就搞生产种粮食,就这么一个意思。1968 年,我就去北大荒了,因为原来在北京搞过文艺,到了兵团以后就被选拔到团宣传队、师宣传队、兵团宣传队,有时候不是被抽调到省里就是被借到沈阳军区,经常这样跑,就有点小名气了。马季老师也看过,就到北大荒兵团去调我和姜昆。去了以后,马季老师跟唐杰忠就在那演了好长时间,有时一天演好几场,演得嗓子都充血了。怎么办?四位兵团领导请马季、唐杰忠老师吃饭,然后就问,你们有什么需要兵团办的事吗?马先生就说:"我们要调两个人。""调谁?"兵团领导问。"一个姜昆,一个赵殿燮。"马季老师说。我当时不叫赵炎,我叫赵殿燮。在这之前,老师曾经要过我俩,政治部主任不给,所以他们就采取连续演出的办法感动领导。在饭桌上我们这四位领导表态了:那好啊。因为马老师当时去的时候,是带着红头文件去的,这个红头文件允许广播说唱团面向全国招生,它有两个目的,一个是跨地域,一个是跨行业,你都可以招。有了这红头文件,就解决了户口问题,去了以后,就给我们这四位领导看。领导们说:"这你放心,地方服从中央。"

姜昆因为当时就在北京,所以他挺痛快地就调回来了,我这儿有点周折。为什么呢?当时马老师调我,我已到廊坊了,就天津北京中间那个廊坊。廊坊什么地方呢?石油部管道局运输公司汽车修理厂大修车间,到电工班修电瓶去了。兵团说:"这个人不在我们这儿了。"马老师就打电话回来,让我们团找了两个老师,到北京前门找我去了,因为那儿有两条胡同,叫廊坊头条,廊坊二条。结果找了两天找不到，单位也没有，派出所也没有，办事处也找不着，说哪有这么一个人。他们到处打听，打电话回去，然后再查，才知道我去了天津、北京中间那个廊坊，这样马老师和唐老师才抓紧回来了，回来以后就去了廊坊，去了就和管道局的领导说，我们要调一个人，有红头文件。当时那个领导就纳闷：我们还有这种人才吗？那好吧，我们研究研究。马老师他们就回来了。回来以后又安排两个老师到廊坊盯着。什么意思？你们的任务就是把赵殿燮给我领回来，领不回来你们也别回来。

为什么呢？因为他当时感觉到，管道局在放人上有想法。什么想法？因为廊坊管道局在天津、北京中间，地理位置比较特殊，全国各地石油部门的人，都往这汇集，好像都想拿这儿做个跳板，跳回北京，或者跳到天津。为了稳定队伍，管道局有个不成文的规定，这个地方只准进，不准出，所以他们说要考虑考虑。这两个老师，到那儿死盯。就在这几天当中，我经常被叫到运输公司或者叫到厂里、局里。实际上，管道局同意放人了，但是他们都奇怪，什么人啊，能让马季、唐杰忠专程跑这儿来，我们还有这种人才吗？所以他们就想叫来看看到底是谁、干什么的。就这样耽搁了几天，到最后一天告诉我："你准备好了吗？打行李回北京吧。"管道局派了个面包车，说唱团的两位老师和我一起就这样回来了。我说得这么热闹，实际上马季老师把我从北大荒、再到廊坊调到说唱团报到不过十天，各种手续就都办完了。

师徒情

114

马季老师就是比较爱才,真是好苗子,他真是下功夫去挖人。另外,为什么就一定要找这么一对年轻的呢? 1973 年,马季老师和唐杰忠老师说的第一段相声叫《友谊颂》,是在五一游园的时候开始录播的。播完以后就给人一个信号:相声这个艺术形式,又被解放出来了,可以说了,可以面对观众了。说唱团当时是全国最权威的曲艺说唱团体,最强项就是相声。大家都熟悉的侯宝林大师、刘宝瑞大师、郭启儒、郭全宝,那都是我们团的。可当时人才都青黄不接了,就是马季老师、唐杰忠老师,也都中年了,最年轻的相声演员郝爱民也已经三十几岁了,后来就开始争取,一直到 1975 年才给我们这红头文件,我们 1976 年进的团。在这一点上,我是终生难忘的,是马老师把我引上了相声道路。

马季与几位恩师在一起

其实,冯巩也是马季先生发现的人才。

我 1972 年就认识马季老师了,那时我正上初一,刚看完他的电视,因为我们学校有一台苏联的 14 寸的黑白电视机。过了没几天,老师跟我说:"你赶紧到蒋老师办公室去一趟。"我就跑过去了,嘿呦!戴着军帽子,穿着军大衣,军帽一摘,是马季老师和唐杰忠老师,我一下子就惊呆了。因为刚从电视里看过,这会儿真人就到了你身边。马季老师让我跟我的同学陈世月说了一段相声,叫《挖宝》,又让我拉了段京胡,他

115

微笑着对我说:"你就跟我学吧!你喜欢相声吗?"我说:"喜欢啊!"从那以后,一路走到今天,等于是马季老师改变了我的一生。

冯巩回忆起这段难忘情景,仍抑制不住感激之情,红红的眼圈,汪着晶莹的泪水。

韩兰成的拜师经历更能说明马季的爱才、惜才。

1987年3月,江苏首届相声邀请赛在徐州举行,我拿出5个节目参赛,拿了6个奖。当时马季先生给获奖者颁奖,当我第六次上台领奖时,先生紧紧握着我的手,半天没有松开,说:"我很喜欢你创作的作品。"下来以后,我的朋友们对我说:"兰成,快点儿吧,马季先生喜欢你,你赶快拜师吧!"当时我只是一个街办工厂的小工人,而马季先生在我心中就是伟人,所以我根本就不敢想这个事儿。我的伙伴们都给我鼓劲、加油。经过商量,我们决定第二天去找马先生,直接跟他说这个事儿。后来我把这个想法跟江苏曲协的梁尚义讲了,他也觉得不可能。第二天晚上,正好马先生有演出,我就到演出现场去等,还整等到了。马先生见到我问:"有什么事儿吗?"我就把想拜先生为师的想法说了出来,先生听后哈哈大笑,说:"我就知道你一定会来找我的。"也没有什么"摆知",只是给先生买了一束鲜花,鞠了个躬,我就成了先生的第六个学生。

第二节　强大的艺术创作力

在采访中,王谦祥、李增瑞两位弟子,从他们的亲身经历中,切身感受到了马季老师的艺术创作力以及对他们的影响。王谦祥说:

强烈的创作欲望。从我进到门里后就有亲身感受,他有强烈的艺术创作力和创作欲望。马季先生这一生写了三百多个相声段子,这是空前绝后的。一开始我还不知道,后来他跟我说,广播说唱团的几位老艺术家,回忆整理了"四大本"。这所谓"四大本",几乎传统相声的百分之八九十全在里边,而且都是精品,他下了很大的功夫全都背下来了。他很早就下决心,几年之内,相声作品创作要自给自足。后来马季先生跟我说,赵连甲老师本身是说山东快书的,相声、唱词什么都写,小品也写,词儿快。两个人走在马路上,就像说顺口溜似的边走边说,一人一句,不能停下来,走到哪说到哪,见什么事说什么事,还要押韵,一路走来不能耽误演出,不能耽误排练,还不要耽误玩,就下这么大的功夫。他是有意地锻炼自己。先生的失败作品比成功作品还要多,他觉得不行或别人说不行,只要他认为别人说得对,就把作品收回来,包括给我们写的、给我们改的。上他家去,只要谈相声,不管你这个人认识不认识,就是滔滔不绝。你提个头或者先生这有个想法,刚讲了一个故事大概,他就可以给你接下来,这时你用录音记录下来,就是一个完整的节目。

四大本

来源于生活。先生的艺术创作来源于生活,在他的一生中有几个生活基地,最长时他在基层待过八个月,毛主席表扬他"还是下去的好"。我随他去过好多地方,比如我们到山西去看王家大院、乔家大院,看了他就有一番感慨,历史上曾经是这个样子,辉煌到这种程度。他去了以后,听得很仔细,看得很仔细。回来就跟我说,谦祥,我一定抽时间到那儿待些日子,我把咱们的住宅改,咱们的住宅太粗糙了。就是这一个房子,两边山墙的两个堵头,上面这一块砖雕的是什么都有讲究,每个椽子画的是什么都有说辞,院子里这个砖怎么这样码,为什么一面坡水都往里流。他生活当中只要有感言,他都往深层考虑。

1990 年,我们去新加坡,先生就写了个段子《我爱新加坡》。这个段子是即兴的,当时他有这个想法,我们要到新加坡演出,就要有反映新加坡内容

117

的东西，写新加坡。当时我们谁也没去过，这还有几天就要走了，怎么写呀？你牛说我去过，我来写吧！他心几年去过新加坡，基于他对新加坡的了解，看了关于新加坡的一些书籍，收集了一些资料，只用三天就把这个段子写出来了。他把这个小段子交给增瑞我们俩说，就你俩演。当时我们一看，很适合我们俩。他运用了传统手法，框架传统相声当中，有个庙游寺，就说逛北京的庙，说着说着岔到故宫，由故宫又岔到北海，最后的一个岔到动物园，用找姐夫串线。增瑞是逗哏，找到新加坡找姐姐、姐夫，往往什么地方，都说你在什么地方，然后就岔到别的地方去了，观众就说不对了，开始有剧场效果了。通过这个框架，把新加坡的所有有名的地方，有名的事儿都给囊括进去了，演出时效果相当好。

鼓励创新。马季先生对于他们同人，对他的学生，是鼓励创新的。李增瑞说，我1987年至1988年的时候曾弹过吉他，演过《老放牛》，用吉他伴奏，后来和马先生去成都，我带着这个节目去的。我拿着吉他心里嘀咕着行不行，心里不踏实。我就把吉他背着，在后面溜达，到了成都，下了飞机，马先生发话了："我看见你背着吉他了，别躲着我，像是《老放牛》吗？那是相声，只要是相声，甭管使什么都一样，那还有音乐会、学电台呢，什么没有呀。"我一听心里踏实了，结果演得很火。出来后，马先生说"不错不错"，给我鼓励。《老放牛》是我的第一个吉他相声，后来我又写了一个《细雨歌》，一个唱戏，一个唱歌，是经过马先生的指点弄出来的。我把本子弄出来后，马先生正在长沙住院，就是第一次患心脏病的时候，在病床上看的，看后他说："你这个没有包袱线，再改改去。"没有包袱线，头一回听说。原来我们搞东西的时候，就要考虑作品的结构，我这个作品的结构是什么呢？就是唱歌和唱戏。这两者谁也不排斥谁，齐头并进的，相互对立发展的，这就没有包袱线。这包袱线就是相声的生命线。我说对，相声不可乐那算什么呢？后来就改，把包袱线定在请吃烤鸭，烤鸭没吃上，我俩较劲地唱呀！有了这么个包袱线，艺术效果出来了。先生在创作中很注意艺术，不是说我完成了一个主题就完了，他的意图是特色，是笑，所谓包袱线就是喜剧线，用它串起来，作品才能成功。

还有一件事，我和马先生第二次去新加坡，他要求我们传统节目要有，更要有新东西。我就弄个传统的数来宝《棺材铺》，他让把这个节目整理出来，我就找了当时北京的高凤山先生，我的快板书老师王学义，又找了李士明，把这个东西凑起来，做了一些整理，我就找马先生念这个本子。先生说："这不成，你光整理不行，你得改，唱什么老鞋铺，要近现代的东西，让人一看就明白，你说过去的老鞋铺什么的，这个不行。"后来根据先生的意见，我改了两稿，就有了电影院、歌厅、商场。他说："你到了90年代了，要有90年代的东西。"改完以后，这个节目在新加坡演了十几场就没换过。这个段子能够有新意，也是马季老师的功劳。先生的作品既有主题线又有时代线更有包袱线，对我们的创作很有启发，这种创作思想我们要一直发扬下去并加以创新，这也是先生最想看到的。

笑林广播电台诞生。相声《笑林广播电台》曾风靡一时，上过央视春晚，这个相声在创作中也渗透了马季先生的心血。实际上这个相声在春节晚会播出时叫《学电台》，当年是焦乃积老师、王存利老师，根据传统相声《学电台》创作的。创作完以后焦乃积老师说："咱们是不是找找马先生？"笑林说："太好了。""什么好？"焦老师问。笑林说："马季老师是我师父。"焦老师说："那好。"然后我们就到了先生家里。到先生家，先生就说，你们走吧，焦乃积老师、王存利老师就走了，笑林和马季就开始研究这篇作品。笑林坐在地毯上一句一句地念，马季先生一句一句地教，两人坐在地毯上，一会起来，一会坐下，一步一步地教，手把手地教。马季说："这些新东西很好，但是得按照整个传统结构，方方面面起承转合得有，虽然段子小也得有这个，感觉人物太多比较乱。"这样笑林和马先生爷儿俩一句一句地斟酌。"学播音"从介绍播音员开始，到学这个学那个，学火车呀等等。马季先生带着笑林进行第二次创作，马季先生说，笑林写，有时马季先生还带着表情，每一句台词那种表情。印象最深的就是马季先生念播音稿，拿着播音稿挡着脸，瞄着夏青，看着林如，模着方明，就那种表情、那种心态，当时笑林的感觉就特像。笑林说："不用创作了，我把先生的表演拿过来表现出来就成了，就那么简单。"应该说，从开始创作一直到最后立起来，到了舞台上，最后到春节晚会播出，马季先生在这个节目上真是下了相当大的功夫。他也非常欣赏他的这个弟子，笑林最后学夏青达到了炉火纯青的程度，但当时审查节目时就说："夏青老师的声音是代表着我们国家，不得有任何走样，一定要放录音笑林对口型。"最后春晚就是放的夏青老师的声音，笑林对的口型。学方明老师《春夜细雨》的几句："好雨知时节,当春乃发生,随风潜入夜,润物细无声。"是现场实录,笑林的真音,非常地像。

《宇宙牌香烟》出笼。《宇宙牌香烟》1984 年亮相春晚并轰动全国,这是马季先生创作生涯中耀眼的亮点,至今在人们心中打下深深的烙印。在采访中,赵炎讲了整个创作过程。

在这年的春节晚会上,我们说了一个对口相声,叫《山村小景》,一个单口相声就是《宇宙牌香烟》。

马季老师在艺术上提倡创新。你看他所有的节目,无论是题材或者说主题,甚至每一个包袱,这一个段子和另一个段子总是变化的,这个变化就是出新了。作为相声来讲,有多种形式,一个人的叫单口相声,两个人的叫对口相声,三个人以上是群口相声。

《五官争功》就是群口相声,在这个问题上,他也一直在琢磨,从形式上要有个创新,当然形式要服从题材,我不能为了形式去怎么怎么样。大家一看见五官争功,就很明确了,他就这五个人,大家很明了。《五官争功》这个节目,我们原来确实是对口相声,我跟马老师说,一会儿他演鼻子,一会儿我演嘴,一会儿他演耳朵,一会儿我演眼睛,我们也演乱了,观众也听不明白。他猛然想到传统相声《六畜谁为首》,猪马牛羊狗,然后这几个牲畜相互比谁的功劳大,谁的能耐大,后来根据这个,我们必须要变换形式,所以干脆改成群口相声,就五个人演。五个人演就比较清晰了,你是鼻子,你是耳朵,你是嘴,你是眼睛,你是脑袋,这个就比较明了,上了 1986 年的春节晚会。

实际上是 1984 年就搞出来了,1985 年被枪毙了一次。春节晚会有特殊的要求,就是它必须是为这台晚会首创或专门创作的节目,特别是语言类的节目,它跟歌曲不一样。转年央视又找上来了,你们还有这个节目吗?后来一看不错,这样才上去了。安排在 12 点钟声响起之前,还出现了一点小事故,临上台之前让我们剪掉 2 分钟,超时了,他要卡到 12 点。你说剪掉哪一节?没办法,大家快点儿说,结果就上去了,刘伟还留下了一个历史名句。他演耳朵,"脑袋我对你有意见,你把我们分成三六九等",因为有点儿着急往前赶,就说成了"三六九鼎"。

在创作《宇宙牌香烟》的时候,我们感觉到社会上有些不法的厂家,单纯从利润出发,不讲诚信,不择手段地来骗取顾客,制造热点啊,这种现象挺多。对这种现象,我们也是感触很深,深恶痛绝,所以就决定写反映讽刺这种现象题材的相声。一开始写的还不是单口相声,还是习惯写对口相声。对口相声它有一种表演形式,从内部讲叫一头沉。一头沉是什么意思?就是以逗哏的为主,复述故事大概,那么捧哏呢,是起到一种起承转合的或者说陪衬的作用,主要是在逗哏这一块。那么这种东西,其实就可以一个人说,与其这样,是不是可以尝试一下大家已经久违了的一种艺术形式——单口相声?因为那个时候我已经和马季老师合作好几年了,对口相声是由我和马季老师说,那么定了单口相声以后,就由马先生一个人说。

在创作过程中,到底是香烟呢还是其他什么呢?改过好几次,还改过火柴呐。定了《宇宙牌香烟》以后,大家比较关心,到底有没有这个宇宙牌,因为这是一个讽刺的题材,当时也怕观众或者厂家对号入座。春晚演出影响这么大,你要直接讽刺人家,谁也不干啊!因为文艺作品源于生活,又高于生活,是把很多现象浓缩了以后,放在一个厂家里,放在一个推销员上,你要是实打实地说哪个厂家,谁也受不了。所以,马季老师很重视地说:"你们到国家工商局商标局给我查一查,看有没有这个宇宙牌。"我也跟着去查了,结果查了以后确实没有,那我们就敢这样说了。在演出中还出现了一个小插曲,你看现在的录像也可看到,点烟的情节,这打火机打了几下打不着。他当时确实也很紧张,手在抖,打火机当时也不怎么争气。先生应变能力很强,这就是演出的功力呀,他把话锋一转:"连打火机都不顾质量了,火苗子蹭蹭地往外蹿,就是点不着烟呢!"他急中生智,现场制造出了这样一个包袱,打火机点不着烟不仅被他很好地化解了,而且带来了又一波的笑声。

先生在演出中处理出现的突发事情确实很有办法。一次我在外地和他演《吹牛》这段相声,剧场一个灯泡突然爆炸了,把观众吓得都用节目单盖着脸,大家的注意力都集中在灯泡上了,这还怎么演呀!他临时抖了个包袱:"赵炎,你太能吹了,把灯泡都给吹炸了!"现场一片笑声,把观众的神又给收回来了。在湖南他和姜昆演出《新桃花园记》,那天也

121

是,音响不响了,唔呀,台下的观众情绪就乱了,因为是在广场演出,大家都站起来看,看那个人检查什么线怎么样了。马老师就在台上走圈,姜昆就拽他,他说别拽,跟着走,观众就看着他,走着走着,他冒出一句话:"原来是保险丝烧了。"大家一下子就乐了。不要让观众散神,然后把观众的情绪和注意力都集中到台上来。作为一般的演员,如果音响不响了或灯光怎么了,站在那当时就愣了,但先生总能想出办法化险为夷,并碰撞出包袱把观众逗乐了,让你看不出破绽。

《宇宙牌香烟》反响极其好。当时春晚设立了点播环节,这个节目演完了,有个工人他值班没看到,到12点下班之后,别的观众告诉他,这段节目太精彩了,他就往晚会打电话,打打打,最后打通了,为什么?等一点多晚会结束了,他当然打通了。晚会结束后,接线小姐还没有下班,她接了,怎么办?问台长,台长说问问马季老师,那个时候我们还没有走出来,后来又把电话给马老师,先生接过电话说:"要是这样那我就再给你说一遍。"就这样马季先生在电话里又给这个观众说了一遍。春晚这段相声说完以后,没想到黑龙江牡丹江有个卷烟厂,这个厂长脑子很灵光,他就捕捉这个商机,注册了一个"宇宙牌"。后来的宇宙牌香烟是在那段相声之后才有的。这个《宇宙牌香烟》到现在为止,很多综艺性的节目包括文艺频道也会反复播放,因为它太经典了,又是那种语言、那种贯口,而且那些大段贯口成为很多表演学校的教材,就是你要练贯口就练那段,去了哪些国家都学不到。

但是,这个节目在当时推出来确实难度很大。因为当时的背景是什么呢?社会上正在进行反对资产阶级自由化的斗争。之前我们有个节目叫《北京之最》,就是什么最高,什么最矮,什么最大,什么最小,什么最长,什么最短。什么最长呢?就是排队买牛奶的队伍最长。什么最短?这牛奶一没了,就赶快散了,最短。什么最高呢?说前三门这个楼房最高;什么最矮?前三门楼房的楼层最矮。反正就是讽刺啊。但是讽刺完了以后,当时就有人把这个节目作为资产阶级自由化的一个典型,还让我们写检查。但是有个领导同志出来讲,你不管怎么样,他们还是对北京市的工作做一种善意的讽刺,这样就通过了,要不然还麻烦了。《宇宙牌香烟》就是有这么一个背景。这种背景应该说对演员的压力很大,当然对剧组的压力也挺大,但是导演黄一鹤敢负责任,不是唯命是从。在这个问题上,他坚持什么呢?艺术上咱们要听专家的,听内行的,听艺术家的,文责自负。真有问题,我导演来负责。后来黄一鹤总导演说:"要不然你把我拿下去,你不把我拿下去,这个节目就上。"最后这个《宇宙牌香烟》就上了。

《北京之最》在当时没有这么一个背景,它不是上春节晚会。上春节晚会的作品因为审查很严格,逐级审查,越审级别越高,关注的人也越多,所以这相对来讲就比较复杂。

春晚的创始人。那一届晚会顶着好大的压力,在这种压力下,顺利地把它《宇宙牌香烟》推出来并获得圆满成功,确实很不容易。不光是这个节目,因为这个晚会有几个创新,一个是直播,一个是观众点播,一个是把港台的演员请来,很有新鲜感。这届"三新"很成功,晚会结束后,演职人员都没回家,到宾馆去开庆功会去了。那天晚上,总导演都掉眼泪了。

马老师确实挺高兴,他不喝酒,但是也比画了一下。因为在那届晚会上,马老师还担任主持呢。除了主持,表演一个单口相声《宇宙牌香烟》,他还跟我表演一个对口相声,挺累的。另外禁锢好几个月了,压力也挺大,最后,总算顺利地播出了,他这个人跟瘫了一样,劲儿就松下来了,也累了,就想回家,当时总导演不让回家,总导演那天晚上,掉眼泪了。那届春晚,我是现场指挥,就是调动观众的情绪,指挥大家,号召大家鼓掌。鼓掌你得带头鼓啊,尤其是马老师上场说《宇宙牌香烟》的时候,鼓掌最热烈,全场的情绪也达到了顶峰。我结婚的时候,我老岳父给了我一块梅花全自动手表,晚会结束后,我再一看这表,都碎了。黄一鹤导演在庆功会上说:"我们这个现场指挥赵炎,他那个表都拍碎了,到时候我得赔他一块。"可直到现在还没赔呢,有时候一见面还说:"赵炎,我还欠你一块表呢。"

马季老师可以说是央视春晚的创立者,他不单是演员、主持,还负责策划,第一届春晚的整个节目构成形式,就是用相声的形式构成的。当时黄一鹤作为总导演,他脑子里边有个想法,什么想法呢?就是我们要想搞春节晚会的话,一定搞成像60年代"笑的晚会"那样。"笑的晚会"是由谢添、郝爱民、游本昌他们主持,所以就把马季请来了,姜昆跟着,马季老师往那一坐镇,整个就把那个串联成了跟相声一样,一段一段的,主持人也特随意,不是像现在朗诵似的。马季老师是主报幕，刘晓庆、姜昆副报幕。那时对主持还比较陌生，一提到主持就好像是到了庙里似的。一提报幕都知道。姜昆跑到马先生那，问下一个演员谁上场？马先生说："索宝莉、牟玄浦。"姜昆还没有听清，"索什么？""索马里！还索什么，索宝莉、牟玄浦。"马季先生就又重复了一遍。姜昆就跑到刘晓庆那，"下一个上场的演员是索宝莉、牟玄浦"。"演什么节目？"刘晓庆就问。姜昆又跑到先生那问什么节目？马先生就告诉他："男女生二重唱，黄梅戏《夫妻双双把家还》。"姜昆就又跑到那，刘晓庆就报。哪个演出单位？姜昆又跑到马先生那问："演出单位是哪？"马先生就告诉他："总政歌舞团。"姜昆就跑到刘晓庆那，"演出单位是东方歌舞团。"刘晓庆就报演出单位是东方歌舞团。刘晓庆当时就不干了："这不跟说相声一样了吗？你们两个都说出来了，我还报什么？"她不想报了。姜昆和她说："这是上级领导定的，就得这样报，不能改变。"还得给她做工作。

不仅如此，马先生在这届春晚还负责给春晚拉广告。因为那个时候，你不光是个演员，不光是个策划，还是主持者、执笔者、创作者，利用马先生的影响还得拉点攒助，因为要搞一点资金，充裕一点，要不然费用怎么办？马先生毕竟全国各地跑，在有些企业也有些朋友，一打招呼，人家都挺支持的。但拉赞助差一点没拉出毛病来。有一个摩托车厂，赞助了两三辆摩托。人家要求，我可以赞助，但是，我这产品你得给我做广告。结果晚会是完了，赞助也拉来了，摩托车也摆到了现场，等演完了摩托车没了。这就开始查，查马季，说："马季拿走了。"马季说："我这演出了以后，连主持带什么的，我这人都快累瘫了，一人推三两摩托，我什么本事呀！"把马先生气得够呛。1983 年、1984 年先生给拉的赞助还有笔记本、金星钢笔，还有文具盒、小孩用的铅笔什么的，用这些做纪念品，当年就了不起了。

现如今再想想我们好多电视媒体人在做一个春晚的过程中，哪一个人管这么多事？你还得拉赞助，还得演节目，还得主持，还得这个还得那个，还得导还得写串词，这就是一个人的春晚的感觉，可见马先生对春晚的贡献。

一遍拆洗一遍新。马季老师对艺术绝对精益求精，他总讲"要一遍拆洗一遍新"，对作品要不厌其烦地进行修改，这是他的一贯作风。他给我举了这样的例子："侯大师，大家都认为他的节目干净，表演的尺度、包袱准确，人家

马季与恩师侯宝林和刘宝瑞表演相声

是千锤百炼呀！大师有个名段叫《戏剧杂谈》，其中一段是演京剧的吹腔，就是描写酒店的吃饭过程。真吃吗？不是，电影是真吃。'他吃饱了'，四个字，后来就不断地推敲，在台上摸索并实践。精简到三个字'他饱了'。后来又推敲、实践，最后就两个字，怎么样？'饱了'，就解决问题了，没有必要说那么四个字，就一个字一个字地推敲。人家大师能做到这种程度，咱们一遍一遍地修改，能够达到一个一个字地准确吗？达不到，咱们这么修改又算什么。所以说呢，我给你讲一讲这样的故事，就比较能说明问题了。"

马季老师的作品求新的一个重要特点，就是他的即时性。我记得那是粉碎"四人帮"以后，大家都有一种热情，好像多年禁锢的这种情绪马上就要迸发、释放出来。也是在这种情绪的感召下，结构了一个节目，叫《白骨精现形记》，讽刺江青的。当时马季老师住房也挺困难的，就两间房，老太太一间房，于波老师领着马东一间房，实际上，要是马老师回去了，就马东和奶奶一间房，他们两口子一间，没地儿啊。我当时刚结婚不久，是借的一套房，还有个空间，因为我们俩那是三间房，我住一间，然后我老岳父住一间，还有一间空房，离着也不远，在我们电台对面，那就到那儿去写吧，当时也很兴奋，也很激动。写了一晚上，我们俩是抽了四五盒烟，当时10月份，粉碎"四人帮"是10月6号，写这个节目是10月中下旬，北京就有点儿凉了，就没开窗户。你想我们俩这四五盒烟，这一晚上，这屋就得什么样了，然后我夫人一开这门:你们这熏蚊子呢! 就这感觉。但是不管怎么样,心情很好,结果这一夜就写出来了。

作者和赵炎一起看马季先生的老照片

早晨八点钟,就到我们说唱团汇报,汇报完了以后,团里说,这个节目不错,赶紧向总团汇报;总团通过了,又向当时叫中央广播事业局的局领导汇报,也通过了。局领导说,既然这样,下午就去中共中央宣传领导小组汇报,也就是后来的中宣部,当时叫宣传领导小组,组长是耿飚。下午我们就去了钓鱼台,在那向他汇报。就是在一个客厅里面,他在那坐着,我们给演着,演完了以后感觉不错,挺好,个别的地方说了点,"我看没问题,可以演了。"然后就回来了。汇报的时候是三点钟,汇报以后再回到团里就四点了,根据各级领导的意见,我们也进行了一点修改和调整。改完以后差不多五点钟了。这时候马季老师就跟我说:"怎么样?晚上咱们演演吧。"我说:"上哪儿演呀?"他说:"清华大学有一个庆祝粉碎'四人帮'的联欢会,咱们去演演试试。"我说:"那行吗?到现在还没背词呢。"我心里就嘀咕,因为这是我来说唱团以后跟马季老师演的第一个节目,我紧张啊。我说:"我刚来说唱团不久,这人家也都不认识我,万一到台上我要忘了词……可你是大家啊,那不给您也折了,给您也影响了?"他说:"没事,你放心吧,赶紧背词,我兜着呢。"这样我们就赶紧背词,背到五点多钟,五点半,就在我们食堂简单地吃了口饭,好像吃的馅饼什么的,你说饱吧,也没什么感觉,因为当时心里压力大啊。清华来的车,就去了清华。上台之前,马季老师又问我:"怎么样,紧张吗?"我说真紧张。"别紧张,没事,我兜着呢。"还是那句话,我们就抓紧准备。人家聊天,我们也不敢聊,在后台就对词。我们就上去了。当时是在一个露天的灯光球场演,有点儿跟那个小体育馆似的。上台以后,那效果,用我们的话讲叫山崩地裂,就是效果极好。演员大都是人来疯,效果不好他着急,效果越好他越美,表演得越充分。慢慢地我的紧张情绪就放松下来了,放松下来以后就踏踏实实演吧,嘿!整个段子就演下来了。那天演完以后,那个效果,大家笑得啊!当时关键是抓住了人心。师父问我:"怎么样,还行吧?"我说:"行行行!""还紧张吗?"我说:"反正一上台,这两个包袱一响,也就不紧张了。"

马季和赵炎表演相声

跟您讲啊,因为当时唐杰忠老师兼着我们说唱团的办公室主任,他顾不上,所以一般的节目都是我跟马季老师先排、先演,演出差不多了,录下音来,没事他再听,听完了以后他再和马季老师上。所以一般的相声,像《舞台风雷》《白骨精现形记》,刚粉碎"四人帮"时,都是我先跟马老师演的,所以有人就问我,第一次和马老师合作是什么时候、什么时间?就是1976年,那是正式合作。

改变命运的《咱爸爸》。韩兰成是20世纪80年代末拜马季为师的,每当谈到马季先生在创作上给自己带来的影响,总是心怀感恩。

那是 1987 年 8 月,先生第一次犯心脏病后在家休养期间,有一天给我打电话,问:"兰成,在家干什么呢?"我说:"我在忙着写一个段子。"先生问:"写的什么段子?"我说:"是一个关于淮海战役的段子,叫《咱爸爸》。"他一听,没说话,过了一会儿问:"行吗?"我说:"还行,我实践了一下,效果还可以。"先生说:"你跟我说说。"我就在电话里给先生说,说了没有十几句,他就控制不住了,说:"你别说了,你到北京来一趟,今天晚上就坐车过来。"他马上就要见我。于是我连夜赶到北京,到北京才早上五点多。那时我刚拜师不久,先生身体又不好,不能这么早去打扰他,也没什么钱,舍不得住宾馆,我就在外面溜达,八点多到了先生家。当时先生还在卧床休养,医生不让他起来。我到了之后,先生说:"赶快把那个段子念给我听听。"我就从头至尾给他念了一遍。念完之后,先生半天没说话。过了一会儿,他说:"人家都说咱们这些说相声的只能表现锅碗瓢勺,不能反映重大题材,现在你写出来了,这将来就是相声的里程碑!"听了先生的话,我非常高兴。先生说:"这样,我非常高兴,也非常激动。你先回去,等我身体稍微好点儿,我到你那去。"半个月以后,他带着王金宝、刘伟、赵炎、赵世忠,还有两个专门搞创作的军人,浩浩荡荡赶到徐州,专门为我改这个作品。在徐州,他帮着我一句一句地改,一个包袱一个包袱地帮着设置。后来,这个段子获得了最佳创作奖和表演奖。正是因为这个段子,我才从一个街道工厂进入了前线歌舞团。是《咱爸爸》这个段子改变了我的命运。

第三节　低调处事　朴实做人

(王谦详回忆)**生活上不讲究**。马先生对生活是不太讲究的人,他经常得到外面参加大型活动什么的,说完相声就要吃饭,常常还有领导陪着,他很不习惯。一次我们到门头沟演出,他甩开了陪客的领导对我说:"谦祥呀,我发现有个烙饼卷带鱼的馆子挺好的。"我说:"在哪儿呢?咱们开车去。"他告诉了我地点在哪,我们就去了。到那儿一看是下台阶,几乎在马路上看不到的一个小馆子,卫生条件也不怎么样。我说:"咱们就在这儿?就吃这口儿?"先生说:"就在这,好着呢。"我们就要了烙饼和咸带鱼,又要了点儿猪头肉,用大饼一卷,看着他吃的那个香呀!

马季、王谦祥在门头沟区与区长在一起

先生爱钓鱼这是出了名的,一次师母要到广州出差,给我打电话:"谦祥,你最近几天有什么事吗?"我说:"您怎么着?我没什么事。"师母说:"要是没什么事,你来陪师父,我出几天差。"我说:"好,没问题。"那时,先生患病刚恢复不久需要照顾。白天上班,晚上我就到先生那儿睡。快要睡的时候,我到他的卧室一看,整个床上都是鱼竿和渔具,有的沾的泥都干了。我说:"这怎么睡呀?"他说:"你就把鱼竿往这边挪挪,给我留点地方就行。"我趁他不注意,都给清理走了。在生活上他就是这样。

2008 年 11 月,王谦祥回忆马季

在家里头，先生也是不讲究，不讲究到什么程度呢？比如说，我们徒弟到他家去从来没人叫过他师父，都是叫他先生，这很正常吧！但到师母那，几乎没有一个人叫师母的，都叫于老师。这还不可乐呢。有一次我带闺女去先生家，一进门挺高兴。先生说："这是你闺女呀？"我说是，快叫马爷爷。闺女就叫马爷爷好！这时正好师母进来了，我说叫奶奶。马先生接过来了："别叫奶奶。"我说："不叫奶奶叫什么，叫阿姨？"他说就叫于老师。我这闺女比马东差一岁还是两岁，但马东就以为我闺女大呢，他就叫姐姐，他们属于两代人了，但是都不讲究。马东原来都管我们叫叔叔，先生火化后，因为从外地来了好多人，最后吃顿饭，家里表示感谢，马东忽然说："过去我小，我父亲一走，觉得我长大了，过去都叫你们叔叔，现在我得改过来，叫哥哥了。"

马季与刘伟在日本

师徒如朋友。先生对我们这些徒弟根本没有什么架子，一块闹一块玩，就跟朋友一样，找不到老艺人的一点痕迹。我们到他家，都是先生给我们做饭，研究相声晚了，他一看到点了，"你们等着，我给你们做饭去。"大家知道有京东肉饼，在我们相声圈都知道马家肉饼，马家肉饼是祖上传下来的，老太太又传给马先生的，也就是指宝坻卷馅肉饼，吃老太太做的卷馅肉饼的人真不少。这马家肉饼有个特点，它是牛肉、猪肉两种馅放在一块，猪肉它出油，用锅一烙，脆香呀，牛肉它嫩，外香里嫩的特点就出来了。后来老太太岁数大了就不烙了,把这个班就交给了马季老师。所以,先生他经常给我们做肉饼吃,在厨房弄一身的面,出来像个大面缸似的。他知道我爱吃肉,冰箱里总是有大块猪肉,"谦祥,冰箱里有大块肉,我给你炖去。"在我们徒弟的眼中,先生就是一个慈祥的父亲,呵护我们,爱护我们。

在我们徒弟的排行中,姜昆是老大,赵炎是老二,刘伟是老三。说句真心话,先生比较护着刘伟。为什么这么说呢?一个是他在徒弟当中比较小,从16岁开始跟他学徒,师父就像父亲疼爱自己的孩子一样。哪有缺点错误,他都是很婉转地给提出来,无论是做人,还是艺术方面,包括演出的时候也是这样,马先生每次都是在台口看,看完之后和他交流,他都不会批评他,他对刘伟说:"我觉得你要是不赶火车,稍微把节奏放慢一点,这样大家伙都能听清楚。"他非常幽默,特别能让你接受。1988 年,刘伟从澳大利亚回来没有了搭档,当时有参加春节晚会的机会,特别拿了一个唱的节目,我们叫柳活。当年刘伟比较适合说这样的段子,马季老师就给刘伟站在旁边捧哏,上了那年的春节晚会,这个段子叫《送别》。当时我记得马季老师说过这样一句话:"刘伟刚回来没搭档,我觉得他这些年在观众心目当中留着不错的印象,我不能让他断了档,应该再给他一个台阶,让他继续努力。我作为师父来讲,我要抢

马季先生墓地

131

救他,要像抢救大熊猫一样抢救刘伟。"当时刘伟特别地激动,刘伟说:"我这一生要衷心感谢我的师父。"

我们每个徒弟都是这样的感受,在家里他也非常随和。马东工作也很忙,先生有时候也想他,一次我听他在电话里边正和马东说话:"马东呀,你看你是不是抽出点时间接见接见我呀!"他就是这样的幽默和随和。先生的心特别善良,善良到什么程度?他家在洼里住的时候地方大,养了鸡,都用剩饭剩菜喂,鸡要杀那不行,马先生说:"一个不能杀,都给我留着,回头我还得给他们养老送终呢!"那狗也是,他家养了两只狗,一个叫黑虎,一个叫小球球。马先生半夜去厕所,这狗起来就跑到床上,爬到枕头上去,马先生回来叫,快起来、快起来,有时轰不走就一起睡。那条狗死后先生特别伤心。现在,在先生的墓地两旁,拴了两条狗,一个是黑虎,一个是球球,让他们和先生长眠在一起。

马季和姜昆火车上说相声

咱就是个说相声的。马先生一生交了很多朋友,但绝大多数都是基层的朋友,他爱和老百姓打交道。比如说他交的朋友,有1950年的全国劳动模范张富贵,有青县村支部书记,山东、河南、湖南的,还有全国各地的好多基层朋友。和当官的在一起他就好像不知说什么,有时新闻发布会他就在领导旁边,让他发言,他很正经地说完就完了,让和领导一起照相,他也总往后退。他跟领导在一起不是自卑,而是找不到感觉。先生虽然是个大艺术家,但他心里很明白,他经常说:"对记者的宣传你要正确理解,他说你是艺术家,他说你是大师,你就是大师?你也别让这些宣传给晕住。咱是干啥的?咱就是一个相声演员,你心里得明白,咱是靠老祖宗给咱留下的饭碗,咱们说相声,得感谢祖宗。"尽管他有这么高的艺术成就,但对自己就是这样的低调,包括对我们。

讲到这儿,李增瑞老师非常感慨。

(李增瑞回忆)我觉得先生这一点对谦祥和我影响比较大。先生经常讲高处不胜寒,温暖的地方是盆地。作为我俩来讲,在北京就是个普通演员,跟了先生以后,我们受益不小,学了好多东西。他那个低调处理问题的习惯,我们俩基本继承下来了,今后还要发扬光大。

马季先生书法写得很好,他也接触过很多书画大家,但这一生他没有和这些大家要过、求过一幅字画。有几次活动,姜昆、赵炎陪同他亲眼见过人家书法大家请他他才去。范曾先生、刘炳森先生、韩美林先生和马季先生都是青联常委,让马季先生和他们要字、求画,张不开口。应该是80年代初期,在南京一个笔会,一个文化界的聚会,当时赵炎和马季都在场,几位书画大家都在场,林散之号称中国第一狂草,书法家协会主席沈鹏都很器重马先生。吴中奇、肖贤、上海画院院长唐云都在。那个时候开完会,人家老先生就是来写字画画的,人家也认识马季,我给你一张画吧!很容易。那时候

马季和姜昆一起切磋书法

133

林散之老先生八十多岁了,天还不太冷,就把棉袄棉裤穿上了,看来身体有问题,站在那哆里哆嗦,搁在一般人往上抢也要求一幅,可人家张嘴给了先生都不要,说这是大家,人家也写半天了,以后再找时间吧!不好意思。包括在新加坡见到董守平、李苦禅都有机会,不好意思,张不开口。他就是这样的一个人。

一生守候相声。马季先生在获得中国曲艺牡丹奖终身成就奖、中国曲艺家协会为他举行的颁奖仪式上有个精彩发言,表达了他的真实心态。后来笔者从有关资料中找到了他的这个发言,摘录如下:

我在古稀之年后,我绝对没有想到还有这样一次机会,能在这里接受大家的祝贺和给予的荣誉。

我首先应该感谢国家的关怀、曲艺界前辈的教诲和广大观众给予的厚爱。说老实话,我除去在年龄上具备竞选条件之外,其他方面的条件相距甚远。想起我们相声二百年的历史,我前边有六代前辈。他们没有挣过大钱,他们没有得过大奖,甚至有更多的人默默无闻。但他们把毕生的精力放在相声舞台上,放在茶馆里,放在地头上。他们对相声历史做出了巨大贡献。没有这些前辈艺人,就没有我们相声的今天。所以我建议,应该把这种荣誉和这些不知名的前辈们共享。因此,我也愿意

马季在苏州国际相声节与艺友和弟子们合影

说,在有生之年和我们相声界的朋友们共同携起手来,为我们相声事业的尊严,为相声的荣誉,为相声曾经有过的辉煌和为了相声光辉灿烂的明天,站好最后一班岗。

　我吃了一辈子的相声饭,享受了一辈子相声的乐趣。因此我应该用一颗纯洁的相声之心忠于自己的相声大业。我愿意,不管在任何情况下,毫不动摇地做一个真正的相声人……

这就是一个真实的马季,字里行间渗透着他的平和的心态和低调处事、朴实做人的高尚人品,以及对相声事业一往情深的坚强意志。

大家可能还都记得在央视春节晚会上黄宏和侯跃文曾经演了一个小品《打扑克》,其实在排练之前,黄宏曾邀请他的师父马季和他一起演这个小品,但马先生婉言回绝了。他对黄宏说:"我这个打相声大旗的人要是也去说小品,相声就完了,我还是守着相声这摊,希望你能够理解!"可见相声成了他生命的全部,这就是马季。

第四节　非常热爱观众

这是马季先生骨子里固有的元素,他出生在普通的家庭,他就是从工人队伍中走出来的艺术家,他的心与百姓观众的心贴得紧紧的。谈到热爱观众的事,王谦祥、李增瑞滔滔不绝。

襄樊不寻常的演出。那是 20 世纪 80 年代初吧,我们和马先生一起在湖北演出,是从长沙赶到襄樊,中间有几百里路,又赶上冬天下雨,雨越下越大。头里是个小轿车,里边有先生、王景愚、王金宝、廉春鸣、余生。晚上去演出,我们坐的车还坏在了半路上,当时哪有手机呀,也联系不上。先生着急,怕我们半路出问题。听说我们要演出,有票的都进去了,很多没票的观众把进口围得水泄不通,把马先生都挡在门外,最后没办法,先生和赵炎就借救火车的云梯搭到三楼的窗户上,两人爬上去的。那时候先生已经是五十多岁的人了。到场以后,快六点半了,因为人没到演不了,就等吧,从六点半等到了七点半,从七点半等到了八点半,观众不干了,先生决定先演。王景愚演一个，先生演一个，就这么来回演，单口的不行呀！就拉着相声作者演对口，观众一看翻来覆去就这几个人儿，尽管是马季老师，实在对不起了，后头的人不到，观众不干了。有的起哄，有的砸坏了窗户玻璃。最后决定，票你们拿着，明天我们专门再演一场。先生一人就演了一个多小时，他刚患心肌梗死恢复不久，我们担心他犯病，好些人在那围着，不敢让进来，这是群体性事件呀！那时候又闹走穴，还真不是走穴，正常的演出。第二天我们到了以后，又重新加演了一场，满足了观众的要求。本来想头天演完，第二天就返回北京，结果又耽误了一天才回去。马季先生说，在这种情况下，和观众解释不起作用，只有靠我们的行动来让观众谅解。

还有一次，也是在湖北演出，那天演出非常成功，剧场掌声如潮。演出结束后，观众怀着对马先生的热爱，好多人不走，等在马季先生上车的路口。我们看观众走得差不多了，就从剧场出来了，徒弟们先上车，先生出来后警察马上围拢过来，维持秩序，观众欢呼着和先生招手，马季先生也和大家招手。等警察散开，车要开走的时候，观众忽地上来了，自发地把汽车抬起来，以表达他们对马季先生的爱戴之情。

第一次患心脏病。大家都知道，马季先生成立了一个相声小队，经常到全国各地演出，那个时候已经演出半年多了，还在湖南潇湘电影制片厂拍完了电影。一年多演出一直没停，突然他出现病态，患了前肩头大面积心梗。那是 1987 年 8 月 15 日，正在进行电影的后期配音，再有一天就完事了。这天晚上他多吃了一碗面，又洗了个热水澡，夜间两三点钟犯病了，我们几个徒弟吓蒙了，就用担架把他送到了医院。正好是抢救湖南省政协主席的一套医疗班子还没散，就给马先生用上了。因为徒弟都有任务，大家都说，由谦祥来伺候先生吧。弟子们不放心，又不能动，去不了北京治疗。其实不是胃病，那是心梗，都报病危了。这样就赶紧跟家里和组织上有个报告，报北京、报团里，不是从北京请大夫吗？当时几个弟子就商量，赵炎的爱人正好是北京医务系统的，就让她跑一下。当时有规定，这个规定是什么呢？阜外医院是专科医院，这个医院的专家要想出省会诊必须得有部以上的介绍信才行。马先生是全国政协委员，我们就报到团里，团里又协调文化部，连夜把介绍信开了，连夜去找阜外医院，阜外医院决定派专家徐义书主任去。当时他是总理抢救专家组的成员，那是我们国家的专家了，然后就派他过来，第二天飞长沙。那是八几年,航班没那么多,机票紧张,买机票都得开介绍信,没票怎么办? 着急呀! 到了机场,果不其然没票。

赵炎出了个主意,让陪着的人现场广播,直接说明情况,"我们这个专家去长沙抢救马季先生,你们哪位飞长沙的,如果可能晚一个航班,错过一天可以的话,把票让出来行不行。"当时,男高音歌唱家牟玄浦正好坐那班飞机,他听了以后马上站出来说:这样吧,我把票让出来,马老师更需要,放心用我的票去吧!这样我们的徐主任总算是头班飞机赶到了长沙,到了长沙以后徐主任就进入了专家组。那真是大专家呀! 徐主任进了病房,把病历拿来一看:这个药不能用,这个药要加量,这个药怎么能早上吃呢? 晚上吃。药一调,马先生的病情逐渐好转。当晚我们还跟师娘于老师也打招呼了,让他们迅速的赶过来。于老师和马先生的弟弟马树明到这以后,于老师都要走不动了,哆哆嗦嗦,一手搂着我的手,一手搂着赵炎的手,先生怎么样了? 就这样。当时马东在澳洲留学,没敢告诉他。在这个过程中,先生报病危七次。当时我们这些弟子都排班上班,排不上的不能上前,医院门口两道岗,连副省级领导都不能进。我是比较幸运的,经常陪着北京来的专家徐主任进出病房。

住院后的第七天,晚上我陪着专家吃了顿饭。"谦祥,今天咱俩一人来一杯酒吧。"我说今儿怎么喝起酒来了? 专家说:"七天是个关,今天先生症状很平稳,这个关就算过去了。"喝完了酒,夜间三点钟医院突然来电话,说不行,你赶紧上医院来,先生犯病了。我赶紧往省委打电话要车,那边没车,我就下去了,外边正下着大雨。夜间三点了,车厂的车都停着呢,突然一个130汽车装着东西往前边开来,正好有个女同志拦住了汽车:"师傅求求您,我得上医院看病,能不能搭个车?"司机说不顺路,我一听说也是那个医院,就急忙跑两步,到了大门口,"师傅,求您点事,马季在医院抢救,我陪着专家去医院,您能不能把我们捎过去?""哪个马季? 是说相声的马季吗?"我说是。他说赶紧走。说实在的,在这之前,我曾经对说相声说到底我还怀疑,也想干别的去,就这档子事,我心里呼啦一下子,敢情说相声还可以救命呀! 这是先生热爱观众,是观众对他的一种回报。从此我坚定了把相声事业进行到底的决心。

台湾演出。马先生从长沙出院后,在北京的医院又休息了一段时间。可他待不住呀,没多久他就出来演出,他离不开观众。他在台湾演出,先生真是

马季率团到新加坡参加迎千禧年相声晚会。左一为马来西亚弟子姚兴光

豁出去了，最后一场演完都谢幕了，要转移到台中去了，观众不让走，就鼓掌，大幕关上拉开、关上拉开。突然有个老观众就喊《卖布头》，马先生一扒拉赵炎，上！赵炎原以为，说几句就得了。大家都知道，《卖布头》是个传统功力很强的段子，时长达20分钟，你要是翻场再演这个。实际上他已经演了一个大段子，又翻了两个小段子，又演了三个对口，应该可以了，突然喊演《卖布头》，马先生拉着赵炎又说上了。因为《卖布头》前边是学唱，有卖花、卖菜的，你做出点姿势也就得了，赵炎还用手捅了捅他，意思就是结了吧。他不，先生拉了一下赵炎接着说，一直把《卖布头》说完了，其中一大段说到"八大祥"。"八大祥"从前学徒的时候中间不留气口，要一口气下来，那时候先生毕竟处于身体恢复期，还患有严重的糖尿病，也老了，唾沫星子都出来了，演完后观众报以热烈掌声，庆幸先生的心脏病没有犯，然后我送赵炎去了医院，赵炎心脏病犯了。

马季先生十分热爱观众，观众也十分热爱他。不仅有马先生湖南患病、陌生的130汽车司机听说是要救马先生掉转车头，深夜雨中送大夫，也有观众从几十里外跑场看马先生的节目；不仅有观众为了崇敬他从海里逮来仅有一只大虾也要送给他，还有狂热的观众抬起马季坐的汽车欢送他。有些观众喜欢他甚至达到了痴迷的程度。一次马季先生在昌平演出，是在土台子上演,土台子下边就是用高粱秸秆围成的厕所。马先生到厕所里边解手,一个观众也蹲在厕所里看着他,马先生问他:"你在这干嘛呀?""看看,看看!"马先生说:"你看什么,去去,解手没看过。"这位观众说了一句话:"拉屎,你也拉屎呀!"马先生听了哭笑不得。后来马季先生回忆起这件事,深情地说:"好像不可思议,他就是用这样的方式,其实骨子里观众是在喜欢你。"

第五节　海外传播相声第一人

国外演出,马季先生不是头一个,但是在海外传播相声,培养当地的相声演员,他是第一人。而且他不是那种简单的单个教,他是采取整个训练营、训练班的办法。

建训练营开办电视栏目。这个营一开,就是几个人、十几个人、几十个人,有时上百人一块学。不光有小孩、学生,也有五六十岁的,大家集中上课。前来听课的人大部分都是海外华人,对他们的娱乐、华语、社交都大有益处,他们积极性很高。

为什么能到海外传播相声呢?在马来西亚,先生有个徒弟叫姚兴光,被

1989年新加坡电视台留念(录制《笑一笑少一少》相声集)

称为马来西亚的"相声之父"。在 20 世纪 50~70 年代，那时两国关系很紧张，他就靠偷听中国大陆广播来学相声，对马季先生非常崇拜，他还到中国演出，演出效果还真得不错。后来改革开放，我们和先生一起到新加坡演出，和他有了接触。90 年代，他接我们整个团到马来西亚演出，产生了轰动。马先生收了这个徒弟，建立了密切的关系，搭建了向海外传播相声的桥梁。马季先生在新加坡、马来西亚办培训班、讲学、演出最多，在新加坡的电视台，还专门开办了马季先生的《笑一笑，少一少》电视相声栏目，收视率非常高，影响特别大。

那个时候新加坡和马来西亚这两个国家，每年都有相声比赛，当然都是华人之间的比赛。比赛的时候，姚兴光都要请先生和我们这些师兄弟一块去，给他们作辅导。在比赛之前有个新形式，叫训练营，就是分布几个赛区，比如西马赛区、东马赛区、南马赛区、北马赛区，把参赛选手集中起来，让我们到赛区，每个赛区待三天，给他们进行辅导训练，就这么一个一个赛区地走，是蛮辛苦的。外国人不重视吃的，可我们就有些不习惯，中午就是吃点所谓的便当，挺简单的，一张蜡纸包了点儿面条，这就齐了。在马来西亚，马先生吃了些他不能吃的东西，比如棕榈油生产的黄油，往面包上一抹，这就是一顿。

在训练辅导中，华人多、华人少的地方我们都去。比如说，我们来到马来

马季、王谦祥、李增瑞在马来西亚演出剧照

西亚最北边,看见了铁丝网,铁丝网那边就是泰国的南部。我们去了阿鲁斯达,就是马来西亚的最边缘地带,几乎没有华人,但能找到华人的遗迹,因为在一条河的出口发现了一个庙,是三宝太监庙。当年三宝太监登陆的时候是通过这条河过来的。那里几乎没有华人,但有工作人员在那里,虽然人不多,也要培训,也要给他们上课、做示范。

1994年马季在马来西亚讲学时与当地华人一起过节

翻译成马来语。马先生的相声作品,在马来西亚被翻译成马来语,新加坡小学生的课本里也有相声。他们认为,培养孩子华语最便捷的方法就是说相声。所以他们的小学、中学、大学、甚至幼儿园里,小孩子都说相声,有时我们看了很高兴。在北马,我们还发现一个小胖小子,相声说得挺好的。

在马来西亚,还搞过一个实验,是个医学博士搞的,他是马季老师一个非常要好的朋友。他在20世纪70年代初曾到我们国家学习针灸麻醉。他请马季先生每天去医院病房给患者说两段相声,讲几个笑话,结果疗效很好。后来他就设计了一个笑疗,没有真正组织成一个科,就是把适合这种疗法的病人集中起来,说几段相声。但是马季先生走了以后他没有办法,因为当地的演员都是业余的,起不到这个作用。

在马来西亚,华人受压华文受压,但是华人自强不息,不断寻求弘扬华人文化的渠道。比如说,当地有个24令节气鼓,在操场上,大鼓24面,从立春开始,雨水、惊蛰、春分、清明、谷雨到小寒、大寒,就一个节气一个节气地这么排,一个节气一面大鼓,有的一面鼓四个人打,上头还有书画家作书作画,很是壮观的。华人在外国不容易,每时每刻都在寻求自己民族的东西。在新马两个国家,华文教育是私立的,国家不给钱,就是靠募捐。我们在马来西亚演出大部分都不是纯商业的演出,演出相当部分的收入,就投到华语教育办学上了。有时还参加一些募捐,演出结束刚下来,孩子们来了,拿了募捐箱,马先生我们都捐钱。我们到马来西亚演出、讲学去了不下十次,从来没有要求过什么,也没到哪儿玩过,就是那位医学博士给安排过一个景点——雕漫岛,一个热带小岛屿,顶多是路过看看而已。

我觉得,马季先生在海外传播相声,是想做这样一个功德,不光给他们演出,给华人带来快乐,还要培养他们的演员,教他们懂这门艺术、欣赏这门艺术,让全世界的华人通过相声笑在一起。

第六节　伟大的艺术家

在"笑在家乡——纪念马季从艺 50 年"的活动中,几位弟子和艺术家把深厚的感情凝结成一句话——他是伟大的艺术家。

大弟子高度概括。姜昆在回忆马季时用了三句话:他是中国相声界一个

马季和姜昆参加全国政协会议

里程碑式的人物，一个名副其实的大师，一个永远活在人民心中的伟大艺术家。这样评价过不过分？一点儿不过分。翻开中国社会主义发展的历史，几乎每个阶段都有马季老师的作品。马季老师在他获得终身艺术成就奖的时候，曾经说过这样一句话："我觉得一生当中最欣慰的，是在那个特殊的岁月当中，我仍顽强地创作了几段相声。""文革"当中他被打倒了，打成"反革命"，被关进牛棚监视劳动，在那种情况下，仍写出了《友谊颂》《高原彩虹》等几个相声作品。

业内人士由衷评价。中国广播艺术团团长王书伟在演出现场也谈到了马季：实际上他整个的艺术生涯全都在广播艺术团度过，他在相声界有举足轻重的地位，马先生在从传统相声到新相声的发展过程中起到了桥梁作用。另外，他和侯宝林先生把民间艺术上升为主流艺术方面做出了重大的贡献，也是广播艺术团说唱团的一个辉煌点。著名评书表演艺术家、中国文联副主席刘兰芳和马季先生认识多年，对他有着很深的了解，她说：马先生是相声界有贡献的艺术家，按我们艺术家的标准，艺术在同等的条件下，要看艺德，崇艺尚德。他淡泊名利，敢说真话，为人儒雅好学，能教出这么多的弟子，对他本身就是最好的评价。煤矿文工团高级编剧白云海在接受记者采访时说：与马季先生在一起的印象历历在目，我觉得马季是一个特别好的人，他是相声界的领军人物。著名快板书艺术家张志宽说：马季老师是公认的相声表演

姜昆在纪念马季从艺50周年活动现场接受记者采访

艺术家,他为我们中国的相声发展做出了巨大的贡献。

刘兰芳在纪念马季从艺 50 周年活动现场接受记者采访

追悼会场面空前。马季先生逝世,徒弟赵炎经历了遗体告别仪式的全过程,从中他也深深感到这位艺术家身后的伟大魅力。(2008 年 11 月 19 日央视"影视之家"采访赵炎)

从先生逝世到遗体告别,我和徒弟们都一直忙活办理事情。我回忆了一下,大概历史上文艺界的这些艺术家的追悼会,有几个人规格比较高,规格最高的是梅兰芳,总理送了花圈,人没有到场。侯宝林大师的遗体告别,去了一位政治局委员。但是马季老师的遗体告别,胡锦涛、温家宝、曾庆红、李长春等四位常委都送了花圈,而且刘云山、王刚、陈至立三位中央领导出席遗体告别仪式,这个应该说待遇相当高了,而且温总理亲笔写了唁函。那天在团里的灵堂之外,我正值班的时候,我们部里秘书处来了一个人,他说:"刚接到温总理的一个唁函,看一看,你们不要外传。"因为当时还有几十位记者站在边上。温总理亲笔写的唁函底下还有一个条,就说此唁函是否向新闻界公布要等待中央通知,我看了一下这个唁函,全文是:

广电总局:

惊悉马季同志逝世,深感悲痛,谨向这位给群众经常带来欢乐的老艺术家表示敬意。愿他独具风格的相声艺术和为观众所喜爱的音容笑貌永留人间。深切悼念马季同志。

温家宝

2006 年 12 月 20 日

看完唁函以后,我对秘书处的人说:这样吧,咱们可以不对媒体披露,但您能不能把这个给我复印一下。后来他说我请示一下,就请示我们部领导,部领导说可以,就复印了,我就把这个复印件送到家里去。李长春同志带着有关部门的负责同志还到家里去了,一个是对家属表示慰问,一个是对马老师的故去表示哀悼,对马季老师给予了很高评价,称他是相声界的领军人物。当时,于波老师在,马东在,我在,冯巩在,就这么几个人,因为中央警卫局控制得很严。然后他对我们也说了一些话,大体意思是说,他不在了,你们还要把这项事业继续下去,不断地创新,使这门艺术在群众当中有这么一个高峰、高潮。所以中央给予艺术家这么高的待遇,真是空前啊。

中央给他的评价、待遇空前,群众自发去现场的规模也是空前的。我们去八宝山联系马老师告别仪式,当时北京市民政局殡葬管理处处长兼八宝山殡仪馆馆长就跟我们说:"你们这得组织好了,傅彪遗体告别仪式来了三千多人,把我这个门挤得够呛;赵丽蓉遗体告别仪式来了五六千人,把我这门挤坏了半扇。你们这个,我估计怎么也得超过一万人,一定得提前有个准备,不然不好弄,别把我刚换的这两扇门全都给我挤掉了。"

原来计划这个告别仪式是 10 点钟开始,8 点钟起灵,从中日医院往八宝山走,一路很顺利。但是,上午 8 点 40,八宝山就人山人海了。灵车到了以后,把先生遗体卸下来去化妆,这个时候,石景山交管局局长就过来了:"这个不行啊,你们这 10 点钟开始可受不了,现在外头就得上万人了,你们能不能开早点。"那好,那咱们争取 9 点钟就开。实际上呢,大概是 9 点过一点儿,就开始告别了。一开始按照八宝山的规定,还是四个人一排,到前面每一排鞠三个躬,到后来就不行了,就改六个人一排鞠一个躬,再最后就不鞠躬了,就开始一拨一拨的了,他看一眼就走,你看一眼就走,就到这种程度。等到 10 点钟的时候北京市交管局局长就来了,说:"这不行,你们还得快。"为什么?地铁都堵了,上不来人呐,在八宝山这站下车都堵了。然后大概 10 点多

第八章　徒弟们眼中的师父

钟,快到11点的时候,北京市公安局副局长来了:"王岐山市长问这个事,你们千万保证安全,活动要照常。"那个时候,就是整个八宝山这个大街上,交通堵塞了,地铁也堵了,就到这种程度。

我可以举个例子。一个是刘少奇的儿子刘元,他就在外面进不去。当时八宝山殡仪馆也有问题,什么问题?他那个手机信号不好,因为先生跟刘元挺好,那个时候他是中将,在外面已经冻一个多钟头了,他是一定要来看看先生,跟先生告别一下。我就跟馆长说:"这老爷子怎么进来?"说要不然让他走后门吧,就到了后门,开开一次没找着他,赶紧关上,一会儿让他挤到后边门口这儿,开门进来了。他进来了,徐沛东也进来了,你说这能不让他进吗?徐沛东是音协的主席啊,原来也跟先生挺好的,还有我们曲协的秘书长都在边上等着呢,都让他们进来。这馆长就跟我急了:"我说不能开门吧,你非得说开,你赶紧找几个人,把这些人都给我请出去。"又一个一个往外推。还有谁呢?陈德明,现在商务部部长,当时是国家发改委副主任,就在外面转来转去,没进来,到最后也没进来。还有谁呢?我们有个师弟,也就是马季老师在台湾的徒弟,叫李国修。头一天晚上来了,第二天也都在宾馆,出发的时候也都一块来的,就是进门的时候,也不知道他干什么去了,就怎么也没进来,一直在外面冻了几个钟头最后也没进来。

再举个例子。一般按照常规来讲,遗体告别完了以后,从正门把遗体抬出来,上灵车,开车到后面的火化炉,后来那馆长就来了,满头大汗:"不行了不行了,你们这绝对正门出不去了,咱们调虎离山,我那正门摆一辆车,人家都知道从正门出,我后边摆两个车,一个车安放马先生的遗体,一个车,你们这帮徒弟也太招人,上这车,我从来没有用过三个车啊。"前面那个车啊,群众都在前面围着,后面来两个车,赶紧就把马老师的遗体给装上了,这些徒弟又上了另一个车,就走到后门去了,但还是被人发现了。被人发现以后怎么办?反正大家就追着车跑啊,一直跑到火化炉。火化炉别人就进不去了,就是马季老师的家人和这些弟子们去了,和马老师做最后的告别。他那个火化炉号称是豪华炉,就是把遗体放在一个装置上,然后一按电钮,这遗体就整个进炉了,有个玻璃门自动地关上,里面有一白的纱幕,就放下来了。所以在那一刻,就是说马季老师的艺术人生就精彩地落幕了,大家都掉眼泪了,我们这些弟子也都跪下,跟马季老师做最后的告别。

出来以后又见到馆长,馆长说:"我初步给你统计了一下,你这个活动起码有三万多人。"三万多人,除了那些高官以外,令我们感动的还有好多不认识的老观众,我当时就知道,有从海南来的,有从上海来的,有从黑龙江来的,有从陕西来的,有从山东来的,这只是我亲自接待过、亲自问过他们的。还有从国外专程赶回来的,从加拿大来的,从日本来的,从新加坡来的,从美国来的,从澳大利亚来的,由此可以看出马老师的声望。这种声望啊,我觉得无非是两条,一个是他的艺术造诣真正地深入人心,一是他的为人,所以大家都愿送送他。在现场的群众有举着花圈的,举着遗像的,还有举着铜像的,专门给做的铜的遗像,真是令人感动。所以火化完了以后,这些群众还不愿意走,到底这个灵车是从哪儿走了?人们不知道。因为人家还等着呢,那天还挺冷,我带着这些徒弟们,向在场的所有这些朋友们表示感谢,给鞠了三个躬。这样大家才陆续地散去了。

弟子们在追悼会现场致谢

用掌声送行。马季先生遗体告别最后出现了令人难忘的一幕,也可以说前无古人,后无来者。里边没有哭声,居然出现了掌声。瞻仰遗体的人差不多走净了,马东代表弟子们站起来说了一句话:"爸爸,我们知道您这辈子最喜欢的就是观众的掌声,今天您作为人的一生,您谢幕了,您在这次谢幕的时候,我们这些弟子依然要用掌声为您送行。"听了马东的话,在场的所有弟子非常激动,浑身都散发着一种力量和情怀,整个告别厅凝固了,顿时告别大厅第一次响起了掌声。弟子们为浇灌培育自己做人从艺的恩师,为一个为人民制造欢笑的伟大艺术家送行!这一幕可以说是历史上唯一的一次,也是最后的一次,用这样特殊的方式欢送这样一位人民艺术家!安卧在鲜花翠柏中的马季先生此刻好像听到了儿子的这番话,听到弟子们为他送行的掌声,看到站在自己身旁的各个响当当的弟子们,他虽有不舍,但没有遗憾,嘴唇好像在默默地蠕动,"相声有了你们我就放心了!"脸上放射出无限的光芒,更加安详了!

第七节 沿着师父开辟的道路走下去

在整个采访过程中,这些弟子们给我最大的感动就是,在他们的言行中强烈渗透着马季先生的人品、艺术、艺德。他们之中,许多人已成为著名的艺术家、相声大家,可对他们进行采访,就像普通人一样,没有架子,平和、亲近、友善,一说起相声来滔滔不绝,一谈到自己却低调谦虚,"我们就是一个说相声的,就是一个普通演员。"马季元素在他们的身上无处不在,要说继承,他们把师父的这些东西早已融入到自己的骨髓里了。但是打开我的采访记录,看到的不仅是无限的思念、怀念之情,更多的还是要完成师父未竟的事业,沿着他开辟的道路走下去的铮铮誓言和行动举措。这让我十分感动,我也要让这些采访笔录从我的笔记本中走出来,还给读者。下面摘录部分对马季弟子的采访笔录:

姜昆(时任中国文联曲艺家协会分党组书记、中国曲协副主席,现任中国曲协主席、著名相声表演艺术家,2007 年 12 月 10 日在京津新城参加马季先生从艺 50 年曲艺晚会的现场采访笔录)

转眼真快,马老师逝世一周年了,他还有许多许多的事情没有做完,而且我们都在等着他,等着马老师带着我们去做。但现在我们只能按照他老人家的意愿一件件地再把它完成。用马季老师教导我们的要写新节目,要让老百姓满意,为老百姓创作,给老百姓送欢笑,以这样的方式来告慰马老师的在天之灵,继续沿着他为人民创作欢笑的道路走下去,用笑声继承马季。

王谦祥怀念师父的墨迹

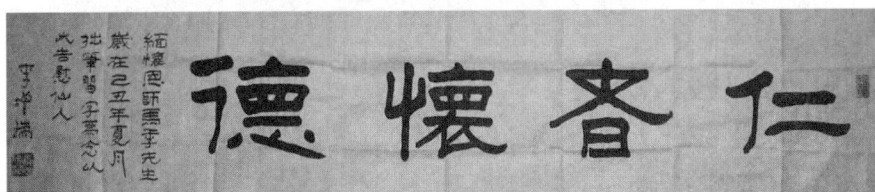

李增瑞怀念师父的墨迹

赵炎(中国广播说唱团国家一级演员、著名相声表演艺术家,2008年11月19日央视"影视之家"采访笔录)

赵炎怀念恩师的墨迹——丰碑

149

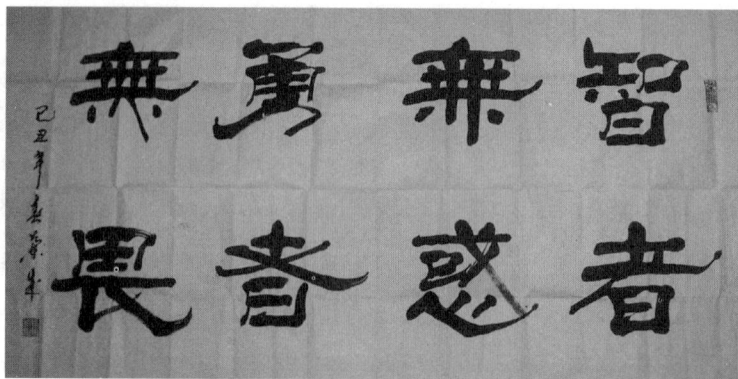

韩兰成怀念师父的墨迹

马老师是非常强调创作的人,他总说,自己要给自己做饭吃,老吃人家剩下的饭,那不行。大家都意识到,相声目前最大的困难,是创作问题。所以,作为一个相声演员应当自己拿起笔写节目,把这个创作抓住、抓紧。还一个就是相声队伍的人才培养,特别是年轻人,这种人才的培养,也是我一直想做的,就是想创立一个相声学校。前些日子我跟马东还在谈这个事,现在看来就是怎么一种操作方式更有利。还有影视界准备搞他的电视剧,我们也正在筹划当中。

王谦祥、李增瑞(中国煤矿文工团国家一级演员,著名相声表演艺术家,2008 年 11 月 19 日部队某厨艺培训中心采访笔录)

我们觉得怀念先生重要的一点,还是要把相声的事做好。因为先生情系相声,命系相声,生命是相声,直到他生命最后时刻,他还是在写书,写相声的书,相声人的事。现在培养相声新人很重要,比如说,北京的中国相声俱乐部,我们都是那儿的成员,是马先生题的匾名,是李金斗做主席,要把这个办成窗口。并不是为了赚钱,门票就是 20 块钱的价位不变,面向老百姓。很多青年相声演员没有一个可实践的地方,就可以到那锻炼,有了新段子可以到那去试演、去磨练,和观众去交流。我们一有空就到那去演,以老带新,培养后人,做出我们的贡献。我们这些老演员还要以身作则,多说相声,为老百姓服务,给观众多制造欢笑。

从这四位弟子的采访笔录中,我真实地看到了相声后人的情感、责任、力量,看到了相声的发展与希望。如今马季先生这批弟子们已成为相声界的中坚力量,正沿着师父开辟的道路走下去,落实举措,坚守誓言,深入生活,植根百姓,多出精品力作,为大家送去更多的欢笑,我国的相声事业一定会拥有更加光辉灿烂的明天!

第九章
隆重的首发座谈会

　　这一章是续集,是因这本书的出版而发生的故事,我觉得这是一件很重要的事儿。《马季生前与身后》出版后,中国广播艺术团、中国曲协在北京举办了首发暨出版座谈会,活动搞得十分隆重热烈,特别是天津师范大学马季艺术研究会的成立,意义更加深远。天津人民出版社得知后,决定再版这本书,把首发式的情况和马季艺术研究会成立等重要内容加进去,作为修订版的第九章、第十章,使这本书更加丰满、厚重,具有可读性。

　　三月的北京,风和日丽,长安街上的玉兰花捷足先登,开满枝头,红墙内外"翠条多力引凤长,点破银花玉雪香"的美景,令人心旷神怡。2011 年 3 月 18 日,是个非常难忘的日子。这一天,由中国曲艺家协会、中国广播艺术团在北京广电国际酒店联合为我的新书《马季生前与生后》主办了隆重的首发暨出版座谈会,曲艺界的最高领导、曲艺名家、大家,曲艺界同仁、马季先生的弟子、家人全都出席了活动,十多家在京的新闻单位派记者采访。首发座谈仪式层次规格之高、出席人员范围之广是少有的,这不仅为新书出版做了大的推动,更重要的是在马季先生逝世五周年之际,中国曲艺界同仁相聚一堂,纪念马季大师,具有十分重要的意义。首发式后各大媒体都及时发了消息,各大网站更是铺天盖地地进行了网上宣传。新书出版,再为马季大师做点事儿,我的内心又多了几分欣慰。

首发式现场

中央媒体现场采访

央视记者现场采访

153

第一节　紧张的筹备

经过两年多的艰苦创作,《马季生前与身后》这本书终于完成并于2011年的元月出版了,以家乡视角为马季先生写本书的承诺终于实现了。我非常高兴,喜悦之情溢于言表。

求贤斋谋划。我与宝坻老乡、画家孟庆占非常投缘,虽然他是全国美协会员、中国艺术研究院特聘研究员、天津市美协副主席、著名画家,也在北京安了家,建立了自己的画室,但他还是宝坻区政协常委,我们也经常在家见面。他对我写马季先生的这本书非常关注,得知出版后非常高兴。一次在他的画室求贤斋聊天,又提起这本书。其实,这本书出版后我就有在京搞首发式的想法,想再给马季先生做点事。这不是宣传我,主要是马季这一独有的资源对宝坻太重要了,我身为一个宝坻人,脑海里不时萦绕着这样的想法。当我把这个想法告诉庆占后,他非常支持,但我也向他说出了自己的忧虑,自己还在职呢,是不是有炫耀自己之嫌,怕惹人说闲话。庆占对我说:"你考虑太多了,你写的是马季,又不是写你自己,要想避嫌也可以,采取技术处理,我帮助你一起运作。"在庆占的帮助下,山东一家企业作为协办单位,给予了支持。

2011年春节前,我和庆占一起去刘兰芳家看她。刘兰芳和孟庆占初次见面,我给他们两位做了引荐。庆占给刘兰芳带去了自己新创作的一幅画,刘兰芳主席非常高兴,并给予高度评价:"你是搞花鸟的?画得不错。"我们三人还一起照了相。兰芳主席对我说:"伯苓,今天来有什么事吗?"我说:"马季那本书出版了,我今天给您送书来了。""是吗?快拿来我看看。"兰芳主席眼前一亮,站起身来。我亲手送上由她作序的《马季生前与生后》一书,她非常高兴:"这书出得很漂亮,是写马季先生的一本好书,搞一个首发式多好。"还没等我开口,刘兰芳主席就快言快语地说出了自己的想法,真是不谋而合。在一旁的兰芳主席的老伴王印权老师也非常赞成。刘兰芳说:"这是个好事,你要有这个想法,我们曲协给你办。"我说:"有您这句话我就有底了。"因为我和兰芳主席关系很好,就把真实想法向她说了。

作者与孟庆占(中)在刘兰芳家中

确定主办单位。春节过后，我和庆占第二次来到刘兰芳家向她汇报，兰芳主席说："你想怎么个搞法？"我说："主要的是邀请先生的弟子和艺友参加。""时间呢？""过了正月十五就搞。""可那正是全国'两会'期间呀！也有一个好处，这些艺术家大部分都在北京开会，方便些，可车辆管制又挺紧，你外地车不好进呀！"我说："您考虑得真细呀，还是'两会'以后比较好，要不然时间也太紧张。"我们一起合计，就两会以后再搞。"地点呢？"刘兰芳问。我说："想在全国政协礼堂，那有我们宝坻老乡。"她说："那不行，场地费用太高，要不就在曲协会议室吧，不用花钱，我和他们说一下。"刘兰芳主席当即给马东、姜昆通了电话，他们都非常支持，转天她就亲自把马季先生的弟子王谦祥请到自己家里专门讲了这个事儿，并及时和赵炎打了招呼，二位弟子非常积极："这事我们具体操办，刘主席你就放心吧！"刘兰芳把和赵炎、王谦祥老师沟通的情况和我通了话："伯苓，这个事你就直接找马季先生的这两个弟子联系吧，他们的热情很高，到时我一定参加。"

记得是2月底的一个周六下午3点，我和王谦祥、赵炎三人在北京赛特酒店咖啡厅开始商议具体事项。赵炎说："这事还要和广播艺术团说一下，因为先生生前是广播艺术团的人，还当过团长。"他当即给别团长打了电话："别团长，有这么个事，马季先生的老家，宝坻区政协的副主席张伯苓给马季先生写了本书，想搞个首发式，曲协那边想做个主办单位，咱们团里有什么

155

想法吗？"赵炎的话说得很圆滑、委婉。别团长说："这是个好事呀，咋们团也要做主办单位，就到团里搞来吧，咋们这里都方便。"放下电话，赵炎高兴地说："主办单位改成曲协、广播艺术团两家了，地点不在曲协，就在广电国际酒店，那里的条件很好的。"

这些主要的事情落定后，我和庆占、赵炎、王谦祥来到了广电国际酒店和广播艺术团的领导见面，别闽生副团长把管舞美、酒店、音响的负责人全都叫来了，并深入到会场、餐厅现场查看，坐在一起详细地研究了具体事项。同时对首发式的题目进行了反复研究，并征求双方主办单位主要领导的意见，原来想叫新书首发式，觉得有些不妥，最后确定就叫"《马季生前与身后》首发暨出版座谈会"，主要以此纪念马季大师。举办的时间原来准备定在3月19日或20日的双休日，这样外地车辆好进京，赵炎老师是这次活动的主持人，但他有事脱不开身，就定在了3月18日周五的下午3点。会场主席台的背景就用《马季生前与身后》的封面，由艺术团的舞美组负责；上主席台的人员有时任中国文联副主席、曲协主席刘兰芳、曲协书记董耀鹏、广播艺术团团长王书伟、曲协副主席姜昆（现任中国曲协主席）、冯巩、黄宏、吴文科。马东作为家属、赵炎是这次活动的主持人，都要上主席台。大家让我也要上主席台，我说："我就不上了。"赵炎、王谦祥和别团长都说："这场活动你是主角，你不上可不行。"

弟子热情支持。按照这次商定的事项，各方都进行紧张的筹备落实。广播艺术团在别团长的带领下，成立筹备组，有一二十人忙活着这件事儿，会场的安排、装台，通知台里参加活动的艺术家，件件有人盯。赵炎、王谦祥准备大会程序和通知参加活动的弟子们，王谦祥老师那些天身体不太好，头发晕，有时起不来床，但他一直坚持跑东跑西，甚至提前把书亲自送到准备发言的同志家。我有些过意不去，他说："您这是在给我们做事，本来这事应该我们去做。"通知反馈的情况是，被通知者听说为大师出书还搞首发座谈，都非常兴奋、热情、踊跃参与。此时我非常担心姜昆、黄宏、冯巩他们三位，因为他们特别忙，事情多，能否参加。17日的上午11点多，我正在大口屯镇看望政协委员，马东给我打来电话说："张主席，姜昆、冯巩、黄宏没问题，他们都参加，我刚和他们通完话，还有需要我办的事吗？"我说："没有了，你可一定要参加。"马东说："我没问题，你就放心吧。"可中午时分，马东又打来电话：

"张主席,明天下午两点台里有个竞聘制片人的会,不能缺席,我可能得晚去会儿,开完会我就往那边赶。"我说:"好,咱们北京见。"

因为这次大型活动虽然是中国曲协、广播艺术团主办,但还有好多工作必须我们到现场干。我还有一个想法,虽然低调,但要把这次活动的资料全部留下来,这也是为宝坻、为曲艺界留下重要的文史资料。我和宝坻广电局局长王今旺提前打了招呼,请他给我安排几个人,把现场活动情况全部录下来,并请他参加,因为区里有重要的活动,他参加不了。今旺说:"您放心,我全部给您安排好。"

宝坻电视台记者采访姜昆

3月18日早七点半,我和庆占还有广电局的张连生、白秀霞一起出发,提前和中国广播艺术团筹备会议的别团长对接,做好会务服务工作。张连生是广电局的办公室主任,工作比较细致,搞服务很有一套。白秀霞是广电局的文艺部主任,过去和一些曲艺名家很熟,工作上方便交流沟通,搞大活动很有经验, 也想让他们多认识一些人, 将来台里组织大型文艺活动多些渠道;李宝站是刚刚担任宝坻广电局分管业务的领导,主抓电视宣传,曾担任了多年的文字、摄像记者,工作认真仔细,业务能力硬实,他带队来我心里有底,正好和分管的工作衔接,也好开拓新的视野。他带着摄像、摄影的张树强、陈宝旺、曹俊峰下午一点到,主要负责这次活动的录像录音。同时这些人过去都是广电局的工作骨干,我在任时都受了很多累,吃了很多苦,也想让他们在这里感受一下纪念马季先生的氛围,见见世面。

作者和马东与广电局工作人员合影

10 点 30 分,我们到达北京广电国际酒店三楼现场,主席台的背景是马季先生手持话筒的巨幅照片,上方是由姜昆书写的《马季生前与身后》的醒目书名和首发式暨出版座谈会的红色大字,下方是主办单位:中国广播艺术团、中国曲艺家协会。主席台下一排排桌子铺上了红色台布,笔纸和茶杯摆在了桌子的上方,非常雅致。到那以后,大家就和艺术团的同志们一起开始了紧张的忙碌,接近 12 点了,把下午开会所有的事情忙完后,我们被迎上了三楼的酒店,中国广播艺术团的王书伟团长、别闽生副团长请我们吃了顿便餐,对这次活动给予高度称赞并表达团里重视、感谢的心意!

作者与赵炎和广播艺术团团长王书伟、副团长别闽生在首发式现场

第二节　感人的场面

新书首发暨座谈会定于下午三点半正式开始,不到两点,赵炎、王谦祥两位弟子就赶来了,他两要提前进入角色,赵炎履行主持人的职责,王谦祥负责来宾的接待,因为对弟子和曲艺界的领导、同仁他都非常熟悉。

唐杰忠、王谦祥、韩兰成、刘喜尧、柏迈高来到首发式现场

刘兰芳与冯巩在首发式现场交谈

之后，刘喜尧、韩兰成从外地赶来了；唐杰忠、笑林、刘全和、刘全利双胞胎哑剧小品演员来了；姜昆、黄宏、李增瑞来了；刘兰芳、董耀鹏、吴文科等曲协的领导来了；刘伟、彭子义、黄志强来了；马季先生的艺友、搭档赵连甲、王金宝和美国驻华总商会会长、先生的徒孙柏迈高来了；相声作家、曲艺评论家廉春鸣、常祥霖来了；冯巩见到我还开起了玩笑，你是宝坻的……对于这些艺术家、大家，我是听的多，见的少，此时心情十分激动，每一个参加活动的艺术家、来宾到了签到处，我都上前迎候，表示欢迎。知道我是新书的作者，他们都刮目相看，还纷纷与我合影，有的还让我在新书上签字留念。

作者与黄宏在首发式现场

姜昆、董耀鹏来到首发式现场

纪念册上留言。在筹备这个活动时,我就有个想法,搞个《马季生前与身后》首发暨出版座谈会的纪念册,让参加首发活动的来宾留下他们怀念大师的墨宝,充分表达他们的心情,留下重要的历史资料。为此我和庆占做了策划,买了精美的册页。下午当先生的弟子和来宾看到这个册页时,热情满怀,纷纷挥毫泼墨,把对马季大师的怀念赫然落在纸上。

姜昆、黄宏在现场挥毫泼墨

赵炎写下"笑洒人间"

李增瑞写下"一代宗师"

王谦祥写下"德艺双馨"

马东写下"深情落笔"

弟子和艺友们为马季先生写下的墨宝

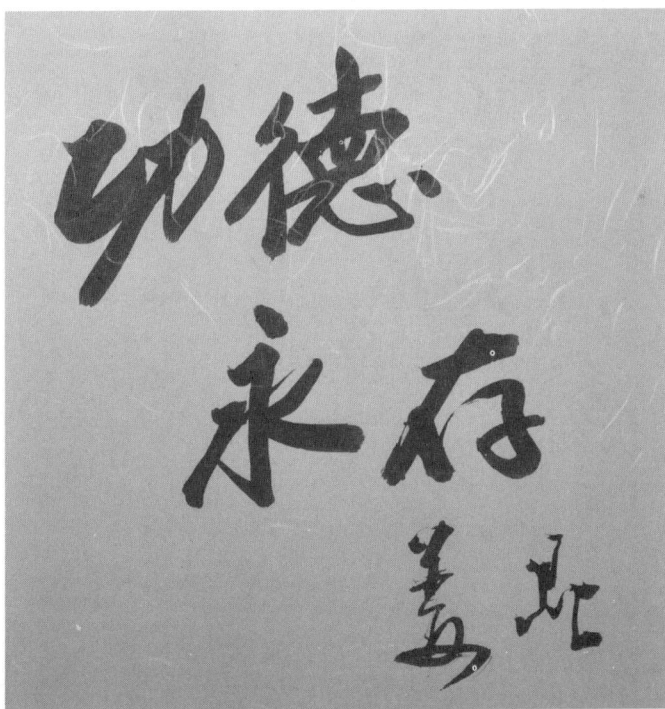

姜昆写下"功德永存"

163

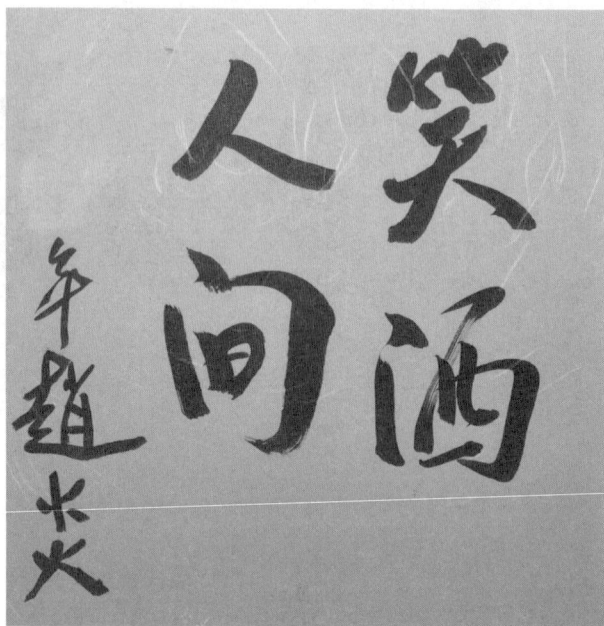

赵炎写下"笑洒人间"

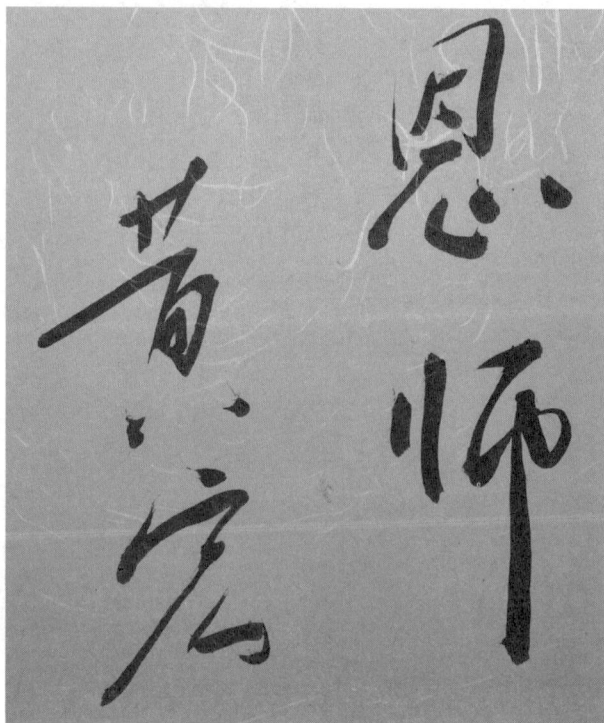

黄宏写下"恩师"

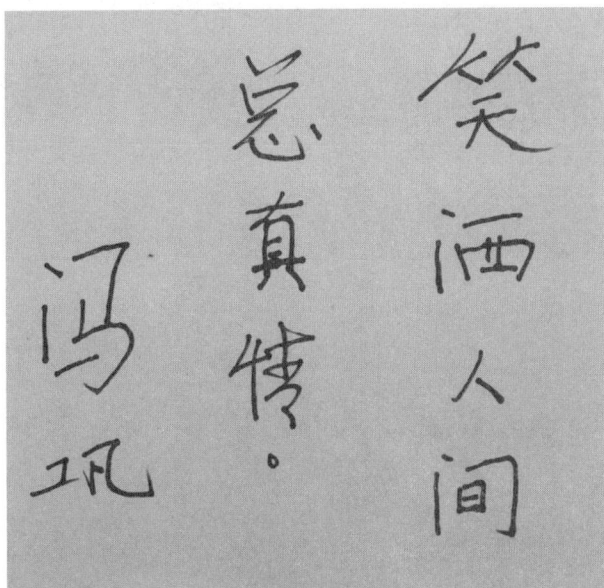
冯巩写下"笑洒人间总真情"

王谦祥写下"德艺双馨"

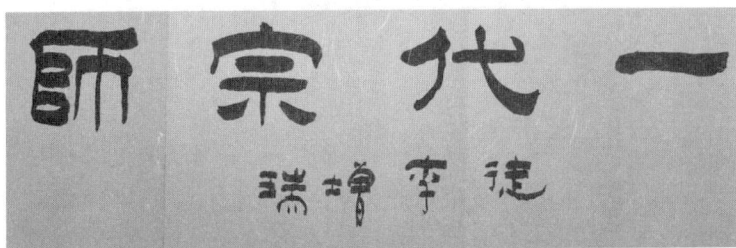
李增瑞写下"一代宗师"

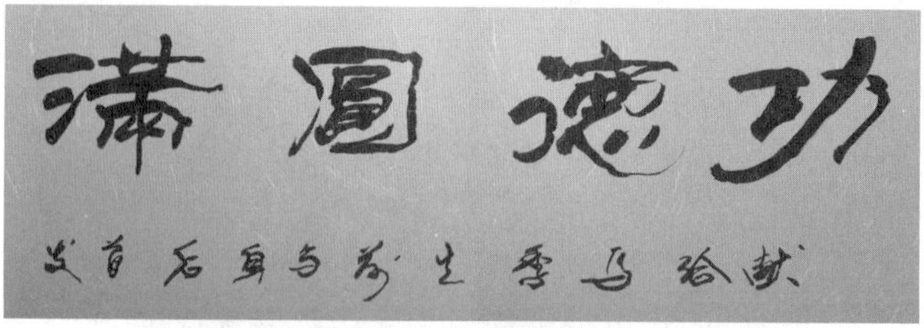

韩兰成写下"功德圆满"

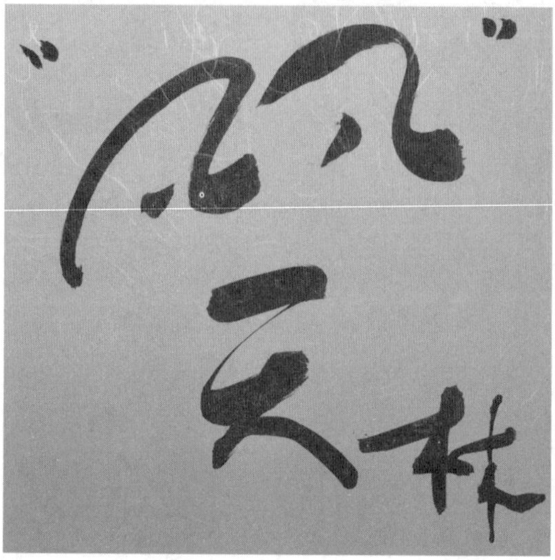

笑林写下"笑"字

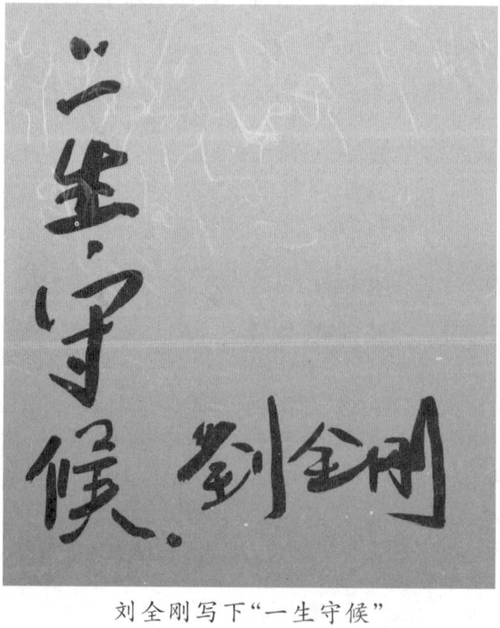

刘全刚写下"一生守候"

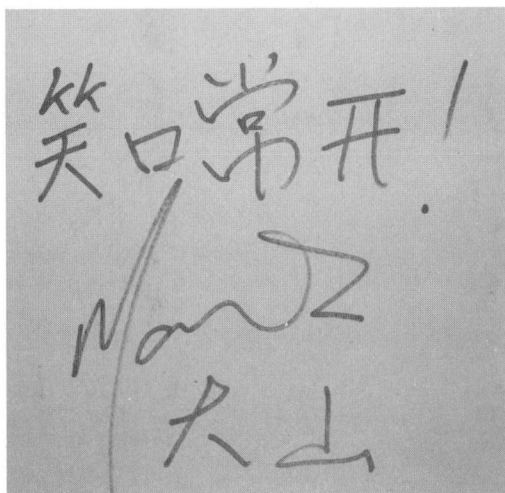

大山写下"笑口常开"

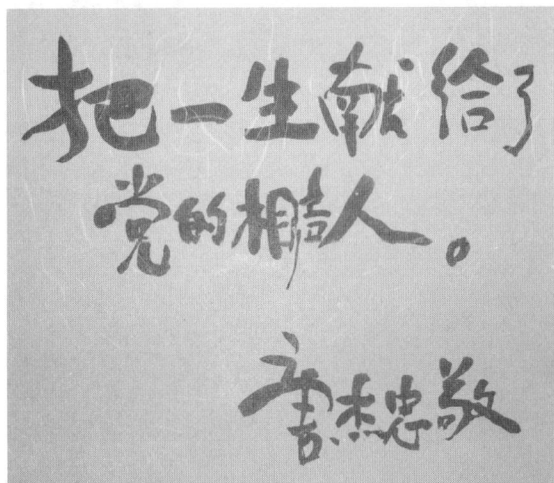

唐杰忠写下"把一生献给了党的相声人"

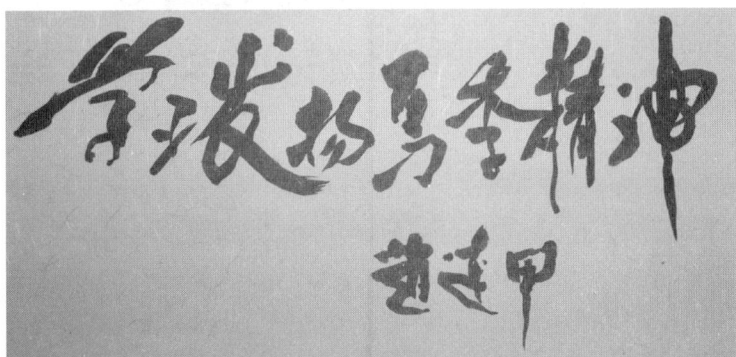

赵连甲写下"学习发扬马季精神"

167

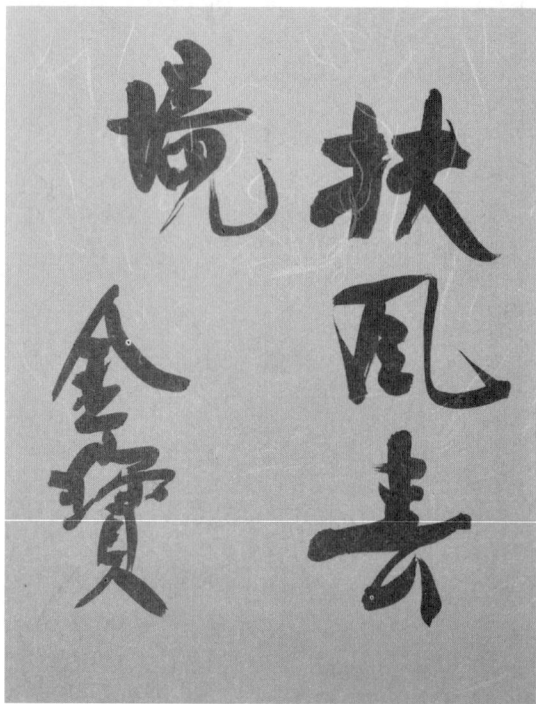

王金宝写下"扶风春境"

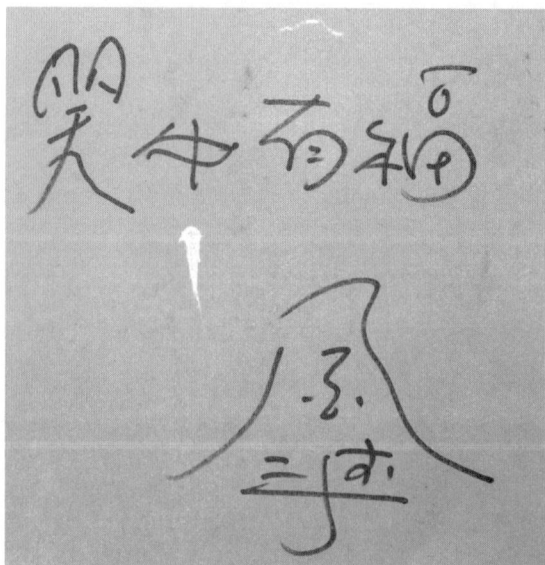

李金斗写下"笑中有福"

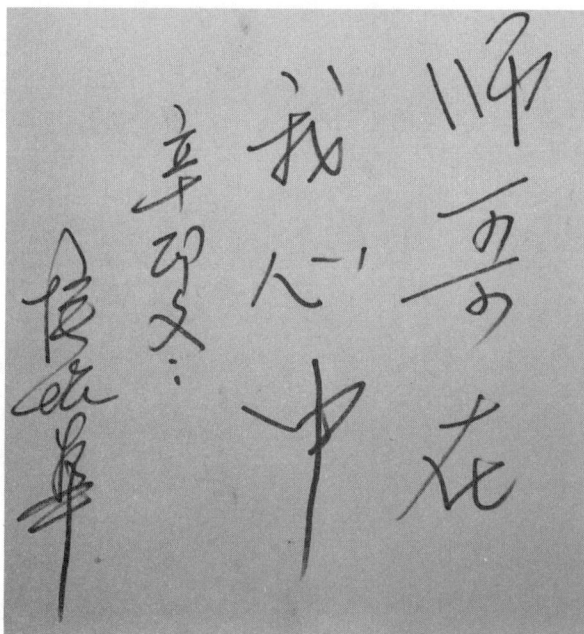

侯耀华写下"师哥在我心中"

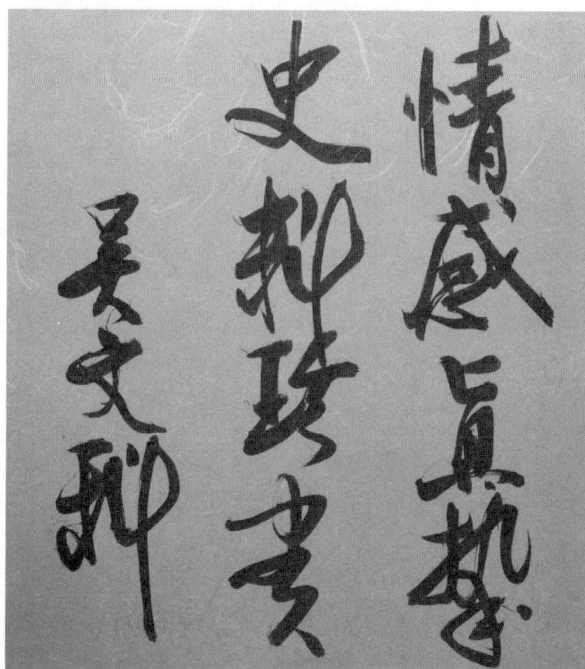

吴文科写下"情感真挚 史料珍贵"

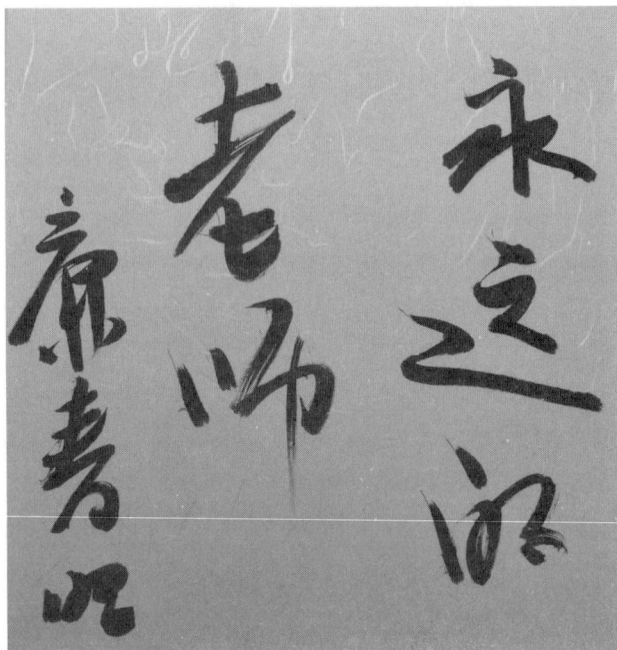

廉春明写下"永远的老师"

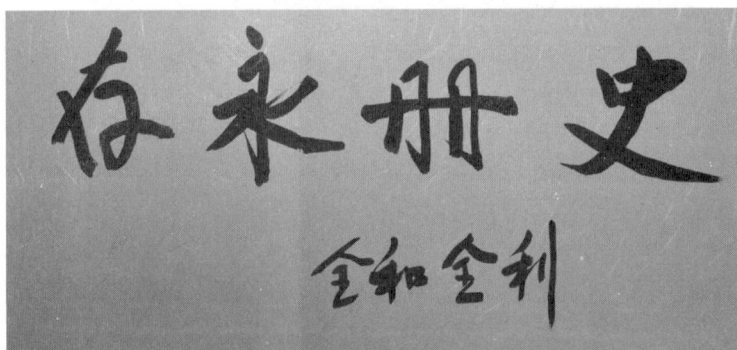

刘全和、刘全利写下"史册永存"

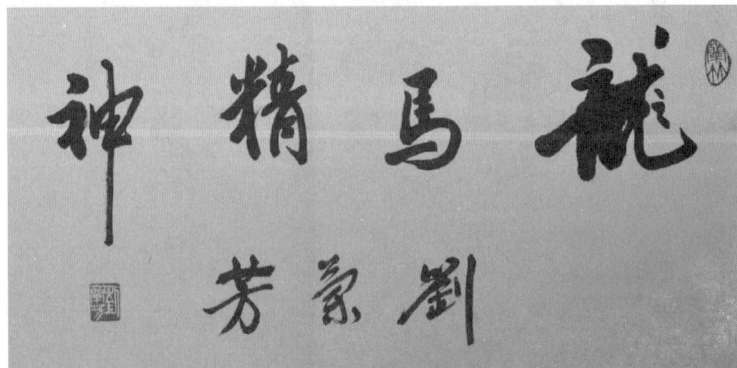

原中国文联副主席、中国曲协名誉主席刘兰芳写下"龙马精神"

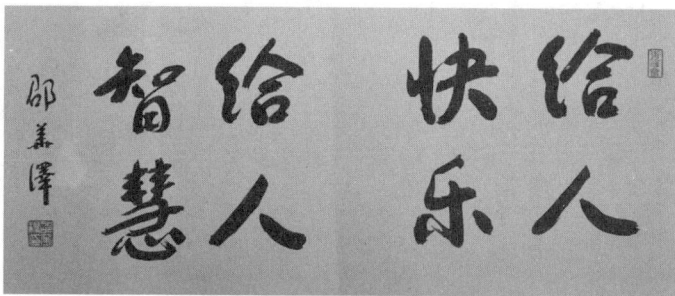

中国记者协会名誉主席邵华泽写下"给人快乐 给人智慧"

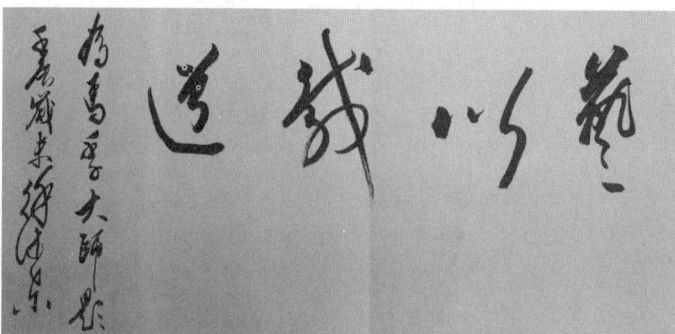

中国音协主席徐沛东写下"艺以载道"

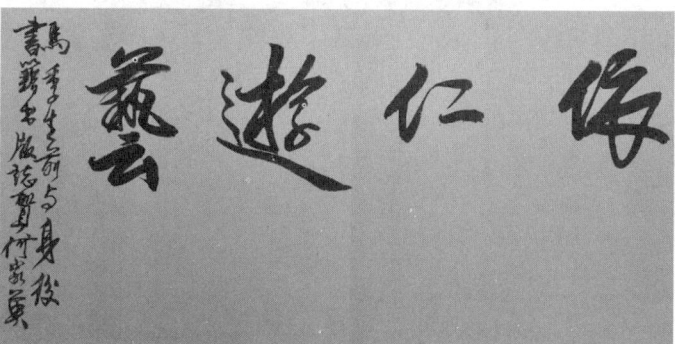

中国美协副主席、著名画家何家英写下"依仁遊艺"

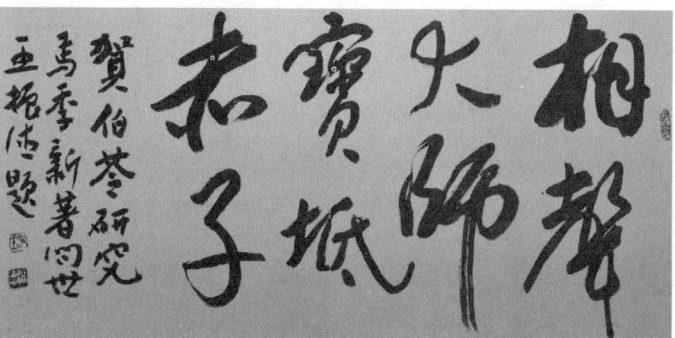

著名美术评论家、书画家王振德写下"相声大师 宝坻赤子"

171

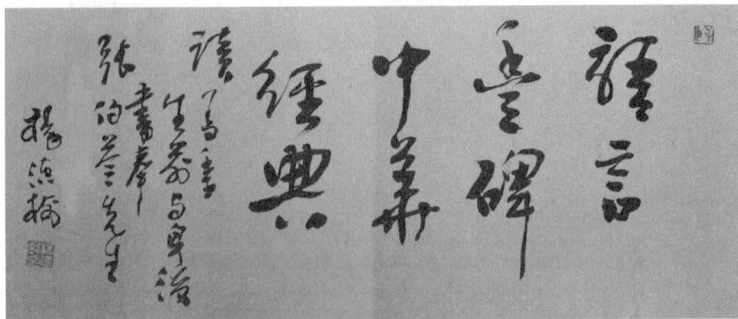

著名画家杨德树写下"语言丰碑 中华经典"

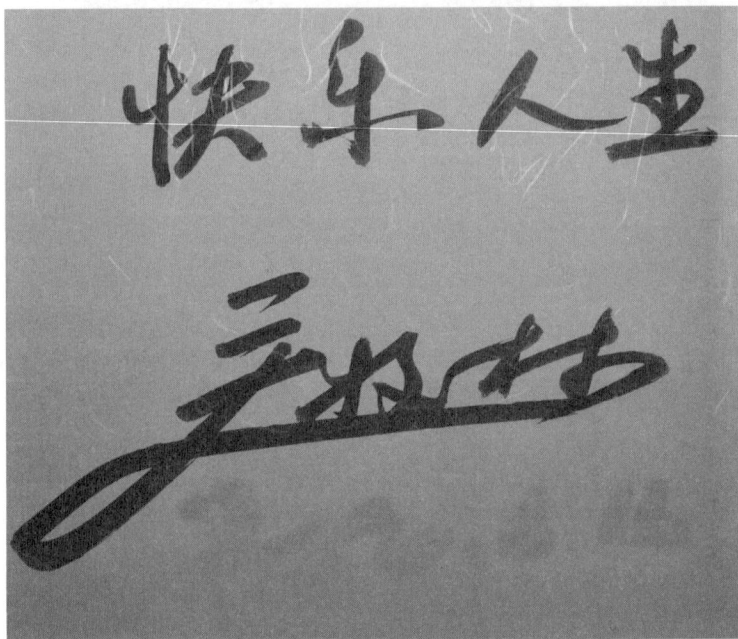

著名歌唱家关牧村写下"快乐人生"

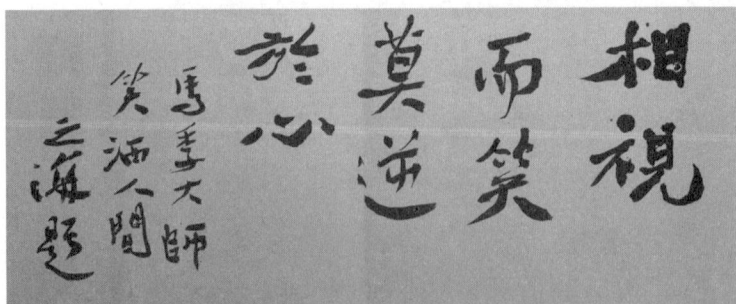

著名画家王之海写下"相视而笑 莫逆于心"

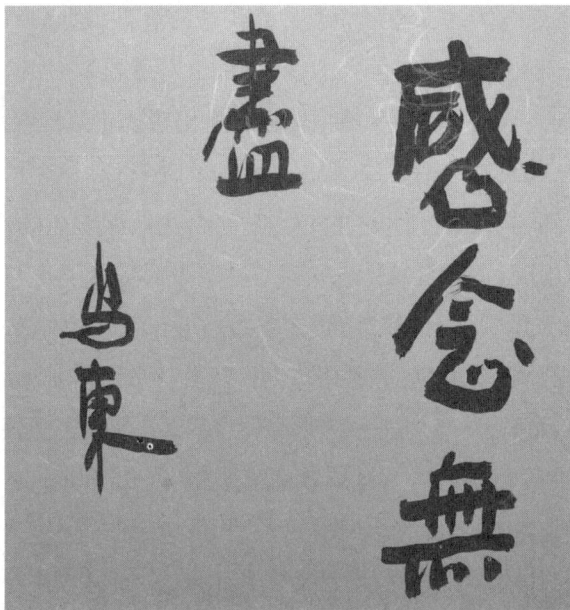

马东写下"感念无尽"

这些墨宝从不同角度抒发了弟子、艺友、来宾、家人对马季大师的崇敬怀念之情，是情感的流露，是心灵的表达。

两件特殊礼物。仪式开始前，我收到了两件特殊的礼物。

一件是辽宁画家王大东受刘兰芳主席的嘱托，为我这本新书的出版首发创作了一幅藤萝画，几只蝴蝶环绕飞舞，画得很用心，很精致。藤萝虽朴实

画家王大东向作者赠画

173

无华,但藤萝的紫气霞光在春风中散发着淡淡的清香。这幅画寓意着马季艺术植根大地,血脉相通,具有极大的生命力,也寓意着新书出版散发着的清香。王大东先生赶到了现场,手持国画向新书出版表示热烈祝贺。我向他表示衷心的感谢,收下了这幅大作,收下了他的真诚祝福。

第二件礼物,是马季先生的老搭档王金宝,把收藏多年的他和马季先生去马来西亚演出时,用丝绸制作的一对"马"字条幅送给了我。他对我说:"看到了你写的马先生的书,我很激动,你替我们做了一件大好事,咱们相见太晚了,今天我没什么表示的,带来马先生我们去马来西亚演出认亲收藏的一件东西送给你,请你收下。"王金宝老师,已经七十多岁了,他是马季先生的挚友,创作上的搭档,参与了《海燕》《高原彩虹》等几个段子的创作修改,并和马季先生一起表演著名的相声段子《五官争功》,上了中央电视台的春节联欢晚会,受到热评。这样一位资深的老艺术家,从家里把他珍藏多年、极有纪念意义的心爱之物送给了我,此刻我真的不知说什么好。这件珍贵礼物使我释然、激动,我真诚地对他说:"您千万不要这样说,这是我应该做的。"我亲手接过他送的这对条幅。展开红色的条幅,虽然年久发旧,但金色的"马"字在条幅上依然闪闪发光,蜂拥而至的记者们留下了珍贵镜头,作为我和王金宝老师的永久性纪念,也见证了新书首发式的珍贵瞬间。

王金宝向作者赠送的"马"字条幅

盛赞新书出版。下午三点半，首发暨座谈仪式开始，刘兰芳、王书伟、董耀鹏、姜昆、冯巩、黄宏、吴文科、赵炎和我依次坐在主席台上，马东因台里有特殊事，要晚来一会儿，桌牌摆在了主席台的重要位置上。

首发式主席台

赵炎老师闪亮登场，满怀深情地宣布首发暨座谈会开始并做了深情的开场白。

赵炎主持首发式

175

马季是大家非常熟悉的一位伟大的艺术大师，是一位相声和曲艺界的里程碑式的人物，一面伟大的旗帜，一位伟大的旗手，是一位永远活在我们心中的伟大艺术家。他从艺五十多年，写了三百多段相声，直到现在他的很多力作大家仍然是历历在目，脍炙人口，他的欢笑感动着所有中国，感动着所有国人，也感动着所有华人，感动着所有会说中国话的人，当然也感动着他的家乡。他的家乡有一位有心者，有一位行政管理者，利用业余时间，为了表达对马先生的感动，为了感动于马先生的艺术魅力和人格魅力，进行了几十位、甚至上百位人次的深入采访，拍了大概有几百张照片，然后编成了这么一本书，就是呈现在大家面前的《马季生前与身后》。他是想以此来记录一下马先生的身世、家事、公事、仪事、趣事，当然也记录了马先生的后事，他用这本书表达家乡人对这位伟大艺术家的热爱。下面我们就首先有请这本书的作者，来自天津宝坻区政协副主席张伯苓发言。

此时，面对这么多领导、曲艺名家、大家，我的心情很激动，迎着全场热烈的掌声，我走上了发言席：

"尊敬的各位领导、各位艺术家、各位来宾、新闻界的朋友们，大家下午好！非常感谢大家在百忙中参加《马季生前与身后》首发暨出版座谈会。应该说，今天我们都是为了纪念马季大师而来，是马季大师把我们相聚在一起，

作者汇报新书创作、出版情况

我更是沾了马季大师的光……"

带着浓浓的乡情,我说了发自肺腑的感激之言后,详细介绍了自己以家乡视角创作这本新书的背景、创作过程、采写过程中的感动、感谢,引起全场的共鸣。

附:发言汇报

尊敬的各位领导、各位艺术家,各位来宾、新闻界的朋友们,大家下午好:非常感谢大家在百忙之中出席《马季生前与身后》出版座谈会。应该说,今天大家都是为了纪念马季大师而来,是马季大师把我们聚在了一起,我更是沾了马季大师的光。在这样一个隆重场合,在中国曲艺界的最高领导、在众多我国顶尖曲艺名家面前,向大家面对面地汇报新书创作情况,倾听指导教会,我感到非常的荣幸!

这本书我是怀着对马季大师深厚的感情写出来的,字里行间都渗透着一种情怀。马季大师是从我们宝坻走出去的伟大艺术家,宝坻人因为有了马季这样的娇子感到无比自豪。说实话,在孩童时自己就喜欢听马季先生的相声,就非常仰慕他。我与马季大师生前有过多次接触,彼此结下了深厚的友谊。自从 2001 年 12 月,我们宝坻电视台与央视联合拍摄春节特别节目《宝坻春歌》我与先生认识后,我们之间就一直保持密切联系。亲耳聆听他的许多教会使我受益匪浅,受用长远。他对我说:"区里的电视媒体很重要,要用好这个平台,做点大事情。"当我向他汇报了家乡电视台开办评剧栏目《开心双休日》时他非常兴奋,亲口对我说:"这个栏目开得好,评剧是咱们宝坻的文化根脉,河南台《梨园春》主打豫剧,我参加过他们的栏目,搞得很红火,弘扬草根文化,这是个大事情、是篇大文章,区里有眼光,抓到点儿上了。"说实话,当时正是我们的评剧栏目开办初期,遇到了很大困难,大师的一席话,使我们迎难而上更加信心百倍。2004 年 7 月,栏目开办三年的时候,我们要搞第一届评剧擂主总决赛,我到先生家向他汇报并请他参加助兴演出,他二话没说:"为评剧推波助澜这是个好事情,什么时间搞,提前告诉我,我一定参加。"大赛那天,大师从南方飞回,没顾上回家,就从北京机场直接来到宝坻,出席大赛并演出,在全区引起震动,这对我们又是一个很大的鼓励、鼓舞。还有宝坻电视台建台十周年,先生得知后亲笔题词——"占尽风情向小园",以此祝家乡电视台十年台庆日。说实话,自己在广电工作的几年里,先生给予我很多的鼓励和支持。精语点拨醍醐灌顶,受益多多。许多群众栏目的开办和组织的大型电视文艺活动,也得益于他的影响启发和雨露滋润,才发展壮大起来并形成了重要的文化品牌。

由于马季先生对我的呵护厚爱,我们彼此更加亲密了。我有事找他,他有求必应,每次到家里看他,他对我这个老乡都优厚三分,什么时间去都笑脸相迎,那个热情劲很快使你暖流全身,有了到家一样的感觉。一次我到天通苑看他,正赶上凤凰卫视采访他,听说我来了,他把凤凰卫视送走后,赶快让保姆下楼接我,那天马季先生、于波老师、先生的弟弟中午还请我吃火锅,这么出名的大家又是为我夹菜又是让酒,使我非常动容。我感觉,大师对我这样,有一个重要的原因那就是乡情,他是要把通过对我的情传遍到故乡。他生前曾对我说,要回黄庄村走一走看一看,要为故乡宝坻写一段相声。没想到的是,他突然离开了我们,两个未尽之愿成为遗憾。此时此刻我就在内心给自己立下了承诺,一定要以家乡的视觉给马季先生写一本书,记录好他与家乡交往的浓浓深情和鲜为人知的故事,表达自己、表达家乡人民的怀念之情。

2007年,先生去世一周年,区里在家乡举办马季先生从艺五十年晚会后,我就开始进行了艰苦的采访。因为过去马季先生与家乡这方面留下的资料不多,好多方面都得从头开始,特别是马季的生前部分,马季先生的家很早之前就离开了黄庄,能说清他的家史的人不多了。我就深入到村子,找与马季家过去联系比较紧密的马家老人,集中乡里开座谈会,提供了大量素材,但有的事他们也说不清楚,得知他的几个在天津市区马姓家族老人知道的比较多,我就驱车到天津市区,挨家挨户的找,住址不详,我们就带上黄庄村的人,一个小区一个小区的找,一个街道一个街道得问。因为市区街道改造变化比较大,往往去了一天空手而归。一段时间,为了搞清楚一个细节,我就天津、北京、黄庄反复奔波。仅弄清楚马家老宅,我就动员了若干人,用了几个月时间才算水落石出,见到了当事人,拿到了第一手资料。在这两年的采写过程中,无论遇到什困难和问题,我都坚定信心,一定要把这本书写成。写这样的书、写名人的书,我是第一次,我有自知之明,虽然写作水平不高,但我坚守的底线是书中内容必须真实,经得起历史的检验。所以我力求多采访马姓老人、家人、先生的弟子等与马季先生密切接触的人进行口述,文字处理上尽量做到原汁原味。

为了尽快还愿,2009年的大年初一到初七,利用春节长假,我在政协机关闭门写作赶进度,有时一坐就是十多个小时,时间长了,屁股上磨出了膙子,心率也开始过速并出现了漏跳,但我全然不顾,夜以继日的奋战,度过了一个特殊的春节,历时两年多,终于把初稿赶写出来了。

在采写过程中,我有许多感动。为马季先生的人品艺德感动,为他一生守候相声的精神感动,为被采访人的热情感动。在马季先生的家乡黄庄村,听说我们要采访马季家的事,马姓家族的那么多七八十岁的老人,行走几里路来到了乡政府,有的人杵着拐杖也要来,说说他们知道的马家事,并给我很大的鼓励,他们说,张主席,马季给我们马家光宗耀祖了,你这是在给我们马家作功德呀,趁着我们还在,你赶快把我们马家的事记下来,不然我们这些人没了,资料就没有了。在他们每个人的心中更是一种期待。

在采访过程中,我为先生的弟子们感动。那就是在他们的言行中强烈渗透着马季先生的人品、艺术、艺德。他们之中许多人已成为著名的艺术家、相声大家。可跟他们采访,像普通人一样,没有架子、平和、亲近、友善,一说起相声来滔滔不绝,一谈到自己却低调谦虚,"我们就是个说相声的,就是一个普通演员。"谦祥、增瑞、赵炎,马季元素在他们的身上无处不在,要说继承,他们把师父的这些东西早已融入在自己的骨髓里。在我的采访中,不仅看到这些弟子们的思念、怀念之情,更多还是要完成师傅的未尽事业,沿着它开辟的道路走下去的铮铮誓言和行动举措。在京津新城采访姜昆老师他动情地说,马季老师是中国相声界一个里程碑式的人物,一个名副其实的大师,一个永远活在人们心中的伟大艺术家。他还有许多许多没有作完的事,我们也都在等着他,等着马老师带着我们做,但现在我们只能按照他老人家的意愿一件一件地把

179

他做好,用马老师教导我们的要写新节目、要让老百姓满意,为老百姓创作,要沿着师傅指引的道路走下去,把笑声送给观众!

在采访中,我为马季家风感动。平和亲近孝顺温馨,马家"扶风春境"的本色辈辈相传,发扬光大。在采访中,我深深感到,马季先生心地善良但到了无以复加的程度,别说对家人、弟子、朋友、同事,凡是对生灵都是如此。在洼里住的地方大,家里养了几只鸡,要杀鸡,那可不行。先生说,"一个不能杀,都给我留着,回头我还得给他们养老送终呢!"那狗也是,他家养了两只狗,一个叫黑虎、一个叫小球球,有时这狗就跑到马季先生的床上,轰不走就一起睡。马季先生的这个家,充满着浓厚的亲情,妹妹、弟弟、哥哥、嫂子、侄辈之间,和睦和谐情感交融,患病的弟弟一直跟着先生过,马季先生外出演出无论多忙也要给老母亲买回东西,于波老师孝敬八九十岁的婆婆无微不至,马东这辈儿更是孝敬有佳,他赞下上班几年的全部积蓄为母亲过生日买了第一块金表。马先生去世后,他怕母亲孤单,一段时间,做完节目无论多晚也要从城里开车过来看看母亲。

在采访中,我还要感谢很多人。我要感谢黄庄乡、黄庄村的领导,他们为了我的采访做了大量工作,给予了大力支持,宝坻广电局的曹俊峰、张树强和杨卜年老师做了大量辅助工作;我要感谢天津日报文艺部主任宋安娜,他是个才女、著名作家,为了写好这本出给予了我很多鼓励,当我在写作中遇到迷茫,是她及时给我指明思路,度过了写作难关;我要感谢刘兰芳主席、姜昆先生,二位大家一直关注着这本书,并亲自作序、题写书名;兰芳主席开始就支持我"你写吧,有什么事就到北京来找我。"我还要感谢先生的家人、弟子们为我的采访写作提供了很多方便,马东还在百忙中还对书稿进行了认真地审阅把关,没有他们的帮助这本书是不可能问世的;我要感谢新世界出版社的领导和编辑,精心设计、费尽心血,为出版工作大开绿灯,使这本书提前出版,成为怀念大师的最好礼物!

我在这里要告诉大师的在天之灵,连接您和家乡根脉的新书出版发行了,我内心向您作出的承诺实现了,今天全国曲协、中国广播说唱团还为这本新书举办了隆重的出版座谈会,您的家人、弟子、曲艺界同仁、曲艺界的领导都出席了这次活动,我们都为您高兴、为您自豪,这不仅是您的骄傲,也是家乡人民的骄傲。我要告诉您的是,家乡永远是您温馨的港湾,家乡人民永远怀念您,您永远活在家乡人民的心中!!!

最后,还要感谢为此次活动付出辛勤汗水的中国曲协、中国广播说唱团的朋友们,感谢刘兰芳主席、别团长、赵炎、王谦祥老师和宝坻老乡文化部青联美术委员会的副秘书长、画家孟庆占老师这么多天的辛勤操劳,感谢对此次活动给予大力支持的山东泰安长柏石材工程有限公司的韩长柏总经理,谢谢你们,你们辛苦了!这本出还存有很多不足,恳请大家批评指正。

另外也真诚地希望各位领导、各位艺术家到大师的家乡、美丽的宝坻做客,我们将以满腔的热情欢迎你们!希望马东多回家看看,希望先生的弟子们多回家看看,宝坻就是你们温馨的家。我的汇报就到这里,谢谢大家!

之后,领导、来宾和马季先生的弟子们相继发言,深切缅怀这位把一生都献给我国相声事业的伟大艺术家,并对这本新书的出版给予高度评价。

中国曲协、中国广播艺术团两家主办单位的领导首先发言,曲协分党组书记董耀鹏说:"这本书我两个礼拜前就看到了,这是一本好书,感谢马季先生的家乡和出版界能采取这么一种有文化含量的方式,来纪念马季先生、学习马季先生。"王书伟团长说:"首先向这本书的作者表示崇高的敬意,他利用业余时间,耗时两年,完成了这部著作,应该说这是一项很艰苦的工作,如果不是纯粹对事业的热爱、对家乡宝坻的热爱,我想这是不可能的。这本书的出版,可以说对中国相声的发展、马季精神的研究,是一件非常有意义的事情。"曲协主席刘兰芳深情地说:"伯苓同志和我认识虽然时间不长,却结下了深厚友谊,他对宝坻的文史工作非常用心,对宝坻的文化名人也非常关注,多年前听说他想从故乡的角度为马季先生写一本书,当时我就赞同,并表示一定会大力支持。今天看到新书终于出版了,我感到由衷的欣慰和高兴!在此深深地感谢伯苓同志为编纂本书付出的辛勤努力!"

著名曲艺评论家吴文科、常祥霖先后发言,常祥霖说:"这本书是按照人类学的思路写的,史料价值相当的珍贵。曲艺家的传记,文学当中特别缺乏

181

一个笔体,曲艺家的一生往往是光鲜亮丽的几个作品,至于他的生前、身后这样进行多方面的评述的写法,估计没有。"吴文科说:"如果给这本书做一个定位的话,它对相声、对马季的研究不仅仅局限于马季这个点和马季创作、马季艺术,已经把这个半径和手臂拉长、拉大了,上下几千年,追溯他自己的路、血,这是一个人最根本的东西,因为文化是有传承的。"

著名相声表演艺术家唐杰忠、王金宝对新书也给予高度评价。王金宝说:"读书我认为是磕文字瓜子,嚼品味,他这本书原味,没有添加剂,非常朴实,是老实人写了一本老实书。这本书的价值就在于从事研究马季生平的人受用,这是我看到的写马季先生的第三本书,关于专研马季家族的成员、他的老家那一段,别的书上没有。"唐杰忠发言,对新书出版表达感激之情,称马季是自己的好兄弟、好搭档、好老师,是名副其实的大师,并现场赋诗。

马东在首发式现场发言

马东作为先生的儿子做了一个特殊的发言,这位春晚的总导演、央视著名的主持人,今天说话的语调深情柔肠。"特别高兴,今天底下坐着这么多长辈、这么多老师。这本书的发行我们盼了好长时间,这本书的书稿在我那里放了好长时间,我一直在看,有时看不下去。我父亲一生不管是要他写的、有人写他的,出的书并不是特别多,这本《马季生前与身后》其实是对他的这几本书的一个特别好的补充,尤其涉及他生前的部分,许多是别的书里涉及不到的,涉及他身后的部分又是对他72岁的修复和完善,应该说他的这本书里面的很多情况,对我来说第一次读的时候都是很新鲜的,非常完整,非常翔实,采访工作也特别辛苦。"

"伯苓大哥是我父亲走后我才逐渐熟悉起来的,是通过他,我与我父亲的原籍、我的原籍宝坻更加亲近了,其实是通过伯苓大哥使我和宝坻有了这种血缘上的继承。我特别感谢伯苓大哥出了这本书,好多了解、不了解我父亲的朋友们能回味他的一生,然后把这种温暖传递出去。今天我作为家人要感谢大家!"马东的发言,带着浓重的人情味,情感交融。

冯巩和马东交谈

这场首发、座谈的重头戏是马季先生弟子们的发言,成为现场气氛的最大亮点。我和著名相声表演艺术家冯巩在主席台上挨着坐,每一位发言后他都对我点头示意,眼神里透着一种敬意,轮到他发言了,他深情地说:"昨天看了这本书,我琢磨了一宿,现在还没有从这本书里出来。"他看了看我:"先要感谢您呀!马季先生就是座丰碑,感谢您,带了个好头,今天您为先生立了碑……"发言快接近尾声时,冯巩站起身来,紧紧地握住我的手,再次表示衷心感谢!

黄宏这个穿着绿色军装的先生的得意门生、著名相声小品王发言了:"《马季生前与身后》的出版,对我来说是一本崭新的书,我还是第一次看到。今天这本书出版了,有这么多同仁怀念他,我希望这本书有更大的社会影响,我们一是回去学习,像王金宝老师那样,像瓜子那样嗑。还有我们有更重要的任务,就是把书推向社会,造成更大的影响,为我们的曲艺增光,我们曲

183

冯巩与作者亲切握手

艺界有这样的人,值得我们骄傲,而且,我也希望这本书不仅仅停留在文字上,不仅仅设在书香里,这本书写得这样细,写得这样实,我相信它一定很有价值,我也希望我们的同仁,能够把马先生的这本书,拍成影视,能够让更多的人通过现代的媒体去了解。"黄宏极具情感的表态,引起场下一片掌声。

姜昆、黄宏在主席台上翻阅新书

众弟子鞠躬致意。面对现场的热烈气氛,面对着师兄弟们至真至纯的发言,马季的大弟子姜昆显得更加激动,他在对马季先生作出高度评价后,动情地说:"我提议,我们马季老师的弟子还有他的徒孙站起来,给张伯苓老师鞠个躬,感谢他为我们的老师树碑立传,代我们向他的家乡人民问好!"他的一句话,台上台下所有的弟子、徒孙们唰地一下全都站立了起来,向我深深

184

地鞠躬。面对这一举动，我不知所措，我只是为马季先生做了一点力所能及的事，众弟子就对我行这样的大礼，我的内心热血沸腾，莫大的不安油然而生，我随后起身向先生的众弟子鞠躬，表示深深的感谢。因为众弟子们的这一大礼，不仅是对我个人的感激，更是对先生家乡人民的一种情怀，此时最令我动容的是，这本书不仅连接起马季先生与家乡的根植血脉，也以此连接起他的弟子、徒孙们与宝坻的情缘。

座谈结束后，在主持人赵炎的指挥下，众弟子和现场的领导、艺术家、来宾，在《马季生前与身后》首发式主席台的大背景下与我和来自宝坻的家乡人一起照了大合影，将其定格在 2011 年 3 月 18 日这个具有特殊意义的日子，载入史册，参加合影的每一个人的脸上、心里都涌动着一种永远难忘的情怀……

出席首发式全体与会人员合影

第三节　深入的研讨

新书首发座谈会的发言，成为这次活动的一道亮丽的风景线，与会者不仅对新书给予了很高的评价，而且借助新书出版的契机，在马季先生逝世五周年之际，一起纪念他，怀念他，同时有感而发，对马季艺术、马季精神又一次进行全新深入的研讨，对于丰富马季艺术、传承马季精神、不断发展我国的相声艺术事业具有十分重要的意义。这些发言，我都铭记在心。他们每个人都是在用心说话，从不同的角度讲述他们心中的马季。我把他们的发言整理出来，放在书里，以此作为本书再版的重要补充。

董耀鹏发言

董耀鹏(中国曲艺家协会分党组书记)：非常高兴参加这么一个名家、大家云集、层次规格很高的座谈会。今天中国曲协来了七位，兰芳主席，副主席姜昆，冯巩、黄宏、吴文科，秘书长刁惠香同志，还有我，一共七位，这回是全体出动了，表达了我们对座谈会的重视和支持，体现了我们对马季先生的崇高敬意之心和深厚缅怀之情，我想我是有感而发，我想说几个意思吧！

第一是祝贺和感谢。对这本书的出版表示祝贺，同时感谢天津市宝坻区政协副主席张伯苓先生，做了一件好事情，也感谢新世纪出版社出了一本好书，感谢马季先生的家乡人和出版界能采取这么一种富有文化含量的方式，来纪念马季先生、怀念马季先生、学习马季先生。这本书两个礼拜之前我已经看到了，使我们大家看到了一个更加多彩的马季先生、更加立体的马季先生。

第二点是传承和发展。马季先生崇德尚义，德高望重，德艺双馨，是我们相声艺术领域的一位大师，我说的这个艺术大师啊，是文化的产物，也是文化的一个时代的光环，他代表了一个国家、一个民族、一个时代的文化内涵和文化高度。我觉得马季先生作为艺术大师，具有原创式的思想，比如说，他首创歌颂相声之先河，在大学、国外进行演讲，我为什么知道，他说相声的时候说学逗唱，他说就在其中，在社会上有广泛的影响力，包括在圈里面、圈外面，国内和国际，他还能传承中华民族的文化基因，这个在他身上有充分的体现。更为可贵的是,马季先生具有高度的文化自信、文化自觉、文化自醒、文化自强,敢于担当,还能经得起实践的考验、历史的考验、人民的考验,我觉得随着时间的推移,马季大师的思想遗产、精神风范、高尚的品质以及人格魅力,更加会闪烁出耀眼的思想光芒、文化光辉和艺术光辉。所以我们今天在这里,怀念大师,纪念大师,向大师致敬,我觉得最重要、最根本、最关键的就是把大师所热爱的、所从事的相声艺术事业,更加自觉地传承下去,更加主动地发展下去,不断推出艺术作品和优秀人才。马季先生一生创作了三百多个段子,非常的不容易,通过这些作品,我们就能为人民树旗,为人民放歌,为人民呼吁,关注人民命运,激励人民前进。

第三点就是希望和努力。马季大师是我们曲艺工作者的杰出代表和领军人物,他是一面镜子,他也是一把尺子,他更是一个火种,代表着时代的高度和文化的高度,是我们曲艺界的光荣,也是我们曲艺工作者的骄傲。中国曲艺家协会是党领导下的一盘棋,是党和政府联系曲艺工作者的桥梁和纽带,是各种曲艺工作者的创作、创新之家、温馨和谐之家,我们将一如既往地认真履行我们联络、协调、服务的基本职能,努力发挥组织、引导、服务人民的重要作用。衷心地希望我们能和广大的曲艺家、曲艺工作者一道,心连心,手拉手,肩并肩,进一步增强曲艺界的大团结,促进曲艺创作的大繁荣,也为了更加自觉地推动全国的大发展,做出不懈的努力和应有的贡献。好,我就讲这些,谢谢各位。

王书伟发言

187

王书伟(时任中国广播艺术团团长、党委书记):各位领导,曲艺界、新闻界的朋友们,首先我代表广播艺术团对今天参加《马季生前与身后》这本书出版暨座谈会的各位专家、各位同仁、各位朋友表示热烈的欢迎和诚挚的感谢。感谢大家在百忙之中一如既往地关心和支持我们的相声事业,同时更对《马季生前与身后》这本书的作者张伯苓先生表示崇高的敬意。他利用业余时间,耗时两年,呕心沥血,完成了这部著作,应该说这是一项很艰苦的工作,如果不是出于对相声事业的热爱,出于对马季先生的热爱和对家乡宝坻的热爱,我想这是不可能的。

马季先生是相声界德高望重的艺术家,是我们新中国里程碑式的人物。他1956年进入中国广播艺术团说唱团,在广播艺术团50多年的时间里,他作为相声界的领军人物,可以说深受影响,促进了中国相声的发展和中国广播艺术团的发展,他的贡献不仅在于相声艺术的本身,更在于他有50年不竭余力的奋斗历程,为我们留下一种精神力量,我们可以称之为马季精神。有关马季精神,我曾在2007年曲协和艺术团举办的的马季艺术人生座谈会上,代表中国广播艺术团阐发了三条意见,第一是深入生活,创新相声艺术。第二是不断探索,锐意进取。第三是奋力培养人才。当然这只是一个提法,系统的阐述还有待于专家、各方面人士的不断研究、探索和总结。以马季先生为代表的相声艺术已经成为国家的非物质文化遗产,中国广播艺术团作为相声非物质文化遗产的传承单位,其传统和创新的内容,也要求我们对相声代表人物和经典的作品进行整理和梳理。《马季生前与身后》一书的出版可以说对于中国相声的发展、马季精神的研究,是一件非常有意义的事情。这本书有以下三个突破:

一是写马季生前。马家历史渊源、马季成长的文化背景研究,取得最翔实和详尽的成果。这个成果填补了一些空白,有一定的含金量,可以被后人广泛借鉴和采用。二是写马季的身后,从不同角度展示了马季的人生、马季的风格、马季的创作和马季的艺术,为马季的精神的研究提供了第一手丰富材料。第三采访笔录,原汁原味以第一人称出现,自然、亲切、可读性强,又令人信服,也可以说这是本书的一大特点。马季先生不仅仅是中国相声的骄傲,不仅仅是中国广播艺术团的骄傲,也不仅仅是宝坻人的骄傲,而是新中国文艺事业的骄傲,是中国全社会的骄傲。马季精神给后人留下无穷无尽的宝藏和无尽的启迪,我们的研究还处在起步阶段,还有许多课题需要我们挖掘和整理,所以借《马季生前与身后》这本书出版之际,我们期待社会各界更广泛更深入研究和探讨相声艺术,期待从不同角度、不同层次层面对马季精神给予新的诠释和认识,期待更多更好的有关相声的文章、专著面世,对更多有利于相声发展的活动均给予全力支持和帮助,并积极参加。

唐杰忠发言

唐杰忠(著名相声表演艺术家):首先我要感谢伯苓同志、各有关单位出版《马季生前与身后》这本书。除了感谢以外,我还表示歉意,就是马季的这本书,我应该全力参与,义不容辞的,在这里表示道歉。大家都知道,马季应该是我的恩人,也是我的亲人,我曾经给马季老师当过艺友,捧过哏。马季在我的心里面是个好搭档也是个好兄弟,也是一个好党员,也是一个好老师,好的太多了,他是把一生都献给了党的事业的相声人、广播人、电视人。

马季大师那是名副其实的,他一生都是围绕着相声事业,凡是对相声事业有用的人和事、对党的事业有用的人和事,都充满热爱,还充满了奉献精神。所以说马季先生是热爱党、热爱人民、热爱观众、热爱老艺人、热爱亲人、热爱朋友、热爱同事的相声演员和作家。凡是对相声事业有益的人他都热爱和尊重,你比如说,凡是对相声事业有贡献的、有才能的演员、亲人、学员,他都能够一起共同来奋斗,特别是一些作家,像在座的王金宝啊,王兆元啊,王善智啊,于娟啊,所有的这些作家,包括戏曲作家,他都非常尊重,非常热爱。

对老艺术家也是一样,除了侯宝林先生是他的恩师以外,那就是老一辈的刘宝瑞老师、郭启儒老师、郭全宝老师,他都非常尊重,非常热爱,非常全心全意地从老师那里学习,甚至连他的名字都是侯宝林老师给他起的,而且他也欣然接受了。他演出的那些节目,比如《戏剧杂谈》,他连标点符号都能够记下来,不用本子就把它记下来了,就学会了,还按照侯老师的教导去戏曲学院找老师学习,一招一式地去学习,努力排练。另外,他对相声已经达到了痴迷的程度。我来到说唱团以后就跟他在一起,在一个办公室,住在一个宿舍,在宿舍里,他就经常跟我对词。我为什么说他是个好老师呢?除了我向我的恩师刘宝瑞学习以外,其余的时间我都是跟马季在一起背词。他不但跟我背词,也跟团里的小青年一起背词,深夜、半夜都在背词。大家都了解的白慧谦啊、曹桂林啊,都跟他在一起背词。他爱传统艺术。他经常去天津去学习,向老艺人毕恭毕敬去学习。老艺人们都特别喜欢马季,可以说马季爱人人、人人爱马季。老先生听说他来了,就问他想听什么节目啊?他说我想听听您的《卖布头》,您的《卖布头》特别出色。老先生说马上就改,不按照原来的节目单去演,改成《卖布头》了,专门给马季演《卖布头》。由此看出马季的人缘。

在创作当中更是这样,他贴近时代,贴近生活。差不多每一个阶段、每一个时期都有新节目出现,好多先进人物他都能及时表现出来。你比如说,像什么《画像》里的张富贵啊,当时工业学大庆、农业学大寨、全国人民学解放军,他每一个时期、每一个先进人物、每一个先进单位,他都有志去创作,而且都有节目出现,你像什么乒乓球的冠军啊、三比零啊,这些人物。还有上海的营业员于向荣、山东的海燕,解放军的节目他创作的也不少,而且还跟别人学习解放军,像《高原彩虹》,就是我跟他排练的,他自己亲自写的那个《找舅舅》,还有很多。在这里我就用张永和同志为了祝贺马季获得牡丹奖终身成就奖写的一首诗来表达我的心情,我把它念一念:"德艺双馨玉无瑕,承前启后创奇葩,桃李育人满天下,曲坛泰斗一大家。"姜昆写的表演唱的那个我也在这里念一念:"恭贺马季终身成就牡丹花,相声艺术送欢乐进千万家,数十载;歌颂光明走新路,唱英雄,写模范,大家都来夸;深入生活,深入群众,数百段新节目意气风发;身在源泉,那些人,尤其是曲艺海里满天下。"

姜昆发言

姜昆（时任中国曲协副主席、现任中国曲协主席、著名相声表演艺术家）：我就讲三点，谈谈心中的感受。

马季老师是一面旗帜，他自己就是举旗的旗手，大旗一挥，让多少人看到见到，感到振奋，又有多少人心甘情愿，意气风发地跟随这个旗帜前进。马季老师是一座丰碑，他自己为这个丰碑写下了厚厚的墓志文，这个墓志文记录着人间的微笑，创造着人类美好的情感，丰富了中国民间相声艺术宝库的殿堂。马季老师是一本大书，他自己就是这本书的主人公，我们有时候离他很近，他去世这么久了，我们没有觉得一天他离开过我们。而有时又觉得离他很远，真正能看清楚他，跟上他的前进脚步，得费那么大的力气，而且还力所不能及，这本书我们一生都要好好读。马季老师又是一个普通人，他就在所有的中国人身边，就是在走的这几年里，大家还都不断地看到和听到他创造的欢笑，无时无刻地在我们生活周围传播，他的音容笑貌，一举手一投足，凡是喜欢他的人，没有一个人会忘，而且一定会陪伴大家到永久。

在这里，我们要感谢这位作者，我提议，我们马季老师的弟子还有他的徒孙，站起来给张伯苓老师鞠一个躬，感谢他为我们的老师树碑立传，向他家乡的人民问好。谢谢大家！

赵连甲（著名曲艺作家）：能参加《马季生前与身后》新书首发暨座谈会，我当然高兴，特别是上面你们几个同志的发言，很感动，老唐这番讲述，我觉

赵连甲发言

得他们是一字不落的听啊。都说他脑子不好了，谁说的，他记忆多好啊，说明他对大师的印象、记忆有多么深刻、多么强烈。他的发言算是代表我了，包括对作者的感谢，对作者的道歉，包括所有对马季的评价，我要说的是要学习、发扬马季精神。

马季是我们的光荣，是我们的骄傲，马季是曲艺界创造奇迹的相声大师，现在我再把这个精神、这个奇迹，用一个简单的数字作一个对比。我说的不好，说的不一定准确，不准确的大家在当面更正。相声历史不足二百年，相声的传入，按照相声界的宗谱来说，到1980年是八代人，现在不知道多少了。这八代人一共是897名演员，其中有两个人是重师，是谁我就不说了。那么相声传统段子究竟有多少？我做了一番调查，有人说一千多段，哪有证据？比如说中国相声大全，包括最近补充的第五卷，甚至有那些脏活，加在一起不足七百段。当然了，这些东西，传统曲艺传统相声啊！宝贵的资源。但是我说，马季是个奇人，创作的奇迹。马季从艺50年，大家说了，他创作的相声三百多段，我刚才讲的那些传统相声，了不起的财富，那些东西借鉴了很多传统的东西，笑话、传说、演义等等，也包括什么司马登等等。我认为创作新相声只可以在传统相声里借鉴一些技法，怎么写纯属创新，因为他摆的是现实生活，有些东西是传统所不能代替的，那有可能是解放初期，新中国成立初期，在马季的相声里你们找得到，四四方方，类似这些东西都有的，那是他学习东西进步的表现。说现代人要提倡这三句话，唱响主旋律，提倡多样化，抵御英雄风。我们可以说马季从艺50年,和他的表演,他的作品过半,他是我们学习的榜样。

是,他做得很好,如果说用简单的话来概括马季的相声,那就是三个词:"向上",就是他的相声可以让你想象很多东西。是音留机啊,是不同的梦,听了想笑,把笑当成一种记忆啊!"向善",他不是说是说笑是笑,是有很深刻的东西。"向爱",爱什么?爱社会主义,爱你的新生活,爱你的人民,在他的相声里体现得非常通透。我就拿一个简单的数字来说,传统相声里有多少人,多少作品,马季从艺多少年,马季有多少作品,又有什么样的作品,语言类的他是奇迹。不仅相声界,包括我们其他曲艺,能有这样的奇人不容易啊!所以,学习发扬马季精神是对马季的一种自豪的怀念,自豪的尊重,也是我们最最需要的精神,我的话完了。

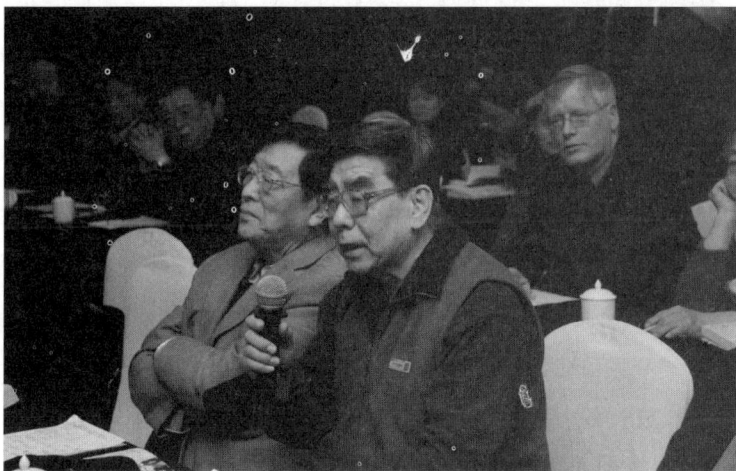

王金宝发言

王金宝(著名相声表演艺术家):大家好,首先感谢邀请方给我这么一次机会,和多位艺友多年不见,在这里重逢,王金宝还是活的,呵呵。也感谢伯苓同志这本书,我们大家聚在一起、共同怀念马季同志这么一次机会,千言万语归到心里头,俩字,"想他"。因为五年前他走得太突然了,连句话都没留下,所以这是一生留在心里头的创伤。

我们两个人由1982年到1992年在一起工作,是创作伙伴,和他几乎白天黑夜在一起,比和家里人待的时间都长,所以我也成了他们的家人,包括马树良、马淑芬、马树明这几个人待我有如亲兄弟一样,所以这种感情在后

193

面因为工作的关系,1993年以后他到三友文化书社去搞他前期的准备,就这样分开了。那个时候常祥霖同志给了我们一个,《中国工商时报》写的关于马季的介绍,打那以后接触的机会少了。在一起工作的那十年当中,接触的机会比较多,后期像伯苓主席写书的时候,到宝坻区演出的时候,就没能和伯苓同志早几年相识。

看了这本书以后,因为年龄大了爱看书了,读书我认为是嗑文字瓜子,拿到一本书嗑文字瓜子,自己在咀嚼品味。他这本书,他这个瓜子啊,他没加盐,不腌嘴唇,也不齁嗓子,原味的,没加任何添加剂,非常的朴实,所以读他的书不费劲。就好像我俩虽然是第一次见面,但是拿到这本书之后,跟他聊天说喜欢。所以我觉得这是老实人写的一本老实书。现在的书很多都加水分,加添加剂,讲兑水,这本书讲的少,当然作为出版物,一点水分没有也不行,干不呲咧人家也不爱看,但是这本书很朴实地加了进去,他表达了这个作者很用心,是心与心的交流。这本书的价值就是在于给后来研究马季生平的人提供了史料。这是我看到的关于马季的第三本书,对于专研马季家族的成员,写他的老家那一段,别的书上没有。我跟马季生前在一起的十年当中,老太太、马老太太曾说过一些,说的也不多。马老太太说的那几句话,这么一位朴实的母亲,带出他这些孩子,个顶个的顶事,所以说他的家风、生活的朴实也体会到了,研究马季这位对历史做出贡献的当代文化战士是挺有价值的资料。再一个呢,这又是在追求成长、成熟、成功的当代人立志成才的参考书。马季怎么成长的,反正我自己知道,我在他身边学到了不少东西,他从一名工程技术人员到业余搞教育,最后成为一个能写相声、能演相声的人。我受益于他,他是我的良师益友,因年龄相近,所以包括二炮文工团退下来的同志,都是好朋友,我们是良师艺友的关系,跟他确实是学了不少东西,特别是他带我们走上了一个和新中国的时代、生活、和人民的情感相统一相和谐的这么一个相声创作道路。我所以说今天想他,想的多了,就是看到我们相声发展中也出现了一些变化。更加想念他的艺术道路,艺术风格。

再有就是从这本书和马季的艺术道路之中我理解了一点,大家都是搞民间文艺的,为什么中国民间文艺和进口的西洋文艺比起来这么受老百姓的欢迎,退休下来也想了很多,因为这里面对传统文化的智慧保留的最多。我从马季那里懂得了、也看了他进步的。他给别人讲学的时候也这么讲,当你看到黑的,你就想到白,所以民间的东西有很多都值得我们细想。马季有一块东西,很棒。你比如我的作品,有一回我目睹了这个东西了,"找"字和"我"字有什么联系?这就涉及象形文字了。找字一个提手,一个戈,它本身告诉了我们中国的历史在战国时代,就有这么一个字,您那个搭腔、八卦阵、长蛇阵,去找自己那个字,所以他才会去找,找着那个字了你就是那个点上的,一点找就是我。所以我也说分文解字还是需要大家去解释去支持。所以我们要向民间的智慧学习,相声艺术啊,全世界没有哪一个国家能有这样好的相声艺术,咱马老师对这方面艺术研究颇多,所以我们要继承马季同志的这种精神,发扬他这种创业精神,投身事业把命都搭在里面了。就是这样一种精神,把相声事业推向前进。底下在座的艺友们,表达我的一点心意,虽然我岁数大了,愿意和大家一起共同努力。祝大家事业进步,祝马季老师在那边高高兴兴,记得家乡人爱你。

吴文科发言

吴文科(中国曲协副主席、著名曲艺评论家):前面艺术家的发言特别受教育,特别感动,但是我还得表达自己的心情,我说三句话。

第一句话就是说这本书的出版,包括今天大伙一起来庆祝和怀念马季老师,来纪念他、学习他,这从一个侧面再一次充分体现了马季作为伟大艺术家的价值。人走了已经快五年,四年半了,但是他的音容、他的艺术、他的人格、他的情感、还有对人的方式,对这样一个社会,回荡、发酵、生长,这个

195

是我今天来的第一个感受。

第二句话,我想说,您这个东西是多种多样的,家乡的父老对他特殊的情怀和感念通过张先生的笔墨,来纪念马季先生,让我们感受到了。人生是艺术的根基,所以说我非常感动,非常感谢张伯苓同志。

第三句话,我想说,这本书的史料价值非常的珍贵,这些年关于历史的书写,有一种非常时髦的做法,叫口述式,而这本书更恰恰在口述的意义上来写马季,用他自己的亲人、他的乡亲、他的同族来说马季、马季从哪里来;还有讲身后,马季到哪里去,结果只有一句话,马季作为一个伟大的艺术家,生前的艺术给我们的国家、民族、社会、曲艺和相声做出了重大贡献,他的身后,永远定格在历史的篇目上,他哪也没去。给这本书做一个定位的话,它对相声、对马季的研究不仅仅局限于马季这个点和马季所创作的作品、他的相声表演艺术,已经把这个半径和手臂伸长、拉大,上下几千年,追溯他自己的路、血,这样一个人,这是最根本的东西。恐怕好多成年人、尤其是老年人,到成熟以后,非常非常关注这个点。文化是有传承的,马季的祖上是陕西扶风法门寺一带,后来祖上有军功,到了天津,到了北京。所以我们这个时候对相声、对曲艺、对艺术,分析它这个关系,就有一个轮廓、一个思想的背景,每一个字、每一个标点符号,都是有营养、有价值的,可以品味。还有一个比方是嗑瓜子,虽然我是一个从事学术研究的人,谦祥老师把这本书送了过去,非常感动。今天老师和同行们都在,我没有充分的准备,我只是说空话,这三点感言、感动和感想,讲出来跟各位老师一起交流,谢谢。

廉春明发言

廉春鸣(著名相声作家):很感谢,非常感谢出的这本书,因为它非常真实。以前马季老师跟我说过一个事情,他说有人写我一本书,这不对,因为什么呢,这个不真实,刚才我跟王谦祥说这事。所以写书一定要真实,不来虚的,所以说这本书非常感谢你(指作者),再一次感谢你。

作为他的学生,感谢你出了这本书。因为我跟谦祥他们几位都特别的熟,马季就是上天派来的,马季老师就是一个相声天使,就是上天派给我们的,中国相声只是因为有马季才显得更有色彩。马季老师就是盐,他有味道,你要是没有盐、缺少盐,人得多恐慌啊!马季老师就是当前我们相声一代的领军人物,是永远的相声,永远的我的老师,谢谢。

常祥霖发言

常祥霖(曲艺评论家):实在荣幸,今天看到这本书。刚才文科讲的我觉得特别好,这本书是按照人类文化学的思路去写的,是在我们曲艺家的传记文学当中,特别缺乏的一个文体,曲艺家的一生往往是光鲜亮丽的几个作品,进行多方面的评述,至于他的生前、身后,这样的写法,估计没有。我觉得张老师尽了一个家乡人的义务,也给我们曲艺界开辟了一个道路。

马季先生在我心目当中,跟大家所说的一样,是座高山,是一本厚厚的书。我一直以为马季先生是一个对新社会怀抱着无比忠诚、浑身散发着一团热气、烤化很多人的一个诗人,他能用诗人的情怀、诗人的角度、诗人的情感驱动他所擅长的相声,去讴歌新社会,讴歌我们的伟大时代。马季先生这样一个伟大的艺术家,他反哺人民,反哺社会,开创了相声的一个时代,时代有马季,马季有时代。今天,面对相声我们有很多很多问题需要思考,有位艺术家说得很刻薄,说中国电影是一位伪黄金先生,这词我们不能滥用。但是我们今天怀着很虔诚的心态,面对马先生的诸多战友、昔日领导和他的众多弟子,你们有权利这样认为,马季是我们时代的骄傲,时代因为有马季而荣幸。但是我们面对荣幸、面对着马季时代,我们不能有过分的惭愧,惭愧确实是随时伴随着我们。希望大家多想想马季,多想想他的辉煌,想想他的奋斗,想想他对时代的责任。在这个时候,我们用马季的立场、情感来要求我们,关照我们的责任,我希望今后的惭愧少一点。谢谢。

冯巩发言

冯巩(中国广播艺术团艺术指导、著名相声表演艺术家、现任广播艺术团团长):昨天看了这本书,我琢磨了一宿,现在还没有从这本书里出来。首先感谢您啊!虽然马季老师走了,但是感觉越来越近。大家都这么评价,大师是书,是旗帜,是丰碑,是精神,我这么品味先生,可能是不全的。我知道马季精神有这么四条,第一条就是马季先生始终与时代同步。无论是社会主义建设初期、改革开放还是全面奔小康的今天,他都是紧跟时代不断地发展,不断地进步,歌颂真善美,鞭笞假丑恶,跟时代、民族的命运,跟国家的发展一脉相承。这是第一条。

第二条,马季先生,我们的老师,永远跟老百姓血肉相连。他知道生活是一切艺术的本质属性和源头，所以他潜心地深入生活，不断地创作。我听马老师说，他到大鱼岛深入生活，有一天两点多钟还在那黑灯瞎火地坚持笔耕不辍，在那里写作，写张福贵，突然他发现，他光着脊梁写作品的时候，后面一片漆黑啊，他用手一拍，没想到啊，全是蚊子，后脊梁一片蚊子，手上全是鲜血。这说明马季老师的成就，取决于人民群众的鲜活的滋养。

第三条是继承精神、不断创新。他把传统相声继承以后完全为自己的创作所用，创作了三百多段相声，也开创了一代歌颂和讽刺并举的先河。从内容上来说，从形式上来说，马季老师的相声小品，马季带我们演喜剧电影，这是对他的喜剧之路、相声之路，是一种拓展，是一种创新，是一种发展和扬弃。马季先生是一个德艺双馨的人，马季老师为人宽厚，为人师表，他的音容笑貌至今都在我的脑海中。我觉得马季先生用自己的联想，为他立了功；用自己的作品，为他立了言；用自己的人格，为他立了德。我感谢您，今天您为他立了碑。马季先生是块丰碑，光从一个侧面，可能不全面，不是很深刻，但是您带了一个好头。马先生离开我们时间越久远，他的精神越凸显；历史越漫长，他的思想越凸显，其实越久越想他这个人。作为相声从艺者，马季老师的弟子，应该学习马季的这种精神，应该继承他，在艺术上不断地创新，深入生活，潜心创作，为人民、为观众提供更多的笑声！再次谢谢您！（起立与作者握手）

黄宏（马季弟子、著名相声小品表演艺术家）：非常高兴能参加这个会，《马季生前与身后》对我来说是一本崭新的书，我还是第一次看到。遗憾的是，我不跟其他的弟子一样，生前没有陪他更多，身后的故事也了解得很少，从这个角度讲，我更像是一个普通的观众，因此对马老师的纪念，更像是一个最普通、最忠实的观众，用全心去感受他。今天家乡人来了，我们曲艺界的朋友来了，还有很多观众们，我觉得马老师是得到家人、同仁和众人的认可。他是我

黄宏发言

199

们的恩师，又是相声的一杆大旗，也是我们曲艺事业不可多得一代大师。我觉得能够具备这样的名，必须有几个鲜活的条件。

第一，优越的专业条件，丰富的综合素质，正直的为人施礼。我对马季老师的了解是从幼年开始，因为他是我爸爸的至交，在我们家的影集里，放着三个人的照片，让我仰慕——马季老师、唐杰忠老师、赵丽蓉老师。马、唐、赵，"当头炮"，当时曲艺事业生龙活虎，也是最有活力的一代蛟龙。我想，马季老师有今天的成就，也离不开周围这些好同事，还这些老师、这些好搭档。我认为马季老师是一个纯粹的艺术家，他纯粹得没有把更多的精力放在人际关系的平衡上，他没有把更多的精力放在人际的计较上，他没有把更多的精力放在金钱和物质的贪婪上。我和马季老师接触的不多，不像赵炎老师、刘伟老师，他们经常在一起，我每当演出也好、聚会也好，与他碰在一起的时候，他就是在说艺术，就是在讲相声，我就是利用这些时间，从他身上学到了许多许多的东西。我喜欢曲艺，因为我从小来到部队，写了很多段子，我的曲艺集请马季老师为我题前言，他拿过笔来一气呵成，现在我能够把这个前言背下来，觉得这就是对我的要求和指导。所以说我们今天缅怀他，马季老师生前是神，现在在我们心目中仍然是神，他是那样的纯粹，纯粹得没有一点杂质，而且对我们部队的曲艺创作有非常大的影响。我记得马季老师在我的书里面写的这样的一句话："两条腿走路，作为曲艺演员一定要自己创作。"这也是我的座右铭。这些年来一直坚持这样做，而且今后我也会这样做。虽然我们创作水平不高，但是我们一定会去努力，在这条路上走下去。

今天这个书出版了，有这么多的同仁去怀念他，我希望他有更大的社会影响。我们一是自己学，向王金宝老师学，我们拿回去一包瓜子，回去自己嗑。还有我们有更重要的任务，就是把这本书推向社会，造成更大的影响，为我们曲艺争光。我们曲艺界有这样的人，值得我们骄傲。而且我们也希望这部书不仅仅停留在文字上，不仅仅设在书香里，这本书写得这样细，写得这样实，我相信它一定很有价值。我也希望我们的同仁，能够把马先生的这本书拍成影视，能够让更多的人通过现代的媒体去了解。

最后我想说四句话。这四句话我觉得用在马先生身上就是像在说他，优秀的文化是什么？是植根于内心的修养，是扪心提醒的自觉，是以约束力为前提的自由，是为别人着想的善良，谢谢大家！

李增瑞发言

李增瑞(著名相声表演艺术家):感谢给我这么一次机会说两句话。我代表我们这些弟子们说。因为这些我们马季先生的弟子,在我们的艺术生命当中,有先生的遗传基因,都有先生洒下的辛勤汗水,我们能有今天,我们能够成长到今天,我们永远不会忘记恩师的培养,我们永远怀念他。

今天出版《马季生前与身后》这本书,为先生著书立传,使我们有一个聚会来共同怀念我们的恩师,恩师有一句话值得我们大家深思,他说无论在任何情况下,我都毫不动摇地做一个真正的相声人。我希望这句话能够使我们弟子一起共勉,来永远怀念我们的恩师,感谢恩师的培养。同时我们也感谢,宝坻这块宝地为中国相声培养、培育了这么一个伟大的艺术家,向宝坻人民表示感谢,向这本书的作者张伯苓先生表示感谢!我们会继承先生未完成的事业,把我们的相声搞得更好,给我们的人民带来更多的欢笑,完了。谢谢。

韩兰成(著名相声表演艺术家、央视《曲苑杂坛》编导):该说的各位都说了,该感谢张先生的也感谢了,也鞠了躬了,我说个车轱辘话,再一次感谢张先生,感谢给我恩师出了这本书。除了感谢之外,我再给你提供一点小素材,等你出这本书下册的时候,你好用。

有一次先生带着我们去徐州有一场演出,演完了已经到了夜里 12 点了,开车的时间是十二点半左右,结果到那一看,火车晚点,火车站的人非常客气,你们赶快来吧,赶快来贵宾室吧,结果就到贵宾室了。这时候大家在贵

201

韩兰成发言

宾室,天下大雪非常冷,都在休息的时候,突然门开了,一群铁路工人,有拿着小铁锤的,有拿着号志灯的,起哄一样就到屋里了,门一拉开,雪花北风一块就都吹进来了。这时候马季先生赶快站起来了,大家说我们来看看马先生,马先生说你们只是想看看我吗,不想听我说一段吗?这是夜里面一点钟,结果全体观众一起鼓掌,这个时候我师兄赵炎在旁边已经快要入睡了,他把赵炎喊起来,两个人夜里面一点,为铁路工人演了两小段。这是一件活生生的例子,现在记忆犹新。

我跟随马先生20年的时间,他的高尚的品德,无时无刻不在影响着我。比如原来没有手机的时候,走到哪,最后他都说把电话费给结了。说句实在话,有的时候我不想结,到那儿演出去,人家这么热情,住的五星级,还叫我们去结什么电话费,他说了我不结不行,不管在哪演出完了,我必须把电话费结了。有一次去演出,人家也是非常热情,我想咱没有必要结,我就没结,他下楼问我:"兰成,电话费结了吗?"我说:"啊啊啊。"结果就下来了,因为我说话吞吞吐吐,先生聪明地看出来了,上了车,他问我电话费你到底结了没结?他噌地一下从车上下来,自己跑去把电话费给结了,后来一路上先生都没理我。最后他说了一句话:"咱们是说相声的,咱们不能让人家看不起咱们。"

还有一件事。有一次先生接了一个电话,在成都有一个演出,一个叫鸡蛋妹的演员组织演出,我们就去了,结果演员进门以后她就哭了:"马先生实在对不起你，我们说的包路费不能跟您兑现，只能给您五千块钱。"马季先生说："别介，你放心吧，该怎么演怎么演。"演完后给你写个条子，结果就写了一个借条，写了三万块钱的借条，然后给了五千块钱现金。马季先生把这五千块钱递给我："兰成，装着。"我一犹豫，"你装着，少废话。"把那钱就给我了，然后在那个演员走了以后他把条子给撕了，"那还能要的来啊，咱们全当作旅游了。"演出一点儿没耽误。所以先生生前经常说，艺术的高低是人品的较量，他还经常说，我们相声演员一定是生活的老师，却不能做生活中的小丑。他的名言，至今我认为还是我们的座右铭，就这样，谢谢大家！

柏迈高发言

柏迈高（马季的徒孙、美国驻华商会主席）：今天我非常高兴参加这个活动，看了这本书的出版，我说说两方面我的心情和纪念。

一是很多人都提出来马先生写了好多的段子，我记得有一次和马先生一起他还是有创新，创意的想法，比如有一次我和刘老师到马先生的书斋，请他吃晚饭，讨论我企业的问题。马先生开始想一想，后来写了一段叫《中国的诸葛亮和美国的企业管理》，边吃边听马季先生讲。他开始讲了一段相声，我们旁边的服务员冷静地站在那边，开始微笑，后来控制不住，开始笑，马季先生就是创意的艺术大师，这印象非常非常深。过了一段时间，考虑到我企业发展的问题，就是停车的问题，他又创作了一段相声。马季先生在艺术上非常讲创新，这一点我印象是非常深。马先生非常关心老百姓的生活，也知道他是政协的委员，每次老师过来他也问到地区的发展，老百姓的生活，所以他最关心我们的问题。最后我想感谢张先生写了这本书,回去后可以读一读,可以更好地认识马先生,纪念马先生。

马东(马季的儿子、央视春晚总导演):特别对不起,今天底下坐着这么多长辈,这么多大叔,很多各个方面的老师。下午台里面有一个不能缺席的会,刚刚完,所以刚赶过来。

马东发言

其实关于这本书的出版,我们盼了很长时间,这本书的书稿在我那儿也放了很长时间,我一直在看,有的时候看不下去,因为我父亲离开我们到今天是1549天。虽然是一个很长的时间,但是有些东西还是很难放下,包括我父亲很多生前的资料,到现在我妈老是催我,让我找时间整理,但是确实是有的时候拿不动,有的时候不太敢去触碰。

我父亲一生不管是他写的还是有人写他的,出的书并不是特别多,包括他最后临终前在桌子上的书稿,我们在他去世之后,尽快地就把它出版了。那么今天这本《马季生前与身后》其实是对他这几本书的一个特别好的补充。由于涉及生前的部分,有许多是别的书里涉及不到的,涉及身后的部分,又是对他72岁的一生的补充和完善。张伯苓大哥,是我父亲走之后我才逐渐熟悉起来的,也是通过他,才跟我父亲的原籍、我的原籍宝坻更加亲近,应该说其实是通过伯苓大哥,使我和宝坻有了这种血脉上的继承。我父亲生前很多次去宝坻,也跟他聊的特别多,所以应该说他这本书里面的很多情况,对我来说第一次读的时候都是很新鲜的,非常完整,非常翔实,采访的工作也特别的辛苦。

从我的角度看,我父亲是一个亲近的人,他是一个专家,专业人士,他是一个很有人情味的、情感非常含蓄、醇厚的一个人，这个东西往往需要时间，才能在心里慢慢地品出味来，这也是一千五百多天以来，常常转在我心里的一些感受。我特别感谢伯苓大哥出这本书，好多了解我父亲、不了解我父亲的朋友们能够回味他的一生，然后把这种温暖传递出去。我特别感谢今天来的这么些叔叔辈的、这些老艺术家，唐大爷，王金宝叔叔，赵叔叔，包括那边廉老师，这都是跟父亲一生的朋友。在他去世四年多，关于我父亲的一本书出版之后，还能够听到您们温暖的声音，看到你们的样子，我心里特别感动，也特别感谢我的大哥们。说实话，他们都是特别特别忙的人，这么一个活动，要我打电话去联系的时候，真是拿起来，放下，拿起来，放下。因为可能这一点我随我爸，就是张不开嘴。然后，我得到的回馈，永远是极其干脆、极其直接的——还需要做什么？肯定到，还需要做什么？让我很感动。我虽然是当主持人的，但是碰到这种时候，总是不知道用什么语言去形容自己内心的那种感激。我父亲走了之后，所有我父亲的这些老朋友们、弟子对我母亲、我叔叔以及对我的那种照顾，让我们永远感激，我觉得从家人的角度，我谢谢大家，就这些。

刘兰芳(时任中国文联副主席、中国曲协主席、现任名誉主席)各位领导、各位艺术家、同志们、朋友们；今天我们在这里举行《马季生前与身后》一书的首发式暨座谈会，缅怀马季先生为相声艺术做出的卓越贡献，在此，我谨代表中国曲艺家协会以及我个人，对今天到场的各位领导和曲艺同仁表示衷心的感谢！

刚才几位领导和艺术家都做了很好的发言，从不同方面深切缅怀马季先生，表达了对他的敬重和怀念之情，并对

刘兰芳发言

马季先生的艺术成就做了很高的评价。马季先生是新中国培养的第一代相声演员。他把自己的一生都献给了相声事业，是深受全国人民群众喜爱的相声艺术家，他精表演、通创作、长教育，是我国曲艺界的一面旗帜，是广大曲艺工作者学习的楷模。在曲艺界，提起马季的人品，人们都交口称赞。他为人敦厚朴实，急功好义，乐于助人，有求必应。为这样一位德艺双馨的大艺术家著书立说，是一件必要而有益的事，而由马季先生的故乡天津宝坻的人民来书写他的人生故事，则更加具有独特、重要的意义。

作者张伯苓同志和我相识时间虽不长，却结下了深厚友谊。他对宝坻的文史工作非常用心，对宝坻的文化名人也十分关注。多年前听他说想从故乡这个角度为马季先生写一本书，当时我就赞同，并表示一定会大力支持。今天看到新书终于出版，我感到由衷的欣慰和高兴！在此深深感谢张伯苓同志为编撰本书付出的辛苦努力！

出书不仅是为了纪念，也是为了更好地传承。作为曲艺战线的老兵，在继承传统民族曲艺上有义不容辞的责任，希望大家都能抽出空来，认真读读这本书，好好体会马季先生留给我们的累累硕果与深切期望，以他的精神为动力，努力创作人民群众喜闻乐见的新作品，不断提高自身的表演水平和文化素养，为推动我国曲艺事业的大发展大繁荣尽一分力量，做一份贡献。

（根据录音整理，各位的发言有删节）

第十章
永远的传承

我这个人好感情用事,这既是个坏毛病,有时也成就了好事情。我为马季先生做的那几件事,都是在感情用事中产生的,而且靠着这种激情,运作成功了。新书首发后,我又一次感情用事了……

第一节　北戴河海浪催生出个承诺

那是 2011 年的 6 月,组织上让我参加全国政协在北戴河举办的厅级干部培训班,时间为半个月。我们那个组有天津、山东、宁夏、广东、湖南、湖北等地的政协同仁。在较短的时间里,相互之间很快熟悉了,结下了友谊。这一年的 3 月,我的新书《马季生前与身后》出版发行,我带去了几本,送给同组的学员,他们很高兴,也很惊讶。"你就是新书的作者?"我说:"是的。"几个晚上,广东汕头的蔡主席、湖南衡阳的李主席、湖北武汉洪山区的廖主席相聚在我的宿舍聊天。宁夏石嘴山市的王中主席, 我们两个在培训班接触最多,常常一起赤着脚在海滩散步。他拿着我亲笔为他签名的新书激动地说:"马季先生是名副其实的相声大师, 这个题材你抓住了, 做成了一件大事情。"我说:"我是宝坻人,有这个责任,也有这样的条件,应该记录下从宝坻走出去的这样一位伟大艺术家。"

一天晚上,送走了王中主席,已是十点多钟了,听着窗外海浪的拍击声,看着岸头摆放着的《马季生前与身后》,我恍惚又听到了马季先生正在说相

声《海燕》,我和马季先生接触的情景又历历在目,怀念之情又一次涌上心头。我在自问:"你还能为马季先生做点啥事情?"这时海浪拍打声彼此起伏,在夜深人静时显得那么地悦耳,那么地急促,突然间我又萌生了一个想法:现在全国还没有一家专门研究马季相声艺术的机构,他的弟子又各个声名远播,何不以他的弟子为主体,在家乡宝坻搞一个马季艺术研究会,这是多高端的研究机构,让大家永远怀念他,永远学习、传承他的艺德、艺术,让他的血脉永远和家乡人民相连接……

采写《马季生前与身后》这本书,使我与马季家人、马季弟子们更亲近了,他们中的一些人还与我有许多来往,产生了深厚的情谊,这是多好的资源呀,如不抓紧操持,时间久了,和他们接触少了,这些珍贵的资源就要流失掉。再者说,自己还有两三年就要退休了,何不干干这件有意义的事情,来报答马季先生生前对自己的一片真情。那一夜,伴随着海浪演奏出的优美旋律,我暗暗在心中对马季先生做出了第三个承诺:成立"马季艺术研究会"。前两个承诺纪念马季从艺50年、以家乡的视角为大师出本书都实现了,这个心中的承诺也一定要实现……

第二节　不动声色的奔波

咖啡屋的会面。6 月底 7 月初,北戴河培训班结束后,我就思索这这件事情,怎么样才能操作。要成立马季艺术研究会,这确实不是一件容易的事,他的弟子们能不能支持、认可不认可,马家同意不同意这仍是个最先决条件。必须先找马家探探底。

这年的国庆节,我和马东联系上了,我们约定 4 号上午 10 点,利用假期,在北京马东家的小区见面。见到马东,我把想为先生成立艺术研究会的事情跟他说了,他非常赞成,眉宇间流露出一种感激。在小区的咖啡屋里,我俩边喝咖啡边聊着成立研究会的事,马东还提出了很好的建议、意见。马家同意而且给予极大的支持,我就有信心了。

夜晚给老同学打电话。成立研究会,这是社团组织,必须经社团局审批同意才行。晚上,我给我的同学,天津市民政局局长曲孝丽打电话。孝丽说:"这么晚了,大过节的你一个革命老人家有啥事呀?"她还用了几句宝坻话,在电话里开起了玩笑。我说:"革命老人确实有事了,需要曲局长的支持。"我就把成立马季艺术研究会的想法和她说了。孝丽说:"看来,即将退休的老同志还想干点大事儿,我支持你,这件事很有意义。"我说:"这件事你先给我保守秘密,需要协调的事很多,万一弄不成泄露出去不好。"孝丽说:"我明白,你想咋办呀?""我想以个人的名义成立可以吗?"我问。她说:"政策允许,不过你要是现在出面组织,得经市委批,退休以后就不用了。"我说:"先运作,不忙。"停顿了一下,我在电话里和她说:"成立国家级的社团可以吗?"她半开玩笑地说:"你的野心还不小,那样的难度比较大,你不如先办市级社团。"孝丽接着说:"你要是真想办国家级社团,我和民政部社团局给你先联系一下。"电话中她停顿了一会说:"这样吧,你先找我们社团处张雪松处长,让他和你一起跑跑,有什么问题再找我。"我说:"好,就这么定了"。

没过几天,孝丽把我约到市局,她把张雪松处长找来,当面亲自交代了这件事。她说:"张处长,这件事我已和部里社团局的有关领导说了,你这几天腾出点儿时间,陪着张主席一起到北京去办办这件事情,马季是一个伟大的艺术家,也是咱们天津人的骄傲。"雪松处长说:"放心吧,曲局长,我一定帮着张主席把这件事办好。"

张处长四十多岁,个头不高,胖胖乎乎,慈眉善目,戴着一副眼镜,更显得精明能干。之后,张雪松处长陪着我到民政部社团局跑了三次,负责接待我们的同志非常热情,他说:"马季确实是个相声大家,但是我们得向主管领导请示沟通,以艺术家名字成立研究会还不多。"他跟雪松处长说:"你先和张主席回去,有信儿后我很快通知你们。"由于孝丽局长的进一步协调,雪松处长的积极努力,民政部社团局原则同意了。但人家说:"要有主管部门中国文联的同意函才能报批。"雪松处长对我说:"这边的事基本落实了,只要是中国文联同意,我就帮着您办手续。"

中国文联这么大的部门,我哪够得上呀!我找到了刘兰芳主席,她很支持:"你找文联办公厅的夏福朝主任,顺便给他带去你的新书,我这就找他联系。"当我把申请交给办公厅夏主任后,夏主任及时和主要领导进行汇报,中国文联对此事非常重视,还上了文联党组会议,进行了认真的研究。由于以个人名字建国家级社团,管理非常严格,研究会因故没有批准。负责此事的中国文联一位女司长,亲自给我打来电话,反馈意见,她说:"张主席,大家在会上对马季先生是非常认可的,他确实是名副其实的相声大师,开辟了颂扬性相声的先河,人品、艺德、影响力、艺术价值绝对是一流的,可现在全国以个人名字命名的研究会只有鲁迅等几个,报批有点难度。您看这样吧,还是先在你们天津把这个研究会办起来,今后如果可能再转成全国的。"虽然没有批准,但听了中国文联的意见反馈,我很是激动,没想到为了这事人家还上了党组会,对马季大师评价这么高,这么大的机关,还专门给我打来电话进行细致全面的反馈,我当时在电话里就向人家表示感谢。

我把中国文联的意见向孝丽局长进行了反馈,孝丽说:"那就先办市级的吧,你找雪松处长,让他全权负责,有什么困难再找我。"

这时,五年一次的区县换届开始了,我心里早就做好了退居二线的准备,可是市委有文件,57周岁,还可以继续提名,我恰恰在这个年龄段,最后组织上又安排我任政协副主席、党组副书记,再干三年到退休。

我去市里找张雪松处长,问清办理社团都需要哪些手续,张处长告诉我,需要报的几个文件:马季艺术研究会可行性报告、申请、发起人登记表、负责人登记表、法人登记表、会员推荐名单等几个文件。您如果需要,我就派人到宝坻帮您一起弄。我说:"这回不用那么急了,组织上没让我退居二线,还得工作几年,我就忙里偷闲先鼓捣着,哪些不清楚的再找你。"雪松处长说:"好,您随叫随到。"

按照雪松处长说的那几个文件,在业余时间里我开始起草有关文件。可行性报告、社团申请修改了一遍又一遍,在一年多的时间里,我把共计两万多字的大部分文件,包括会员推荐名单、发起人等各种登记表,都搞出来了,并进行了多方面的协调,当了一次真正的马季艺术研究会的第一任秘书长。

对这些报批社团所需文件,雪松处长都给予精心指导。后来,雪松处长担任办公室主任,不再担任社团登记处处长了,他陪着我一起到天津市办证大厅和新处长王强、工作人员刘觅见了面,进行了工作交接。王强处长、刘觅同志一如既往,给予全方位的支持。

登门拜访王谦祥。筹建马季艺术研究会离不开先生弟子和家人的支持。在多年的交往中我和先生的弟子王谦祥老师结下了深厚友谊,他的人就像他的名字一样是那么的谦和。成立马季艺术研究会的想法,我第一时间去北京王老师的家告诉了他。他很激动:"张先生,您看这本来是我们应该干的事,您又开始费心了,需要我干什么事您就说吧!"我说:"您得做我的坚强后盾,给我好好参谋参谋,把有些事帮我理一理,特别是弟子的事,领导成员都

211

安排谁，会员都需要哪些人进入，您得给我把关协调，这点我是无能为力的。"谦祥老师说："没问题，咱俩一起商量着办。"

发起人、会员推荐名单、理事、常务理事的安排，谦祥老师和弟子们反复地进行协调沟通，几年来，我去北京王老师的家不计其数，在他的家里一起商量修改章程、会员名单，反反复复无数次。谦祥老师本来身体就不好，几次躺在床上用手机还在联系事情，听到他在电话中发出微弱的声音，我心里咯噔一下：王老师又病了，可离开谦祥老师有些事我还真办不了。我记得，王老师在武清老城关他表弟办的一所私人学校养病，我还数次去那找他商量沟通事情，心里很是过意不去。

拿到委托书。2013 年年底，各种文件、会员名单都整理差不多了，马东先生、谦祥老师、李增瑞老师等十人为发起人，增瑞老师也给与大力支持。在和市社团局登记处王强处长沟通登记手续时，王处长和我说："成立马季研究会，马季家属肯定同意，但您最好得有人家的委托书，这样才稳妥。"听了王处长的话，我觉得很有道理，2014 年春节，我利用给马季夫人拜年的机会，和于波老师讲了这个情况，于老师说："没问题，我这就给你签字。"她大笔一挥，把成立马季艺术研究会的权利授予了我，对我给予极大地信任。拿起于波老师给我签好的委托书，我感到心里热乎乎的，这既是一种信任，更是一种沉甸甸的责任。

委托书

天津市社团局：

　　　　同意张伯苓等同志发起成立马季艺术研究
会，特此受托。

　　　　　　　　　　委托人

　　　　　　　　　　　　　2014. 2. 9

与天津范师大学联姻。可事情总是计划没有变化快，这年的春节过后，筹办形势发生了变化，遇到困难。一次，我到天津师范大学看望我的同学张月琪，月琪任校国资处处长，在大学干得挺不错。他知道我和马季先生的弟子很熟，也知道我为马季先生写了一本书，他问我最近忙乎什么呢？我就把想成立马季研究会的情况和他说了说，他说："这是件好事呀。"我说："好事是好事。"他看出了我心中的难处，对我说："这样的研究会也不以盈利为目的，要不弄我们学校来得了，我们还有艺术学院，现在领导又在打造校园文化，你就把这个资源给我们师大算了。"我说："完全给师大不行，可以注册在宝坻，挂靠师大，把根还得留在故乡。"月琪说："这样好，一举两得。"张月琪干事雷厉风行，一天他打电话说："我和高校长渗透了这个事，高校长挺重视，要不你哪天来一趟，和高校长见个面，详细说说情况。"当时我心一动："这事有门儿，把研究会放在大学，那就方便多了，这是一件大好事。再说，高校长是我们天津市政协副主席，人又那么平实谦和，我们还是政协一个系统的，我也很熟悉。"我说好。第二天，我就到了天津师范大学，见到了高玉葆校长，我们的市政协副主席。在高校长的办公室，我说了整个想法，并把拟定的马季艺术研究会的会员名单给他看了看，他非常高兴："这个名单几乎涵盖了全国相声界众多名家、大家，很高端呀！"我说："是的。"玉葆主席非常同意把研究会放在师大，他拿着会员名单沉思了一下对我说："宝坻的文化资源很丰厚,得好好筹划一下。"眉宇间,看来高主席又有大的考虑,他没说,我也没好意思问。

进京到文化部。在漫长的筹备中,有一件事一直没有定下来,就是在马季的弟子中,谁担任马季艺术研究会的会长,这些弟子好多人都成了名家、大家,他们的各种社会活动很多,非常忙碌。谦祥老师我比较了解,人又那么好,在弟子当中都能说得来,可他非常谦虚:"我没有那么大的影响力,身体又不好。"所以一直放着没定下来,就这么放着。

2014年9月,我去文化部看望董伟副部长,在他的办公室,还没等我坐稳他就问:"马季研究会筹办得怎么样了?"因为在这之前,我曾和他汇报了要成立马季艺术研究会的想法,董部长当时就对我说:"马季先生是名副其实的相声大师,以他的名字成立研究会,够格!需要我做什么你就找我。"我说:"研究会其他的事情都弄得差不多了,注册在宝坻,准备挂靠天津师范大学。"董部长马上兴奋起来:"我当过大学校长,大学需要这样的研究会,研究会在大学更能发挥作用。"董部长一席话,我的心一下子豁然开朗,更加坚定了研究会进大学校园的信心。看着董部长满脸笑容,我说:"就是谁当会长还没定下来。"董部长说:"你是怎么想的?""我的想法是姜昆老师比较合适,它既是马季先生的第一高徒,社会影响力也很大,可他身兼要职,又那么忙,我很纠结,没好意思向他说,怕他有难处。"董部长说:"他和马季先生的感情很深,我估计不会有什么问题。这样吧,我先找他说说,你听信儿。"我说:"那太好了,如果姜昆能担任会长,我再去师大把有些事砸实了。"董部长说:"你听我回话吧!"

我和董部长早在他担任中国剧协分党组书记时就认识了,那时我还在区电视台任职,2008年我与董部长一起策划、组织了由中国剧协、天津电视台、宝坻电视台联合举办的首届"环渤海专业院团青年演员评剧电视大赛",大赛进行半年,搞得非常成功,青年才俊脱颖而出,在中国评剧界产生了重要影响,开创了全国"五个第一"。这个大赛,从策划到颁奖,倾注了董部长的极大心血,在零距离接触中,让我们这些基层广电人、戏曲人,看到了他那血液里流淌着浓浓的传统戏曲文化的情怀。事后他对我说:"你们一个区县台,为弘扬中国评剧做了件大事情。"我知道这是董部长对我们的鼓励,其实这场高端的评剧电视大赛,更是倾注了他的极大心血,思路上给予点拨,运作方式上给予鼎力支持。以戏为媒,我们之间建立了深厚的友谊,后来他到文化部工作,不改初衷,那平易亲和的为人,使我这个基层小人物,才敢与他接触只要涉及文化事业的事,我就不假思索地来找他。成立马季艺术研究会,我第一时间就向老领导汇报,得到他的热情接待和充分肯定。

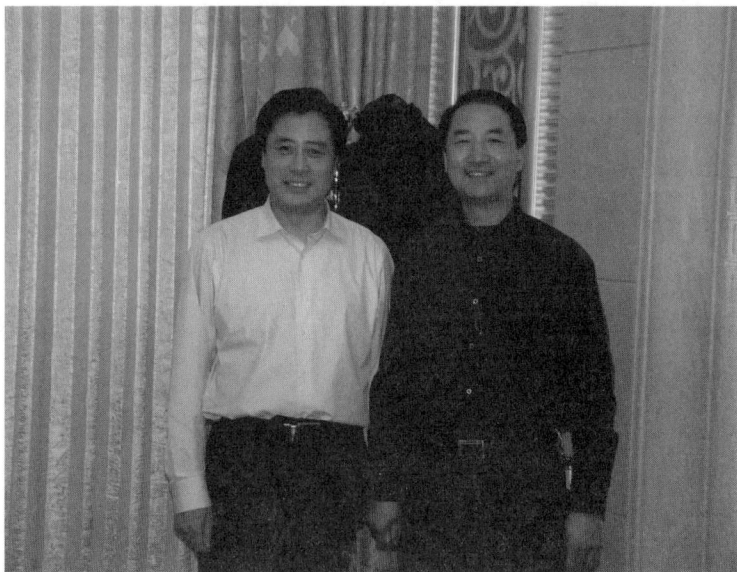

过了几天,董伟部长在一个中午给我打来电话说:"我和姜昆沟通了,这个研究会会长他答应了,你就直接找他吧。"晚上,我给姜昆挂电话,电话占线,过了一会儿,姜昆给我回了电话,他在电话里第一句就说:"伯苓,你怎么绕了这么个大弯子,直接和我说不就得了嘛!"我说:"您那么忙,我哪好意思说呀!"姜昆说:"这个研究会会长我当,就是马东、师娘那得知道这个事儿。"我说:"这事好办,我找他们沟通。"我接着说:"您什么时间有空,我到您那汇报汇报情况去。"他说:"我现在正在宝岛台湾,等我回去吧,估计 11 月 2 号还有点时间。"我说:"好!那我就 11 月 2 号到您那里去。"撂下姜昆的电话,我马上拨通了于波老师、马东的电话,他们非常赞成姜昆当研究会会长。马东还对我表示感谢,我说:"这是应该做的,别客气。"

姜昆答应担任研究会会长职务,我非常激动,即刻去了师大,向高玉葆校长做了汇报,他听后喜出望外:"这么大的艺术家担任会长,太好了!"看着他喜悦的样子,我的心里也甜甜的。这时校长办公室里洒满了阳光,窗外树木的枝叶已经泛黄,在阳光的照射下金灿灿的,鸟儿在树上欢快地跳跃,焕发着勃勃生机。此时我想起董伟部长跟我说的另外一件事:"如果马季艺术研究会挂靠师大,学校也可以聘任姜昆为客座教授,这样就就把两者连接得更紧密了!"当时我心里喜忧参半,姜昆那么大的艺术家,北京的许多高校他都很熟悉,他能同意在天津的高等学府担任客座教授吗?可又一想,天津师大,在天津市除了南大、天大之外,是最顶尖的综合类大学,高玉葆校长又是天津市的政协副主席,格儿也不低呀!如果能成那可是"亲上加亲"呀!董部长好像看出了我的心思:"这你不用担心,如果研究会入大学,聘任他为学校客座教授,估计他会同意,不会有多大问题。"言外之意,研究会也为学校聘任姜昆为客座教授,增加了几分激素。坐在校长办公室接待间的沙发上,我喝了口茶,心想口出,就把这件事和高校长说了。高校长说:"那好啊!只要是姜昆同意,学校这边没有问题,这样的文化大家担任客座教授,也是我们学校的荣耀!"并深情地对我说:"伯苓主席,你就联系吧!"

姜昆办公室汇报。按照约定,2014年11月2号上午10点前,我和画家孟庆占一起到了中国文化基金会姜昆的办公室。在这之前,我早就将庆占给姜昆引荐认识了,也想让孟老师进入研究会,今后把研究会的书画院搞起来。姜昆还到过孟庆占在北京的画室,对他的花鸟画都很认同。孟老师是天津市政协委员,高玉葆校长对他也很看中。我们来得早点,过一会姜昆到了,"伯苓你来了,几点到的?"我说:"九点半就到了。"姜昆说:"那怎么不告诉我一声,让你们等这么半天。"我说:"没事,咱定的不是十点吗?"看见庆占,姜昆说:"孟老师也来了,今后你就把咱们相声界的几个画家拢在一起。"真是不谋而合呀!听了姜昆的话,我心里非常高兴。不一会儿,王谦祥老师也来了。人都到齐了,姜昆用手一指:"你们几个也过来。"啊!我们定睛一看,原来是参加第七届相声大赛的获奖选手、姜昆的几位学生也在这。姜昆对他们说,"你们的作品还不行,还要在创作上下点功夫,要选些好题目。比如说'求人',这个题目你们可以好好琢磨琢磨,现在人一生下来就要求人,找月嫂要求人,去幼儿园要求人,上学要求人,找工作要求人,结婚要求人,去火化场也要求人,没有不求人的,深挖创作好这个题材。"

姜昆给他的学生们布置完任务后,我把成立研究会的进展情况向他做了汇报,姜昆边听边说:"这些我都同意。"最后,我和谦祥老师把我们酝酿的研究会的会长、副会长、秘书长、常务理事、理事和会员的推荐名单递给了

他。姜昆认真地进行了审阅,不清楚的名字就问谦祥老师和我,并对个别名单进行了调整。他还建议:"把马先生弟子们的徒弟也要加进一部分,这样更有传承意义。"真不愧是中国曲协主席、先生的大弟子,看问题确实很深很远。汇报的事都完了,我向他说出天津师范大学想聘任他为校级客座教授的事。姜昆没说话,只是点点头,表示同意。多次和姜昆接触,我揣摩出了他的表情,这事就算成了。后来我还到姜昆筹办的相声博物馆,向他请示有关事项。

按照当初的想法,在成立大会前,让姜昆先到师大做一次讲座,也想提前和校领导接触、认识一下。姜昆听说给学生们讲座,很高兴。为了落实习近平总书记文艺座谈会的讲话精神,走基层接地气,他从筹备《姜昆说相声》排练现场走下来,握住我的手说:"到我办公室去,咱详细说。"庆占看着满屋子都挂着姜昆先生的书法作品,有的墨迹还未干,姜昆指着用镜框裹好的一幅字"继往开来"说:"这幅你喜欢,就送给你了。"庆占脸上充满了笑容,想不到这次进京,还有个意外的收获。因学校领导和姜昆都很忙,"艺术人生"讲座错来错去,最后放在马季艺术研究会成立大会一并进行。

看着谦祥老师带病出席这次碰头会,我们不忍心让他匆匆地回去,就邀他去孟庆占在北京的画室看看,庆占还给他画了张花鸟画,题字是"和气致祥",以表达对他的敬意。

一切事都与姜昆沟通妥当后,高校长十分高兴,在给我回的短信中表达谢意,他说:"让我们共同用心用力,把这件事尽快做起来。"姜昆老师也不断

给我创造条件，11 月 16 日他与苏法融在京有个书画展，亲自发短信邀我参加。那天张金玲、阎维文、李嘉存等许多艺术大家都去了。姜昆的徒弟周炜主持，让我们享受了一道文化大餐。李嘉存老师听说我是马季先生的同乡，特意让司机回车里拿了他新出版的一套画册赠送给我。看了姜昆老师的字，真是大饱眼福，名副其实的书法大家。姜昆老师还对我说："11 月 24 号，北京电视台《影视风云》栏目要搞一期纪念马季老师诞辰八十周年特别节目，请你参加，电视台通知你了吗？"我说："通知了。""那得让他们弄好了，脚本我还要看看。"姜昆说。

11 月 24 日下午 1 点，马季先生的弟子姜昆、赵炎、刘伟、笑林、王谦祥、李增瑞和我齐聚北京台《影视风云》栏目，纪念马季大师诞辰八十周年。几位弟子深情回忆了马季先生的一生以及对徒弟们的厚爱和培养，怀念之情涌上心头。姜昆还拿去了几十张他与先生各个时期的照片，每幅照片都是一段感人故事。他在向主持人讲述这些照片时，满怀深情，似乎把现场的观众带回了那些年代。当我在栏目中说出家乡人民对马季大师的怀念以及我在心中对马季先生的两个承诺时，姜昆说："伯苓，你不是还有第三个承诺吗？"他指着在座的弟子们，接着说："伯苓要在家乡成立马季艺术研究会，到时候我们都要支持啊！"深情的话语，引起现场观众一片掌声。他举了举手里的照片对我说："待会你把这些照片拿回去,放在研究会。"我说："这些照片太珍贵了,研究会里一定要好好珍藏。"

区委书记发来微信。 时任宝坻区委书记贾凤山,与马季先生多次接触,和马东也非常熟悉,得知我正在筹备成立马季艺术研究会的事,非常支持,告诉我一定要把宝坻的这份丰厚的文化资源挖掘好、利用好。当研究会筹备工作进入重要时刻时,市委决定:贾凤山同志调任河西区委书记,市委宣传部常务副市长陈浙闽同志任宝坻区委书记。浙闽书记我比较熟悉,他是我在县委宣传部工作时的老部长,更是我在区广电局工作时的天津市广电集团的党委书记,来宝坻工作更是我的顶头上司,真是一种情缘。他上任后不久,我应约到他的办公室汇报了研究会的情况,当浙闽书记看到我呈上的囊括马季先生众弟子等一百多人的会员名单后,非常高兴:"这个研究会具有全国的影响力,更是我们宝坻的光荣,我支持!"他还亲自交代组织部长,就办社团的有关事项,提出了要求。

2015 年元月,我终于退休了。得知这个消息后,天津师范大学方面抓紧运作,校、区双方领导,以战略的眼光,形成了"天津师范大学与宝坻区文化战略合作框架",师大借助宝坻文化资源,把成立马季艺术研究会作为一项重要内容,陈浙闽书记高度重视,推荐我出任马季艺术研究会副会长,并上了区委常委会研究,做出了决定。因为我是从政协领导岗位退下来的,这天上午七点多钟,李维怀主席给我打电话说:"组织部张部长和我沟通,让你出任天津师大马季研究会领导职务,这是件好事,待会儿就上区委常委会议。"言外之意征求我的意见。李主席对这件事非常热心,这让我也非常感动。我对维怀主席说:"听从领导安排。"夜晚十点半钟,我的微信响了,睡意朦胧的我被这铃声惊醒,我还纳闷:这么晚了谁还在发信息?我用手滑动着手屏幕,当我看到是浙闽书记发来的微信时,立刻坐了起来,他在微信中告诉我,区委常委会议通过了我兼职的决定,使我非常感动。浙闽书记这么忙,还不忘告诉我区委的决定,这不仅是关心我,更是关心家乡这一重要文化资源与区校文化战略的实施。陈书记长期从事宣传文化工作,对民族优秀传统文化情有独钟。我的眼睛立马睁大了,看着这短短几个字的信息,感到一种沉沉甸甸的责任。

亲赴曹妃甸。金秋时节,宝坻大洼稻浪滚滚,如一望无际的金色海洋,自驾行驶在刚刚改造完毕的宝芦公路上,看着家乡丰收的景色,激动不已:"我的家真是鱼米之乡,太美了!"自豪感油然而生,不禁哼唱起"谁不说俺家乡好……"这时金东瑞秘书给我打来电话:"高校长邀您来师大一趟。"转天,我再次来到师大。走进高校长的办公室,高校长对我说:"伯苓主席,今天来想和你再商量商量,现在办省级社团,学校里有点难度,考虑考虑,不如把研究会作为学校的一个专门研究机构,也减少了很多繁杂的手续,你看怎么样?"看到高玉葆校长那谦和坚毅的表情,我意识到,学校领导已深谋远虑了,这样更好,既提高了档次,更能加快速度,研究会筹办四年多了,不能再拖了。我说:"好,还是高校长想得周全。"我打了一下沉儿,高校长看出了我的心思,"还有什么难处吗?"我说:"难处倒是没有,但要征求姜昆和马季家人的意见,他们要是同意,就没有问题。"高校长说:"那就麻烦伯苓主席,抓紧协调一下。""您别客气,这是应该的。"我回答。

2015年冬天,筹备工作进入实质性阶段,我把这一情况向王谦祥老师进行了通报后,我们俩意见一致:要抓紧向姜昆汇报。此时"姜昆说相声"正在如火如荼地进行,怎么样才能和他见面汇报,我有点儿犯难了。谦祥老师告诉我:"这是个大事情,姜昆知道后他准能腾出时间听取汇报。"不出谦祥老师所料,那天我正在区老干部宣讲团开会,谦祥老师给我来电话:"今天下午,我和姜昆一起到唐山曹妃甸演出,您四点到那,利用间隙和姜昆碰头汇报。"听到这话，我心里非常高兴，下午如果能把这个大盘子定下来，成立大会就有眉目了。

当日下午四点，我和庆占、宝禄三人来到了曹妃甸大酒店。我们的车子开得很快，这时相声名家还在路上，我们三人已坐在大厅等待。看到前台挂着的钟表接近五点钟了，我急不可耐地给姜昆的秘书李宏伟打通电话，电话中宏伟告诉我：还有半个小时就到了。五点半，姜昆带领艺术家们陆续赶到，见到我，姜昆走了过来："伯苓，有啥事咱就在这说吧！"我当即把师大高校长的意见和他做了详细汇报，姜昆主席满脸喜悦："作为师大研究机构好，我同意。"他思索片刻说："名字不叫马季艺术研究所，还叫马季艺术研究会好，这样大气。"看他高兴的样子，我心里的一块石头落了地，总算成功了。而后我又从文件袋里掏出带来的马季艺术研究会领导机构和人员名单呈送给他："这个名单您再看看，四个委员会是咱研究会的工作基础，好多活今后都要落在这儿，主任、副主任的人选我和谦祥老师反复商量过，师大领导也很重视研究会的事情，所以每个委员会都安排了一名师大的相关人员担任副主任，这样开展工作方便。"他接过名单认真审阅，表示同意，在会员的名单上，他拿起笔画了画，个别的又做了调整，转过头来对我说："句号是再传弟子，也应作为会员。"我说："好呀！"姜昆边说用笔写在了名单上。看着"句号"两字笔迹那么粗重，就知道他对弟子句号是那样的了解和重视。收起了桌上姜昆审阅好的名单，这时李金斗、李增瑞等名家陆续赶到了，眼看着就要集中了，我对姜昆说："学校想和您商量，什么时间举行成立大会？"姜昆眨了眨眼："年前的事比较多，太紧张了，我春节前出国演出，正月十四回来，十五、十六两天有空，行吗？"他抬头看看我。我说："可能时间上不行，正月十五学校还没开学，再往后错，就到 3 月了，高校长你们二位都是全国政协委员，那就过了'两会'再开吧！"姜昆说："好！就'两会'后再开。"曹妃甸的组织者几次走到姜昆面前，焦急地站在那里没好意思打扰。姜昆说："就这样吧，有事咱再通话！"他急促站起身来告别，去了主办单位领导那里。我们刚刚起身，王谦祥老师到了，谦祥老师说："你们早到了，看见姜昆了吗？"我说："汇报完了。"我又把姜昆的意见和他简单地做了反馈。谦祥老师说："只要他同意，这就行了！"

猴年春节前，我带着研究会即将成立的重要信息，来到北京看望于波老

221

师,给她拜年,并向她汇报研究会的进展情况。实事求是地说,马季先生逝世后,许多地方都想以马季先生的名字成立这个组织、那个组织,有些省级电视台还想给马季先生拍电视连续剧,但先生的家人很低调,都婉言谢绝了,唯独我到家里说明想要成立马季艺术研究会的想法,出于对家乡的浓浓的情怀,于波老师和马东心动了,同意了,并给予大力支持。这次领导决定研究会作为师大的专门研究机构,与原来的注册地有变化,究竟家里是啥看法,同意不同意,我心里没有把握。来之前,我和高校长又做了沟通:"咱研究会虽然进了师大,还要做好与宝坻情缘的连接,如果家属提出异议,是否可以说在宝坻挂个牌子,建个办公地点,这样和于波老师也好交代。"校领导原则同意了我的意见。进了北京于波老师的家,于老师对我说:"张主席,您别年年总跑了,我挺好的。"我说:"过年了,我得看看您。"落座后,我把研究会的情况向她做了汇报,说明现在办社团规定很严格,区、校领导高度重视,决定把研究会作为学校的专门研究机构,与家乡也有亲密的连接。我把来前与师大领导沟通的情况和于波老师详细地做了说明。于波老师点点头说:"那就这样吧!"我说:"区里和学校建立了战略文化合作,把先生的研究会作为一项重要内容。"她连连点头:"这样就好,这样就好!"

成立大会筹备会。2月29日,还没出正月,踏着早春的气息,天津师范大学召开了第一次马季艺术研究会成立大会筹备会议,学校提前通知了我,让我参加会议。之前经与姜昆协调,决定2016年3月28日下午两点召开成立大会。这天九点半,我到了校区办公楼,校友办张梅君主任早早地就在门口迎候着我,在二楼会议室,校办、校友办、音乐影视学院、文学院、宣传部、团委等各个部门的人员都齐了,大家第一次见面都互相认识了一下。天津师大原副书记、校友会秘书长宋德新主持会议。早就听高玉葆校长说,宋副书记出任研究会副会长,人很好,也很精明,果不其然,见面就有一种相见恨晚的感觉,风度翩翩,平和大气,内心很快拉近了感情。张梅君主任担任研究会的副秘书长,东瑞和我的同学张月琪早有介绍,人又是那么的热情周到,干起事来像拼命三郎,当时,我就信心满满了。

刚落座片刻,金东瑞秘书陪同高玉葆校长匆匆赶来。今天是开学第一天,高校长视察了各学院的开学情况后,迅速赶到会场,这个研究会凝结了他的许多心血和汗水,第一次筹备会,他定要赶来参加。看到我,高校长又向大家作了隆重介绍："咱这个马季艺术研究会,多亏了伯苓主席。"会议开始后,宋德新副书记说："咱先请高校长给作指示。""那我就说几句。天津师大马季艺术研究会就要成立了,这是咱们学校的一件大事,参会的理事大都是在全国有影响的文化名人,筹备工作务必细致扎实,按照上级要求,要开得节俭隆重,不能出现任何问题。"他将有关的工作提出了明确的要求。因为3月3日要参加全国政协会议,2号就要赴京,这一去就要十天半个月,校里的事必须提前安顿好。讲完话,高校长又匆匆地忙别的事去了。

金东瑞秘书没有跟着校长走,留下来开筹备会。小金是个年轻的帅小伙,明亮的眼神透着精明,而此刻也看出他有些疲惫,我知道他这阵子最辛苦,除了协调研究会的事,正在忙乎一个研究项目——马季相声特色初探的立项工作。今天研究会的筹备会,讨论通过这个研究项目也算一项重要议程,因为3月1日前,必须把立项的材料上报中国曲协。

在筹备会上,研究课题很快通过。研究会成立大会的事情比较复杂,涉及的方面比较多,宋德新副书记让我先说说想法,我也是有备而来,事先把成立大会的事用脑子过了过,我就当着大家的面说出了我的想法："这个大会应是三个会议,成立大会,宣布学校研究会成立的决定及领导机构人员名单、揭牌、领导致辞、弟子、家属代表发言、领导讲话等议程;天津师大聘任姜昆为客座教授暨艺术人生讲座,要宣布学校聘任决定、颁发聘书、姜昆讲座及现场学生相声社、弟子、再传弟子演出,营造成立大会氛围;一届一次理事会,要通报筹备情况、通过研究会章程、会员名单及四个委员会职责和领导名单、会长讲话等几项议程。"

四个委员会是研究会的工作基础,也是工作班子,很早之前我在内心就琢磨要成立这四个委员会,并与谦祥老师沟通,他也非常赞成成立"文史资料征集出版委员会、艺术创作评论委员会、宣传培训委员会、笑星书画委员会"。最后报姜昆和师大领导审阅,并确定了人选。根据四个委员会职能,我又起草了每个委员会的职责,这样就完整了。

文史资料征集出版委员会,担负的任务非常繁重,姜昆会长点将,让赵连甲老师出山,担任这个委员的主任,他是目前曲艺界绝对的元老,又是马季先生最早的创作搭档,人称了解马季历史的"活资料库"。我也建议,由天津人民出版社社长黄沛、天津美院著名美术评论家、马季先生同乡王振德教授,担任副主任。因为天津人民出版社是天津最权威的出版社,今后可为马季艺术研究会担负重要的出版任务,黄社长又那么热心曲艺文化事业。王振德教授属于文史、美术、古籍研究评论大家,对马季的家史又非常熟悉,本村同根同源,姜昆会长非常赞成。

听了我的想法后,宋书记很赞成,开会前,梅君主任因为事先不了解情况,觉得无从着手,现在也清晰了,大家都觉得我的这个想法好,成立大会的主要议程就这样确定了,结合会务,形成了筹备工作的主要内容。会议结束后,在张梅君主任的提议下,大家还一起照了第一张筹备会议的合影像。

姜昆给我造像。在将近一个月的紧张筹备中,我们先后开了三次筹备工作会,研究解决存在的问题。高玉葆校长在全国"两会"上也是热线不断,对筹备工作关心备至,不断地指导、指示。姜昆在"两会"期间记者采访等事务性工作很多,百忙中抽出时间审阅成立大会方案和有关事项,并亲自为马季艺术研究会题写会名,让秘书李宏伟快递过来。一次电话中我向姜昆汇报筹备情况,最后他对我说:"伯苓,把你投递地址发给我,有点东西给你寄过去!"我纳闷,姜昆给我寄什么东西呢?两天后,快递员给我打电话,让我下楼取快件。当打开快件后,我惊呆了,原来是姜昆亲笔给我造的像!这不是一般的造像,这是他对我们筹办马季艺术研究会的褒奖。我打开手机,即刻给他发去了一条短信:"姜主席,造像收到,非常棒!您在'两会'上那么忙,还想着我!"短信发出不到一分钟,姜昆给我回了电话,他怕我有压力:"伯苓,闹着玩,闹着玩,只要你满意就行!"放下电话,望着造像,内心充满了感动……

在筹备工作中,师大领导高度重视,先后召开党委常委会、校委会,师大党委书记杨庆山对筹备工作做了明确要求。宋德新副书记牵头负责,他思想敏锐,处理问题果断,使筹备工作进展顺利。王艳玲、程勇、鲍国华、潘晖、庞大伟等,各个是精兵强将。张梅君主任是具体负责筹备工作的负责人,热忱奔放,把主要精力完全融入工作之中,各种情况考虑细腻,甚至对通知参会人员打电话、发短信、一对一志愿者服务接待,都制定出详细方案。有一天,她给我打电话:"主席,我们有个想法,以马季艺术研究会的名义,在天津师大'校友林'捐种'纪念树',您看怎么样?"我说:"这个点子太棒了,寓意深刻。捐种什么树种?"她说:"准备种银杏树。""银杏树好呀,象征坚韧与沉着,即使在冬天,那金黄的叶子飘舞,寓意着一生守候,孕育着希望,就如马季先生对相声的忠诚与坚守、艺德与人品,更预示着马季艺术研究会在师大的校园里花开四季,青春永驻!"我在电话中脱口而出,我真心佩服梅君主任的匠心策划。在整个筹备中,她的身上似乎总有一股使不完的劲儿和智慧,她那种对工作极端负责的精神和对马季艺术的推崇令我感动,有时深夜了还在家里为研究会的筹备工作忙活,给我打电话,发微信,沟通情况。

其实,作为我,是一手托几家的角色,哪个方面出了问题,我都不踏实,所以压力非常大。可是看见我们未来的副秘书长这样敬业,这样有经验,我释然了。有一次张梅君主任夜里十点给我打电话,说明参会人员统计情况,我发自内心地对她说:"别这么辛苦,明天再说呗!"她半开玩笑地对我说:"咱老张家的人性儿急,啥事干不利索睡不好觉!"我顿时哈哈大笑:"对,这是咱老张家骨髓里有的东西!"她在那边也大笑起来,重复着我说的这句话……

第三节　马家军大汇聚

这，可能是一种天意，筹备了近五年的时间，终于在马季先生逝世十周年的年份里——2016 年的 3 月 28 日举行了马季艺主研究会成立大会。这，可能是一种天意，本来校方把成立日定在 25 日的周五，因为姜昆在外地演出，实在脱不开身，改在了 28 日，躲过了连续不断的雾霾天。成立日这天，晴空万里，蓝天白云，让我想起马季先生在"笑人居"家中亲笔写下的一幅墨宝"卧月眠云"，他老人家好像在蓝天托起的白云中，笑容满面地也来到了师大，来到了这个满眼春色、鲜花绽放、生机勃勃的校园，来到了这个研究中国相声的家园。看到家人、弟子们、徒孙们、艺友们风尘仆仆，兴高采烈地都集聚在这里，他应该感到欣慰了吧……

亲笔贺词。本来是下午两点成立大会开始，可弟子们从四面八方老早就向这里奔波。上午十点，王谦祥、李增瑞来到了报到地点——天津师范大学研修中心。马季艺术研究会倾注了谦祥老师的极大心血，今天成立，他的心情可想而知。昨晚他和增瑞老师就赶到天津，录了一场相声节目，第二天一早赶到学校。看到谦祥、增瑞老师，我半开玩笑地对他们说："你们二位来了，我这心里就踏实了。" 李增瑞老师还提前在家里为研究会成立写好了贺词

"笑人乐事"，隶书字体，写得漂亮，祝贺以师父的名字命名的研究会成立。稍后，马季先生的弟子韩兰成老师来了，他凌晨从徐州坐高铁，风尘仆仆赶到这里，手里提着书画卷轴，这是用自己收藏的

汉代像石俳优图拓印出来的，并亲笔题写了"相声之宗，汉代俳优"，寻根求源，意味深长，以此祝贺研究会的成立。韩兰成老师对马季先生一往情深，他在徐州家里的汉画博物馆中专门留了一个大房间，作为马季先生的纪念馆，他还花重金让人做了一尊马季先生的紫砂像，每到先生的诞辰和祭日，他和先生的弟子、再传弟子都前去祭奠，以表达崇拜和怀念。原山东省曲协主席、著名曲艺作家孙立生老师，这次由姜昆先生点将，担任马季艺术研究会艺术创作评论委员会主任，他也是当日凌晨坐高铁赶来参加研究会成立大会的，七十多岁的人了，看着就精明干练。谦祥老师给我做了引荐，立生老师对我感谢有佳，我对孙立生老师早有耳闻，特别是姜昆会长在电话里对我说："艺委会就让孙立生老师担任主任，我已和他打了招呼。"听了这短短的两句话，我顿时肃然起敬："这个孙立生，绝对不是一般的人物，要不姜昆这样看中他。"今天见面，果不其然，文雅中显露着睿智。

227

　　出于对研究会五年筹备之感慨和对马季先生的崇敬，我也斗胆地写了一幅贺词"永远的丰碑"。虽然本人的书法功力不佳，但充分表达了自己此刻的心情。在家里我用半天时间，连续写了四幅，挑了自己满意的一，送给研究会。王振德教授是全国著名的美术评论家，也是马季先生的本村人，他创作了新作《牡丹图》，并作诗题字："春风吹拂天下香，资质高洁愈群芳，开解相声新境界，马派艺术永传扬。"画在诗中，诗在画中，更是乡情的一种真实写照。孟庆占是著名画家，也是研究会笑星书画委员会主任，他写下了饱含深情的四个大字"相声家园"。天津市非遗促进会会长、原天津市群众艺术馆馆长李治邦来了，他与相声有着不解之缘，也非常熟悉马家军。看到报到处摆放的纸砚笔墨，挥毫泼墨，"静心想马季，精神永久存，风貌驻心中"十五个飘逸大字，一气呵成，表达了一个知名文化人对马季先生的敬仰。没有带名章，他就用大拇指在印泥上戳了戳，恭恭敬敬地印在墨宝上，红艳醒目的拇指纹，在宣纸上是那样的深情、厚重！

　　家乡媒体采访。马季先生弟子、嘉宾的到来，很快被大学生采访团和家乡宝坻电视台、《宝坻报》记者围了起来。马季艺术研究会成立，是重要的文化史料，区里负责宣传文化的两位女领导——宝坻区委常委、宣传部长刘亚秀、副区长芮永玲敏感性特强，她们指派区新闻中心，由杨占岭主任带队，分管副主任李宝战和冯志国、郭雷、陈宝旺、曹俊峰、袁鸿飞、赵刘伟等十人组成了骨干采访队伍。占岭、宝战是曾与我一起工作的工作骨干、台柱子，彼此

都非常熟悉，前一天他俩约我一起碰了下情况，我把成立大会的议程、基本情况以及每个艺术家到达的具体时间都向他们做了详细说明，给了他们一些有关资料，让他们做到心中有数。上午九点半，这个骨干采访队伍就来到了师大签到处，展开了紧张的采访工作。一部照相机，三部摄像机，四面出击，名家、弟子、嘉宾，一个不漏地收入镜头、话筒之中，地毯式拍录活动情况和人物特写。

师大校友会办公室张梅君主任和她带领的团队，早早就来到签到处，忙活接待工作，看见嘉宾、弟子来了，在周到的服务中，也近水楼台先得月，与名家照相合影，乐在其中。看见我来了，"张主席，咱到会场看看吧！"梅君说。我

是研究会秘书长，理应前去看看。在梅君主任的引导下，我们来到了位于大报告厅的会场。会场布置得简朴隆重，大屏幕不时变化会议每个阶段的会标，台下四百多个座位整整齐齐，主席台上，宝坻区领导、师大领导和研究会会长、副会长的桌牌依次摆列。这时，另一位马季艺术研究会副秘书长、中国曲艺网的主编陈维平先生，也从北京赶来了，我们三位秘书长初次聚合非常高兴。主席台桌下放着一个长方形的镜框，里边镶着姜昆题写的"马季艺术研究会"七个大字，十分耀眼。杨占岭主任和记者们也跟来熟悉场地，看见镜框里镶嵌的会名，我对梅君和占岭说："来，咱们三人先睹为快，在这里留张影。"我们三人即刻托起了镜框，《宝坻报》摄影记者小赵按下快门，留下纪念。

三位秘书长合影

231

三楼的理事会圆桌型会场，布置得也很完整、大气，梅君主任笑着对我说："秘书长，看看会场怎么样？"我说："非常好，我们的副秘书长、梅君主任辛苦了！"这时马东给我打来电话："张主席，我和赵炎大哥到了师大的院里了，我们到哪去呀？"我说："你们就到研修中心，谦祥、增瑞、兰成老师他们几位都在那，我在看会场，这就到那边等你去！"我把行车路线详细地告诉了他。马东说："您先忙您的，我们找到了！"放下电话，我和梅君说："马东到了，咱赶快回去！"到了研修中心，马东已到了二楼的接待室，这时学校的梁福成副校长、宋德新副书记都来了，正在和马东、赵炎等几位攀谈。

看见我来了，马东起身和我握手。宝坻电视台的记者和大学生采访团纷纷把马东围拢起来，马东说："有咖啡吗？"我知道马东这几天非常忙，他前一

天夜里刚从海南博鳌亚洲论坛回来,今天就赶到这里,实在是太疲劳了。他是想喝口咖啡提提神儿,好接受记者的采访。

终于有了家。这些弟子和名家都是大忙人,聚到一起确实不容易,可这一天是天津师范大学马季艺术研究会成立大会, 他们再有不便也要克服困难,参加会议。刘伟是马季先生的爱徒,一段时期刘伟从国外回来没有节目演,马季先生就用自己创作的段子让他演,像抢"救大熊猫"一样,让他在春晚说相声,在行内早已传为佳话。28 日傍晚,刘伟要去马来西亚,带团参加 4 月 2 日在马来西亚吉隆坡举行的纪念马季先生从艺 60 年国际大汇演,中国驻马大使出席致辞。但是他还是在中午急速赶到,开完成立大会就立马奔赴机场。他说:"这个研究会终于成立了,心情非常激动,什么事都不能耽搁这次活动。"李金斗和马季先生是亲密无间的艺友,当天晚上在北京还有重要活动,可他不顾劳顿,午后两点赶到,开完成立大会,又马不停蹄地返回北京。还有好多人也是这样,他们怀着对先生的崇敬,怀着对相声艺术的执着,推掉了好多事,都赶来参加。赵连甲老师已 80 多岁高龄,十年前他就提出研究马季相声艺术、研究马季精神等重要问题,如今研究会能在师大成立,他激动不已,"现在终于有了研究马季相声的家,我的一块心病落地了。"

隆重的成立大会。两点整,成立大会正式开始,四百多人的会场座无虚席,天津师范大学的所有校级领导:党委书记杨庆山、校长高玉葆,副校长宫宝利、钟英华、梁福成,原副书记宋德新,全部出席,时任宝坻区委书记陈浙

233

闽带领王宝雨、刘亚秀、芮永玲和康德鸿、李国华等五名区级领导和有关部门领导隆重出席,表达对马季大师的敬重、对研究会成立的高度重视和家乡人民的无限深情。

文化部副部长董伟非常关注马季艺术研究会的成立,打来电话表示祝贺。冯巩、黄宏被聘为研究会顾问非常高兴,因在外地不能前来,对以师父命名的研究会表示诚挚的祝贺。会上首先宣读了天津师范大学第7届40次党委常委会关于《天津师范大学马季艺术研究会成立》的决定,宣读了领导机构人员名单:姜昆任会长,赵炎、马东、宋德新、张伯苓为副会长,冯巩、黄宏为顾问,张伯苓为秘书长,张梅君、陈维平为副秘书长,还有9位常务理事、38位的理事。在热烈的掌声中,杨庆山、陈浙闽和姜昆为研究会揭牌。紧接

参加会议的宝坻区领导在一起

着,授予姜昆先生为天津师范大学客座教授的仪式又隆重开场,高玉葆校长为姜昆颁发了证书。当高玉葆与姜昆的手紧紧地握在一起的那一刻,当今这个中国曲艺界的领头人、马季研究会会长与天津师大的联系更加紧密了,真正形成了校区文化、曲艺文化、校园文化的血脉相通。大学生们激动了,场下的与会者激动了,马季先生的弟子、艺友、嘉宾激动了,主席台上的杨庆山书记、陈浙闽书记和区、校双方领导的脸上露出深情的笑容……

讲述心中的马季。在成立大会上,领导讲话和马季弟子、家人的发言,把成立大会推向了高潮。他们分别从不同角度,讲述了他们心中的马季,抒发了对马季艺术研究会成立的喜悦心情与祝贺、希望。

235

　　高玉葆在致辞中高度评价了马季艺术研究会的成立,并对各界领导、嘉宾、弟子、艺术家在百忙之中能够到来表示诚挚的欢迎。他说:"马季先生作为老一辈相声名家,是歌颂型相声的开山人,是新中国成长起来的第一位承上启下的艺术大师,是相声艺术表演题材和审美规范的全新开拓者,更是使相声走向世界的传播者。天津师范大学具有艺术、文学、新闻传播学科的专业优势,搭建起天津师范大学与宝坻区、曲艺界的合作平台,共建马季艺术研究会这一全国唯一研究马季相声的专门组织,聚集起大批专家、学者、弟子、再传弟子,发挥优势,培养人才,弘扬相声艺术,推动大学文化建设具有重要意义……"高玉葆激情的致辞,不时引起热烈掌声。

　　时任宝坻区委书记、现任中共天津市委常委、教卫工委书记陈浙闽,从家乡的视角对马季艺术研究会的成立表示热烈祝贺,他说:"宝坻是马季的故乡,七十多年前他就是从这里走出了迈向辉煌人生的第一步。在半个多世纪的艺术生涯里,坚持紧扣时代脉搏,贴近生活,贴近人民,创作出了一大批经典作品,成为深受全国观众喜爱的人民艺术家。一直以来,家乡人民始终为有这样一位德艺双馨的艺术家感到自豪,马季先生生前也同样眷恋着养育他的这块宝地。"浙闽书记深情回忆马季先生与家乡的不尽情怀,从京津冀协同发展、提升宝坻文化品位、扩大宝坻的知名度、影响力等几方面,阐述了区校合建马季艺术研究会的重要意义。并当场表示:"我们将全力支持马季艺术研究会的各项工作,为研究会提供必要的条件,也希望大家借助研究会的平台,更多的支持宝坻、宣传推介宝坻,我认为这是对马季先生最好的怀念,也是马季先生最愿意看到的,他生前就有为家乡编一段相声的愿望!"陈浙闽书记的讲话,打动了在场的每一个人,人们不停地点头。作为一个土生土长的宝坻人,此时我更深深地感受到了书记的情怀。

　　弟子、家人的发言,引起与会者的关注。赵炎先生代表弟子们发言,六十多岁的人,虽然两鬓挂白,气质、精气神仍不减当年。他说:"今天的活动搞得非常隆重,隆重得让人甚至有些紧张。我们这群人都是搞艺术的,希望我们的研究会取得研究成果的同时,我们天津师范大学的文化生活,也应有更大发展。"随后,他对在为研究会成立中做出突出贡献的各方面人士表示了感

237

谢，每个感谢都列举出了好多生动的事例，每次感谢，赵炎先生在最后都带上这句话："在这里我想邀请各位，对天津师范大学开明的领导，给予鼓掌；在这里我想邀请各位，向我们宝坻区的领导表达感激之情，给予鼓掌。"赵炎先生的发言，极有互动性，深情中带着幽默。

其实，在这之前还有个小插曲，关于赵炎老师发言的事我没有直接和他沟通，都是谦祥老师提前跟他联系的，可能因为时间长了，赵老师有点儿忘了。当午前看到议程上有他发言时，赵老师着急了，对我说："你这当秘书长的，怎么不提前告诉我一声，我说什么呀？"看着他焦急的样子，我对他说："您别着急，这事怨我。"随即我把安排弟子发言的前因后果和他详细说了一遍。赵炎老师听了，好像想起来了，面部表情发生了变化。因为我和赵炎老师很熟，他对我也很关照，2011 年 3 月 18 日，我的新书在北京举办首发式，都是赵炎老师操持并亲自主持。那天的主持，当场发挥，潇洒自如，成为首发式中的一道风景，至今让人难以忘怀。我对赵老师开起了玩笑："就您那脑子和水平还用准备？说啥您睡着觉都比我们明白。"一句话，把他给逗笑了。果不其然，这次高水平的发言，让大学生们看到相声以外真实的马家军。

马东的发言更是令人瞩目，然而没想到他的第一句话就把我推到了前台。他动情地说："从家人的角度我想说特别感谢，饮水思源，第一要感谢张伯苓主席，大概在五年以前，他最早提出这个动意，并不那么容易。五年来立

志一意孤行,能成就今天这个事,一手托几家,真的是一个很不容易的结果,要感谢他和他背后的宝坻区相关领导,一直对这件事的大力支持。"马东的话一出口,全场的目光唰地集中到我这里。刚才赵炎老师在发言中已经提到了我,王谦祥、李增瑞老师在接受采访时也说到我:"在张伯苓先生的带领下,我们一起办这件事,像过山车似的,确实挺难办,能够办下来,很不容易,是他付出了巨大努力。"现在,马东又以家人名义提起这件事,让我实在无地自容。其实,平心而论,是我和大家一起干、乐意干的事,都是沾了马季大师的光,这也是我心中的承诺。

接着马东把话锋一转,开始谈马季艺术研究会,谈马季艺术研究会落户天津师范大学,他用"喜出望外"这个词来形容自己的心情。他说:"我要感谢天津师范大学,今天我们坐在天津师范大学,成立马季艺术研究会好像顺理成章,只有这时才发现,其实没有比这里更合适的地方,因为对于相声这门大众喜闻乐见的艺术形式的研究,大概只有放在大学里,才是最妥当的,也最有学术气息的。"马东环视了一下四周,深情地说:"我父亲是宝坻人,也是天津人,也没有比放在天津的大学更合适,而天津的大学里面,对于一门艺术的传承、研究和发扬,没有比天津师范大学更合适的地方了,真是喜出望外的一件事,是当初没敢想的事情。"马东的话,感染了师生,感动了校方领导,场下发出雷鸣般的掌声。

掌声逐渐平息下来,马东接着说:"姜昆大哥、赵炎大哥以下的我父亲的

所有弟子，以及连甲老师、金斗大哥等等，这些艺友，在这件事上的大力支持，不仅仅是跟我父亲的师徒私情，也不仅仅是朋友之交，而是他们对相声艺术研究的一种热爱和执着，这也就决定了，天津师范大学马季艺术研究会今后的一个重要研究方向。在这个名称里面，'艺术研究'才是关键词。任何一门艺术领域，往往从时间角度看，都有经典，而很难有大成的权威，所以对经典作品的研究，对经典作品产生的背景的研究，对经典作品产生时代背景当中，有什么艺术规律支撑出现的研究，可能才是这个研究会研究的重要方向。从这个方向讲，是大于我父亲个人和他的名字的，可能这才是马季艺术研究会引领来者，对于今后有志于语言艺术学习的同学们来说，是最大的事情。"马东对研究会的精辟阐述，让人们看到了一个做事低调、才华横溢的马东。

会长的精彩演讲。马季先生的大弟子姜昆最后发言，更是场下与会者的期待。本来校方是想给他弄个专场讲座，可是姜昆会长出于对马季老师的崇敬以及研究会成立大会的氛围，改主意了，他开场就说："本来想让我做一次讲座，说说姜昆的艺术人生，我想今天是个特别的日子，在这样的高等学府，成立马季老师的艺术研究会，昨天用了一天时间，用心想了想，还是讲讲马季老师给我们留下的思考，究竟留给我们什么？把这个发言作为我的主题发言。奉献给大家。"

　　姜昆先生在发言中,从网络切入一些人对待相声看法,他说:"有人说过这样的话,21世纪以来,一直被批判的相声,兜兜转转都回到了茶馆,进入了自由市场竞争,为了自身的经济利益,在先搞笑、不搞笑就不好笑的情况下,很多作品不惜片面迎合了观众。相声的戏剧冲突,被简单地处理为甲方乙方之间的情绪冲突,相声的思想性和艺术性几乎被破坏殆尽了。为了追求超额的效益,相声的情节被无限夸大了,远远脱离了生活,相声的包袱几乎完全脱离了主旨,相声的讽刺开始被滥用了,相声的格调开始无限向下了,从大脑穿过胸部直逼盆腔和泌尿系统,庸俗、低俗、媚俗的内容逐渐充斥舞台,相声进入了囹圄相声的时代。应该说相声从来不缺观众拥抱,缺乏的是好作品拥抱观众……还有好多评论,云云。"

　　面对诸多的评论,姜昆说:"尽管大家对相声现状有些不满意,但是许许多多的人都在关心相声,有的说现在的形势,是黎明前的黑暗,有人说,我们都是在恨铁不成钢。正因为如此,今天在中国的最高学府之一天津师范大学成立马季艺术研究会,就显得特别必要。相声是人写的、人说的,所以研究相声人是必要的……相声担负着时代赋予的宣传使命, 这是它不可改变的使命,这种使命当然有可能因相声本身发生某些畸变,但他不可能销毁相声安身立命的根基,相声在时代记忆中艰难前行的历史,就是它的宣传使命和辛苦磨合的历史,把宣传变成娱乐是不容易的事,变成艺术品、变成精品更是挑战极限般的艰难,相声不需釜底抽薪时的傲慢和偏见,需要对相声的本质的细心指正和仔细钻研,这也包括对相声在新时代的重新审视和认真研究。"

说到这儿,他稍做停顿,接着动情地说:"在这方面,我们的老师马季,是做得出类拔萃的,是大家公认的相声表演艺术家。我们的老师为什么给中国老百姓留下不尽的欢笑,我们应该好好从他的这支队伍、他所做的事和他自己这个人以及他的一些理念等方面仔细地琢磨一下。马季老师走了十年了,他给老百姓留下了那么多东西,给我们曲艺人、曲艺界留下了什么?"

这时,现场静得连掉一根针的声音都能听到,人们屏住呼吸,倾听着姜昆的发言。接着他提高了嗓音说:"马季老师给我们留下了很多思考:第一,我觉得他给我们留下了一个作为艺术的操守,操守就是品德和气节。第二,马季老师给我们留下了忠诚,忠诚自己的相声艺术。第三,马季老师给我们留下了曲艺事业最好的团队精神。"

姜昆会长的主题发言,整场伴随一波又一波的掌声中结束。

随后姜昆把自己珍藏的有关马季老师的书籍和音像资料赠送给天津师范大学和马季艺术研究会,马东把父亲生前亲自撰写并定名的图书《一生守候》交到了校长手中,我也把自己撰写的《马季生前与身后》送给了研究会,作为历史资料,供研究使用。

理事们的使命。一枝桃花春带雨,阳春三月百花开。4 点 30 分整,理事们带着成立大会还没散去的喜悦,兴致勃勃地步入了三楼圆桌会场,出席马季艺术研究会一届一次理事会。会议还特别邀请了天津人民出版社编辑张素梅、天津广播电视台农村节目部主任张忱、天子渡律师事务所所长赵文君等三个会员参加。

这次会议主要议题是通过研究会的几个基础性文件。相关文件已提前发给了各位理事审阅并提出意见,为了节省时间,就没有挨个在会上宣读。大家以鼓掌表决的形式,通过了天津师范大学马季艺术研究会章程、马季艺术研究会会员名单(132 名)、四个专门委员会(即文史资料征集出版委员、艺术创作评论委员会、宣传培训委员会、笑星书画委员会)组成人员名单、四个委员会工作职责等。赵连甲、孙立生、康爱祺、孟庆占分别任四个委员会主任。

　　作为秘书长,我主持了会议,并向各位理事重点通报了马季艺术研究会的筹备工作。因为这些工作是我亲身经历,早就熟记于心,期间经历了许多感人的事情,想忘都忘不掉。最后我用"四个得益于……的大力支持",细述艰难的创办历程。即得益于先生家人、得益于姜昆主席和众弟子、得益于师大和宝坻区、得益于文化部董伟副部长的大力支持。这四个方面,就是四股厚重坚强的巨大力量,在背后支撑着我们砥砺前行,克服困难,走好创办马季艺术研究会的最后一公里。

　　在筹备工作中,有一个特殊的角色我必须提起,那就是王谦祥老师在里

边付出的辛苦，我用了发自内心的一句话表达了敬意："谦祥老师那种谦和、善良、真诚、报恩、担当的品格和精神令我感动不已。"

这一路走来，我深深感到："马季艺术研究会筹备工作经历了漫长的过程，虽然漫长，但前进的路上无论遇到什么困难，我们一直没有停歇过，在这1620天的日子里，无论怎么样反复、变化，我们总是盯死目标，小步快跑，动力无限，仅上报社团的文字材料就达两万字之多，跑掉的路程数万公里；虽然漫长，但我们享受了这个过程，享受了马季大师的艺术魅力和人格魅力！"当我从心底说出这两句话时，三十多名理事报以热烈的掌声，大家对筹备工作给予充分肯定。

姜昆会长做了简短重要讲话，这是研究会成立后第一次理事会议，他的话语重心长。要求所有理事会成员都要负起责任，多出主意，多想办法，多做工作，利用好大学这个平台，为弘扬中华曲艺文化做出应有的贡献。他特别强调，要以纪念马季先生逝世十周年为契机，抓紧对文史资料的征集整理，要突出马季艺术研究会的"艺术研究"四个字，多出成果。同时对四个委员会提出了殷切希望。姜昆会长每句话都带着深深的感情色彩和对各位理事的殷切希望。

此时此刻，大家想起了马季先生的夫人于波老师，弟子们更想起了他们的师娘，在这个特别的日子里，全体理事以崇敬的心情，衷心祝愿于波老师，

"健康长寿，生活快乐，万事如意，永远幸福"！马东看见大家以会议的名义祝福老母亲，感激之情溢于言表。

共栽银杏笑天下。理事会结束了，大家怀揣着使命，走出会场，在姜昆会长的带领下，三十多名理事分乘坐三辆电瓶车，往"校友林"驶去，参加马季艺术研究会捐种纪念树活动。姜昆主席和马东在银杏树下培上第一锹土，浇灌第一桶水，其他理事和校领导也挥锹培土、浇水，其乐融融。捐树出资者是马季先生故乡宝坻的企业家赵宝禄先生。姜昆主席把赵总让到前边，表示谢意！赵宝禄先生连连对在场的理事说："这是家乡人应该做的，马季大师生前我接触过多次，他的艺术和艺德深深感染了我。"

在一片掌声中,姜昆会长亲手为新栽的银杏树挂上了红底白字的"马季艺术研究会纪念树"树牌。看到这样隆重的捐种场面,我激动不已,不禁想起宋代诗人葛绍体描写银杏的诗句:"等闲日月任东西,不管霜风著鬓蓬,满地翻黄银杏叶,忽惊天地告成功。"面对这棵银杏树,我默默自语:"先生,研究会成立了,师大安了您的家,您的在天之灵可卧月眠云,及时看到研究相声艺术的最新成果,让中华民族优秀相声艺术笑洒天下,让马家军这支队伍,像银杏叶那样满地金黄,这也是您最愿意看到的吧!"

第四节　弟子回故乡

2016 年 9 月 27 日仲秋，踏着金黄色的稻浪，马季先生的故乡宝坻黄庄村来了一批特殊的客人。面包车缓缓驶入村中，街道上挂着一条醒目的横幅——热烈欢迎马季弟子回恩师故乡。街道两旁站满了夹道迎接的村民，人越聚越多，把面包车死死地堵住了。车子尚未停稳，只见一个六十多岁、戴着一顶帽子、手拄拐杖的人，第一个缓慢地走下车，乡亲们一下就认出来了："这是姜昆，这是姜昆，这回可见到真人了！"姜昆一手拄着拐杖，一手握住前来迎接的乡亲们！不一会儿，马东也下车了，乡亲们又蜂拥而上，"马东！马东！欢迎你回家！"青年人纷纷把手机举过头顶，咔嚓咔嚓地留下了这一激动人心的瞬间。马东更被这浓浓的乡情感动了。之后在区领导的陪同下，马季弟子刘伟、王谦祥、李增瑞以及郑健和再传弟子应宁、侯振鹏等，纷纷走下车来，与乡亲们见面。置身人流中，我也被这浓浓的乡情融化了。那天虽然刮起了风，但浑身却是热热的。

说来也巧，2004 年的 9 月 27 日，马季先生带着弟子刘伟回到故乡，参加宝坻电视台《开心双休日》第一届评剧擂台赛助兴演出，12 年后的同一天，马季弟子又回到了大师的故乡，这不能不说是一种天意。其实，在安排这次活动时根本没有想到这些，阴差阳错地就赶上了这一天。

2016 年 12 月 20 日是先生逝世 10 周年的日子，弟子们也在做着各种纪念活动的准备工作，刚刚成立的马季艺术研究会必须考虑这件大事。一天，宝坻区文化局长康德鸿也找到我说："马季艺术研究会在天津师范大学成立,您也得把咱宝坻的事情结合好!"德鸿的言外之意我明白,不管这个研究会建在哪,这个资源都是宝坻的,我说:"你要是有这个想法就太好了,天津师大与宝坻建立文化战略合作,研究会本身就是这一战略合作的产物,理所当然的要资源共享。"我半开玩笑地对他说:"你是宝坻区的文化局长,需要研究会做什么,我们给你当差,做好服务。"于是,在康德鸿局长的安排下,我们很快与王宝雨、刘亚秀、芮永玲等区里主管领导和文化、广电部门的领导聚在了一起。在交谈中,我想起马季先生2004年来宝坻时亲口对我说的话:要为宝坻和京津新城编段相声,到他的祖籍黄庄村走一走看一看。可这两个愿望却成了他的未竟之愿。研究会成立了,现在条件已经成熟了,是时候该了却先生的遗愿了。我想他的弟子们也应该愿意这样做,这不就是很好的结合点吗?当我把"两个未竟之愿"的想法说出后,大家都非常赞成,三位区领导又提出很好的建议,之后我与康德鸿局长和区新闻中心主任杨占岭沟通。德鸿局长早就对打造宝坻的文化名人有想法,又提到了建名人纪念馆的事,我说:"区里如有这样的想法,今年(2016)是马季先生逝世10周年,研究会也有想法,我们可以搞马季先生艺术人生图片展,表达家乡人的思念,这样可以把大量的资料,以举办图片展的名义征集上来,留在宝坻。"德鸿局长非常支持这样的活动,王宝雨、刘亚秀、芮永玲更是高度重视,提出由区人民政府主办展览。占岭主任想借助研究会的资源,开办电视相声栏目,弘扬传统文化,大师出在宝坻,相声也是我们宝坻的文化之缘,有了马季艺术研究会托着,就方便多了。

按照大家提的意见、建议,我和研究会的副秘书长张梅君、陈维平沟通,他俩也非常赞成,于是从全局的角度,拟出了马季艺术研究会2016至2017年度六项工作,其中"纪念马季先生逝世10周年"系列活动的大部分内容,马季先生艺术人生图片展、马季弟子回故乡等,都放在宝坻,并得到了区主要领导的大力支持,形成了由宝坻区人民政府、中华曲艺学会、天津师范大学马季艺术研究会主办,宝坻区文广局、新闻中心承办的《永远的丰碑——马季先生艺术人生图片展》的初步意向。与此同时,区主要领导还一再强调:"要把天津师大马季艺术研究会与宝坻很好地融合,马季弟子回故乡活动,可以让弟子们看看潮白河国家湿地公园、特色旅游村,借助名人宣传宝坻。"为了搞旺京津新城,增加文化元素,区里还决定,马季艺术研究会也要在京津新城挂牌。

经天津师范大学、宝坻区同意，我用微信把举办马季艺术人生图片展的方案，传给姜昆的秘书李宏伟，让其交姜昆会长尽快审阅。同时，我与马东先生沟通，得到支持。马东听说家乡要为先生建纪念馆的意向，义无反顾地把马季先生生前的一百余件物品捐给宝坻。我知道，马季先生逝世后，一些地方要给马季先生建纪念馆、拍电视剧，包括他在上海工作过的地方，家里人都没有同意，唯有对家乡情有独钟，才把这些物品捐了出来。

德鸿局长建议，图片展十一前搞最合适，因为那时的景色最好看，尤其是三十万亩稻田，金浪滚滚，心旷神怡，可以让马季先生的弟子们着实领略马季先生家乡北方南国的实景。我也非常赞成他的建议，马东要捐献父亲的物品，图片展可形成系列活动，这样更丰满有厚度。我对德鸿说："与区领导沟通的事你负责，我负责和师大沟通。"但姜昆很忙，图片展和弟子回故乡，他是必须参加的，时间还要他最后拍板。不巧，8月份，《姜昆说相声》在上海巡演期间，姜昆把脚崴了，出现骨裂，看到宏伟在微信上发的他坐着轮椅上演出的图片，我心里咯噔一下：一来为姜昆老师的敬业精神所感动，二来他这个样子是不是能出席图片展的活动还是个未知数，我十分焦急。

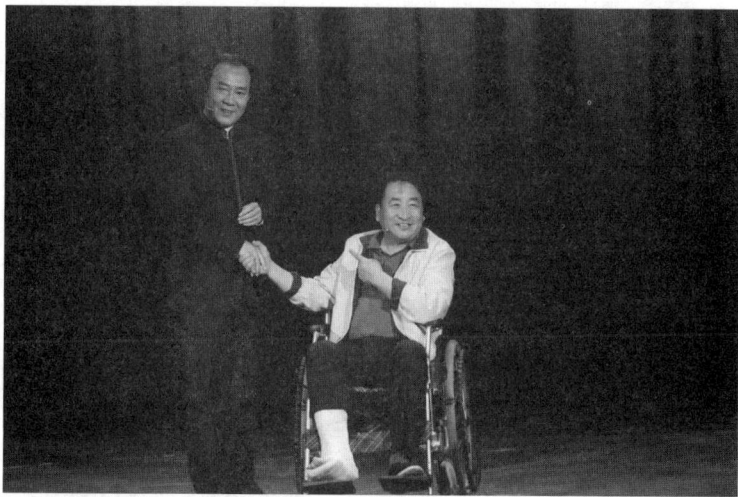
姜昆带伤表演

9月初，我用电话终于和他联系上了，六号的上午九点半，我如约在北京他的家里向他汇报。推开姜昆家的门，他在里屋就搭话了："伯苓，你来了，我刚还在大厅等着你呢！"随后，他一瘸一拐地从里屋出来了。看到他那个样子,我担心地说:"姜主席,要不您就别出席宝坻的活动了!"虽然我这话言不由衷,但看到他在屋里走路还那样的艰难,我真是有些不忍心。他看了看我,拄了拄拐杖:"师父的事,带上轮椅也得参加。"听了他的话,我感动至极,一颗悬着的心也落地了。落座沙发,他听了我的详细汇报后说:"马季先生艺术人生图片展、弟子回故乡,这些我都同意。先生的两个未竟之愿,我们这次到黄庄村,寻根问源要替师父还上。"他对我说:"给宝坻编相声有着落了吗?"我说:"王谦祥老师领衔完成。"他点点头:"那好!那好!"当听说马东把父亲的一百余件物品都捐给宝坻时,姜昆说:"我也捐点儿,马季先生演出大褂我这还有,今后号召弟子们都可以捐给宝坻这些物品。"我对他说:"那就太好了,宝坻区领导对弘扬马季相声艺术、打造马家军文化非常重视,在京津新城还给了研究会一个地方。"姜昆说:"是吗?区领导这么重视。"他深思一会说:"京津新城很漂亮,咱要在那里加挂一块牌子!"我说:"那感情好,叫什么名字?"我随口而出。他没有言语,停顿一会说:"就叫马家军相声艺术创研中心。"我心头一动,这个名字寓意深刻,姜昆主席肯定有些大的考虑。我说:"好,您就给题字吧!"他说:"没问题。"看他兴致很浓,我把占岭主任想办电视相声栏目的想法端了出来,姜昆说:"办相声栏目这个主意好,我支持。"大家都知道,姜昆主席的书法非常好,我趁热打铁:"要不您也为栏目题个字吧?"姜昆说:"行,叫什么名字?"我说:"这个我得问问杨主任。"姜昆主席快言快语地说:"问好了告诉我,连创研中心带栏

作者和宝坻区文广局局长康德鸿在马季北京故居与马东研究捐赠马季物品事宜

姜昆为宝坻电视台相声栏目题字,右一为宝坻新闻中心主任杨占岭

目的名字,写完我用快递给你寄过去。"经与占岭主任沟通,栏目的名字就叫《马季相声会》。

这时姜珊来电话,接完女儿姜珊的电话,姜昆说:"图片带来了吗?"我说带来了。我把200幅照片小样和方案递给了姜主席,他看得很仔细。在他审阅照片的过程中,我内心十分忐忑,虽然对这些精选的照片心里有点儿底,但还是怕过不了姜昆主席这一关。

这个图片小样,弄得很紧张,因为当中有些变故,快到八月中下旬了,图片收集和方案还没有眉目,没有退路,我只有亲自披挂上阵操刀了。征集遴选图片和撰写"马季先生生平、马季先生舞台艺术、马季先生相声艺术传承、马季先生相声以外的事、马季先生家乡情"等五个部分的文案,连夜奋战,有时连接孙女放学的事都让老伴承担了。可是巧妇难为无米之炊,我搜肠刮肚多日,连自己出书的照片加在一起,仍然捉襟见肘,充满不了五个部分,我又亲自打电话找兰成、增瑞、谦祥几个老师,他们都提供了一些照片,研究会副秘书长陈维平也给了很大支持,但还是凑不齐。在我焦急之时,谦祥老师来了电话说:"先生的好友、湖南的姜建熙老师弄来近千幅照片,我给您快递过去!"真是雪中送炭,我高兴得不知如何是好,电话里只是对谦祥老师说:"好好!"刚撂下电话,我又给谦祥老师打过去,"来不及了,今天下午我到您家里去,咱一幅一幅地选,当时就定,也好知道每幅照片的背景内容。"谦祥老师答应了。吃过午饭,我带着区新闻中心的曹俊峰,带着手提电脑,驱车直奔王谦祥老师北京的家。王老师也推掉了下午出门要办的事儿,我俩在电脑上一幅一幅地选,每一幅的内容,由王老师口述,小曹负责录入电脑。这些丰富的照片,好多我是第一次看到,尤其是看到先生在湖南桃源深入生活、组织相声小队排练、拍影视剧和相声以外的照片,犹如身临其境。心想:有了这些照片,图片展肯定成功。整整一下午,我们三人坐在电脑前一动不动,从千幅照片选出了七十多幅。回到宝坻,已是晚上八点钟了,简单在外吃口饭,我和小曹回到我家,将弄回来的这些照片重新进行整理。将近夜里 12 点钟了,还剩下个尾巴,小曹爱人打电话,我说:"俊峰,咱不弄了,明天清早你过来,咱再把它补齐,就可以交差了!"

在我脑子过电影还没缓过神来时,姜昆主席开腔了:"照片就这么多?"我说:"就这么多了。"我又把征集的情况向他做了汇报。姜昆说:"可以,我同意,如果再找找新闻、摄影界就更好了。"我说:"现在来不及了,只有这样了。"他说:"准备什么时间开始呀?"我说:"准备在 9 月底,还有二十来天的时间,具体时间得您定。"他翻开自己的记事本,"27、28 这两天可以",他自言自语地念叨着。最后说:"就定在 28 号吧。"时间定下来了,我心里踏实了许多。本来和马东说好了他肯定参加,可是与马东沟通,却出现了问题,他28 号录节目,实在脱不开身。我在电话里着急了,对他说:"你来不了可不行。"他说:"错开 28 号就可以参加。"我又与姜昆主席沟通,说明马东那边的情况。姜昆说:"那就定在 27 日吧!"经请示宝坻区领导同意,活动时间就算板上钉钉了。就这样,图片展的时间冥冥之中错到了大师十二年前来家乡的同一天,这不能不说是天意。

马季先生艺术人生图片展开幕式现场

宝坻区文广局准备工作非常细致，新闻中心给予大力支持，宝坻区委、区政府和天津师范大学高度重视，2016 年 9 月 27 日上午，马季先生艺术人生图片展系列活动在宝坻文化馆隆重举行，宝坻区领导孟庆松、李建成、李连元、王宝雨、刘亚秀、芮永玲和天津师范大学梁福成、宋德新等领导出席。为了参加这次活动，马季先生的弟子们都推掉了好多事儿，姜昆 26 日夜里拄着拐杖从海南飞到北京机场后直接赶到宝坻，马东、刘伟、王谦祥、李增瑞、郑健百忙之中来了，再传弟子应宁、侯振鹏来了，马季先生老家黄庄村的村民代表来了，各街镇分管文化的领导来了……

宝坻区委书记孟庆松讲话

区委书记孟庆松，当时来宝坻工作还不满一个月，需要处理的事情很多，但为搞好这次活动做了重要指示：区四大机关主要领导全部参加，他也挤出时间出席活动，并做了热情洋溢的讲话，表达家乡人民为有这样一位德艺双馨的艺术大师感到自豪以及对大师的怀念敬仰之情。天津师范大学上会研究图片展事宜，并派出两位校领导参加。弟子们看到这样的隆重场面，更是心潮澎湃，姜昆、马东深情发言，表达感激之情。

这次大型图片展，与其说是图片展，不如说是马季先生、马家军全方位回故乡。

马季先生生前物品回家了。在捐赠马季先生物品的仪式上，当马东把写有捐献马季先生一百余件物品的牌匾交给宝坻区区长李建成时，全场响起热烈掌声。这些物品中，不仅有马季先生生前所著的著作、使用过的文房四

253

宝坻区长李建成接受马东捐赠父亲马季生前使用物品

宝、办公用具,还有大量相声精品光碟、马季先生的铜像、马季先生的石像等。大师物品回家,这是宝坻独有的文化遗产,对加强宝坻文化底蕴、提升宝坻文化软实力具有重要意义。马东深情地说:"父亲的物品对家人来说虽然珍贵,但是赠给家乡比放在家里更能发挥作用,会给研究人员提供研究方向和研究依据。"我记得,2004年大师来宝坻,他在参观京津新城时,对在场的人深情地说:"往后我也要在这买套房子,这样我也落叶归根了!"宝坻电视台记者冯玉翔,拍下当时这一珍贵的历史镜头。今天,这百件物品回家,也算了却了他"落叶归根"的愿望了。

马季先生珍贵照片回家了。从文化馆的门口,人们拾阶而上到二楼参观图片展。200幅珍贵照片,把马季从一个普通工人成长为人民艺术家的过程展现得淋漓尽致,吸引参观者的眼球。姜昆看到图片展激动地说:"今后要把这些照片成册,留作永久性纪念。"许多照片如相声《小队训练》《深入大鱼岛》等,弟子们也是第一次看到,十分亲切,引起无限的回忆。2004年9月27日,在马季先生带着徒弟刘伟参加家乡电视台评剧擂台赛助兴演出的照片前,十二年后的今天,刘伟回忆起那次演出仍历历在目,"那天的场面太热烈了,父老乡亲手都拍肿了,我和师父一次次返场,马先生当着观众的面说:'只要父老乡亲喜欢相声,我就说一宿,累死等于睡着了。'他的幽默感,更激起人们的掌声。"一张三十年前的老照片,勾起了李增瑞老师的回忆:"那时候,众弟子和老师一起在北京为新作品搞巡演,师徒们住在福祥胡同。整整一个月的时间里,大家一起搞创作,一起研究相声艺术,马季先生创作的《笑的探讨》就是在那里完成的。直到现在，我们还在演出这个节目，怀念恩师。"在马季先生提着鸟笼子的影视照面前，王谦祥老师神情凝重地说："拍这部影视剧，先生太累了，患了心脏病，那次很危险，捡回来一条命。"马东把五个部分的图片看得很仔细，此时的他心情比任何人都复杂，都凝重。马季先生的好友姜建熙，为这次图片展提供了珍贵的照片，并专程从湖南赶过来，看到自己珍藏的先生照片上展，很是欣慰。宝坻父老乡亲看了图片展，激动不已，那一幅幅照片，把一个多彩的马季先生、一个立体的马季先生、一个真实的马季先生展现在人们面前。一位老者激动地说："马季先生波澜壮阔的一生，为我国的相声事业做出这么大的贡献，不愧是人民艺术家，为有这样的老乡感到自豪！"

姜昆等弟子参观图片展

马东参观图片展

刘伟在图片展现场接受宝坻电视台记者采访

刘伟、王谦祥、李增瑞参观图片展兴奋不已

姜昆等参观京东大鼓艺术馆

参观图片展间隙，姜昆等还参观了坐落在区文化馆一楼的京东大鼓艺术馆，作为中国曲协主席，他对师父家乡拥有评剧、京东大鼓两项国家非物质文化遗产给予高度评价："没想到宝坻的文化底蕴是这样的深厚！"

马家军回家了。沿着潮白河国家湿地公园，马家军弟子们乘车看到潮河两岸景色宜人，花团锦簇，碧绿的河水卷起的浪花，一波一波拍岸起伏，像是在迎接远方的客人。弟子们说："想不到潮白河水面这么大，建设得这么漂亮，宝坻真是宝地呀！"上午 11 点 30 分左右，在京津新城大酒店的东南侧，在马季艺术研究会会址前，举行了隆重的"马家军相声艺术创研中心"揭牌仪式，姜昆和宝坻区区长李建成、区人大主任李连元、天津师范大学副校长梁福成，揭开了她的红色盖头，铜色醒目的牌匾，姜昆先生书写的那飘逸遒劲的 11 个大字，展现在人们面前。马家军在这安家了，相声艺术在这儿扎根了。走进创研中心的三层小楼，弟子们很兴奋，李建成、李连元、刘亚秀、芮永玲等区领导，一一向弟子们介绍房子的布局情况，姜昆、马东、谦祥、增瑞、刘伟、郑健等弟子环绕小楼，真是有点儿到家的感觉。此时，他们心中都有这样的想法："今后这个地方就是我们马家军创作相声、演出相声的地方了！"在一楼展厅，姜昆看到马季和弟子们的多幅照片，非常高兴！他指着自己和师父穿着矿工服的那幅照片，有些激动："这幅照片，是我和马季老师到山东煤矿深入生活，为井下矿工演出，那时我还是不到三十岁的小青年，时间过得可真快呀！"此后，他双眼凝视着师父的照片，久久不说话，看他那神态，好像内心正在对师父汇报着什么。

马家军相声艺术创研中心揭牌

弟子寻根回家了。在京津新城的创研中心,看到姜昆主席走路费劲的样子,马东找我说:"这已大半天了,他会受不了,要不就别让姜昆大哥去黄庄了。"我知道马东心疼姜昆,不想因为父亲的事让他受到脚伤的疼痛,可我思来想去,觉得凭姜昆主席对马季先生的那种深厚感情,不去黄庄村对他自己来讲可能是个遗憾。我对马东说:"你看这样可否,这离黄庄也不太远了,让他坐车一起去黄庄,到村里不下来,就在车里休息,咱们这些弟子去老宅。"听我这样说,马东就没再坚持。从京津新城出来,西北风风速加大,直冲黄庄村方向。车子驶入大洼深处三十万亩水稻核心区,金色的稻穗,泛起层层波浪,车子已被淹没在这稻浪之中。这时风越刮越大,稻穗也导向了黄庄,好像马季先生在那边在催促他的弟子们:"父老乡亲都在等待你们呢,别磨蹭,快走!"

姜昆等步入马家老宅

签名赠书

乡亲们确实都在等呢。听说弟子们今天来，好多人老早就聚集在吴家过道前，迎候这批特殊的客人。车子进了村子，远处黑压压一片人群，我对姜昆说："老宅过道的路不太好走，您就在车里休息吧，我们下去。"姜昆说："父老乡亲这么热情，我哪能不下去。"他抄起拐杖，第一个下车。顺着小道，姜昆一瘸一瘸地行走，马东紧随其后，来到了马季先生的老宅。

　　这房子有些变化了，2009年我采访时，里外还是土坯墙，现在主人将外墙垒成了砖墙。但这个房子仍然是马季先生祖辈住过的原汁原味的房子，檩木扶架，门窗户壁，包括地码磉的九行砖，还是原始的。就是这样一个简陋的民房，却走出去了一位新中国的相声大师。王谦祥、李增瑞、刘伟、郑健、姜建熙和应宁、侯振鹏等，在老宅转来转去，好像在寻求什么，姜昆看得更仔细。马东第一次看到祖辈的故居，心情更是与众不同。70多岁的房东于瑞英奶奶，拉住马东的手迟迟不愿放开。这时涌上来的村民越来越多，马东、姜昆等将马季先生《一生守候》的著作亲笔签名后送给乡亲，留作纪念。黄庄镇尚芳颖书记也把《古镇黄庄》这本书送给了马东。

　　在小院前，马季的堂弟马树信早早等在那里，见到马东那个亲热劲儿，连胡子都乐成了花。马东更是激动不已，这是他在黄庄村最亲近的人，父亲生前也曾和他讲过。马东紧紧握着马树信的手深情地说："您老身体挺好呀？""挺好！挺好！"马树信把自己的儿子叫过来："马东，这是你哥哥！"马东快步上前，握住哥哥的手，并幽默地说："咱老马家人都是胖胖的，你们爷俩怎么这么瘦呀！"马东的一句话，把大家逗笑了。姜昆看到此景大声对弟子们说："来，咱们都过来，和马家人照张相。"这时，弟子们都过来了，黄庄马姓家族的人过来了,这幅寻根求源像,把马家与马家军的血脉融合了在一起……

中午时分,弟子们就要回去了,父老乡情还是依依不舍,好多人拉住弟子们的手、拉住马东的手不愿放下,姜昆打开车窗大声说:"乡亲们再见了,下回来给你们说相声!"

是呀!下次来一定要说相声,这里就是你们的家。

金鸡报晓,迎着 2017 年的钟声,宝坻电视台《马季相声会》电视栏目闪亮开播了,"马季杯"首届全国大学生相声展演,在津沽大地、在大师故乡宝坻的京津新城珠江学院也隆重登场了,她像一颗金色的种子播撒着笑声,将中华曲艺文化、中国相声艺术深深植根这片神奇地沃土里,辈辈守护,代代相传……

"马季杯"首届全国大学生相声展演新闻发布会

后 记

马季先生去世后,作为和他亲密接触过的家乡人,自己心中时时激荡着情感的暖流, 随着时间的推移, 我对马季先生的认识由最初的乡情有了升华,并产生了创作的灵感,他给我们留下的东西太多了。正如姜昆所说:"马季老师给我们留下了操守,这个操守就是品德气节;马季老师给我们留下了忠诚,忠诚于自己的相声事业;马季老师给我们留下了团队精神,义无反顾地打出了'马家军'的品牌旗号,让人们看出了集体创作给相声作品带来的活力和智慧。"

"君自故乡来,应知故乡事,来日绮窗前,寒梅著花未。"马季先生是从宝坻这片深情大地走出去的伟大艺术家,这种思考,难道对我们来讲不是一种营养吗?作为一个家乡人,自己做不了太大的事情,但可以力所能及传播马季先生的艺德、艺术和为相声事业无私奉献的一种气节和精神,难道这样的故乡事,不也是一份丰厚的文化遗产吗?于公于私,于情于理,都应以微薄之力,为马季先生、马季相声艺术做点事,连接起他与家乡这份宝贵遗产的血脉。情义所动金石为开,渐渐地在我心中对马季大师产生了"三个承诺":搞一场纪念马季从艺50年曲艺晚会、以家乡视觉为马季先生写本书、成立马季艺术研究会。这三个承诺如一股溪流,魂牵梦绕,如今,经过不懈努力,在各方的大力支持下,三个承诺相继兑现,我的心里踏实了许多。更为高兴的是,记录这"三个承诺"的《马季生前与身后》一书,五年后再版发行,以更加丰厚充实的内容,回报读者和喜欢马季先生的观众和父老乡亲。

想当初,我铁了心要以家乡视角为马季先生写本书,在两年多的采写过程中,无论遇到什么困难和问题,我都坚定信心,始终不渝,一定要把这本书写成。写这样的书，写名人的书，我是第一次。我有自知之名，虽然写作水平不高，但我坚守着这样一个底线——书中内容必须符合实际，经得起历史的检验。所以我力求多采访马姓老人、家人、先生的弟子等与马季亲密接触的人，文字处理上尽量保持原汁原味，有时为了一个情节、一个事件，我就多次往返黄庄、天津、北京等地，一直到弄清楚为止。采访中令我十分感动的是，被采访人特别是马季的家人、马季的弟子们都非常支持、配合，怀着真挚的感情追述先生很多鲜为人知的故事，说到动情处甚至流下了热泪，这也为本书增强了情感色彩，弥补了我在写作上的形象思维之不足。

为了尽快还愿，2009 年的大年初一到初七，利用春节长假，我在政协机关闭门写作赶进度，度过了一个特殊的春节，完成了初稿。这本书能顺利出版，不仅兑现了自己的承诺，更重要的是让更多的人知道宝坻出了这样一个伟大的艺术家以及他德艺双馨的高尚品质、艺术风格对后人、对我国相声事业发展的重要影响。2011 年 3 月 18 日，中国曲协、中国广播艺术团还在北京为《马季生前与身后》举办了隆重的首发暨出版座谈会。

首发式过后，听着北戴河的海浪，我又萌生出第三个承诺：成立马季艺术研究会，永远传承先生的艺德艺术，传承中华优秀传统文化，让曲艺之乡、校区文化放射出更加夺目的光彩。经过五年的不懈努力，在我退休后一周年，马季艺术研究会于 2016 年 3 月 28 日，在天津师范大学隆重揭牌。新书首发和研究会成立大会，先生的弟子、艺友、家人和曲艺界领导、区校领导出席，对马季精神、马季艺术进行深入研讨，纷纷发言，讲述了他们心中的马季。他们讲述的既是生动的故事，又是深刻的道理，引人入胜，引人共鸣，也引人思考。这两个全景式史料弥足珍贵，对本书是个极大的补充和完善。从那时起我就想，这本书在适当时候一定要再版，把这些重要的内容加进去，让读者看到一个真实的马季、生动的马季、全面的马季，让更多的人了解他身后相声艺术的传承与发展，为人民送去更多欢笑，这也是他老人家最愿意看到的。五年后，我遇到了知音，天津人民出版社社长黄沛先生，对马季先生非常敬仰和崇拜，更看重了马季相声深厚的艺术价值和广泛的社会影响。他深情地说："这本书再版不要找别人，马季是我们天津人，理应由我们社出版，您抓紧把书稿传过来，我们好好做做这本书。"黄社长的一席话，令我十分感动，总算了了我心头之愿。

我写这本书得到了许多人的支持。我非常感谢《天津·日报》宋安娜主任，她是个才女，著名作家，非常支持我写这本书，在关键时刻给我鼓励、给我思路，使我渡过了写作的难关。我非常感谢刘兰芳主席、姜昆先生对我的鼎力相助，为本书作序和题写书名。我非常感谢马季先生的家人、先生的弟子们，他们不仅支持我的采访，赵炎、王谦祥、李增瑞等老师还为本书提供了大量珍贵照片。更使我高兴的是，先生的儿子马东对书稿进行了审阅、把关、修改，提供了大量帮助。我还要感谢宝坻广电局的曹俊峰同志，为我做了大量文字整理的辅助工作，使我能腾出手来集中精力进行写作。还要感谢已经去世的杨朴年老师提供了大量珍贵的照片。张树强在采访期间一直跟随拍摄，这次再版，《宝坻报》的赵刘伟、天津师大校友会的同志们，在马季研究会成立大会现场抓拍了很多鲜活的照片，在此一并表示感谢！

我知道因自己的阅历、写作能力等方面的局限，特别是再版增加新内容较多，时间紧，比较仓促，书中肯定存在这样或那样的不足，恳请读者朋友们把本书作为史料去阅读，多提宝贵意见，本人将不胜感谢！

后记

263